IT外包中知识竞合与项目绩效的关系研究

杜占河 著

中国原子能出版社

图书在版编目(CIP)数据

IT外包中知识竞合与项目绩效的关系研究／杜占河著.--北京：中国原子能出版社，2018.6

ISBN 978-7-5022-9192-1

Ⅰ.①I… Ⅱ.①杜… Ⅲ.①IT产业－对外承包－研究 Ⅳ.①F492

中国版本图书馆CIP数据核字(2018)第150135号

内 容 简 介

随着互联网、大数据等信息技术的扩散，IT服务外包在全球范围内越来越受到重视，正在成为我国的战略性新兴产业。本书基于知识管理理论、竞合理论、心理契约理论，采用实证研究的方法，研究了IT外包中发包方知识竞合如何影响接包方的最终项目绩效，从接包方角度分析了发包方知识保护和知识共享及其交互作用对项目绩效的影响机理，并探索了接包方的契约图式与外部知识环境的调节作用。研究提出了12个假设，采用284个IT外包项目数据进行了检验。本书结构合理，条理清晰，内容丰富新颖，是一本值得学习研究的著作。

IT外包中知识竞合与项目绩效的关系研究

出版发行	中国原子能出版社(北京市海淀区阜成路43号　100048)
责任编辑	张　琳
责任校对	冯莲凤
印　　刷	三河市铭浩彩色印装有限公司
经　　销	全国新华书店
开　　本	787mm×1092mm　1/16
印　　张	13.25
字　　数	237千字
版　　次	2019年8月第1版　2019年8月第1次印刷
书　　号	ISBN 978-7-5022-9192-1　　定　价　52.00元

网址：http://www.aep.com.cn　　E-mail：atomep123@126.com

发行电话：010－68452845　　　　版权所有　侵权必究

前　言

随着互联网、大数据等信息技术的扩散,IT 服务外包在全球范围内越来越受到重视,正在成为我国的战略性新兴产业。由于 IT 服务外包项目具有知识密集型的特点,同时具有较高的复杂性和不确定性,因而,如何通过有效的知识管理来提高 IT 服务外包项目的绩效,是企业和学术界普遍关心的问题。

在这一领域,现有研究学者们主要针对 IT 服务外包的知识密集型特点,研究了知识共享对项目绩效的影响,却忽视了知识共享的对立面——知识保护对项目绩效的影响。然而,在企业 IT 服务外包实践中,发包方往往在分享知识的同时也对核心知识进行严格保护,即同时存在知识共享与保护的知识竞合现象。从知识角度分析 IT 外包项目绩效的研究并不能深入研究外包合作中知识共享与保护的竞合特征,具体而言,以往接包方的研究局限于知识获取而忽视了发包方知识保护的前提,发包方角度的研究执着于探索知识保护的方法,却忽视了知识保护对最终项目绩效的潜在影响。因此,基于知识管理理论、竞合理论、心理契约理论,本书采用实证研究的方法,研究了 IT 外包中发包方知识竞合如何影响接包方的最终项目绩效,从接包方角度分析了发包方知识保护和知识共享及其交互作用对项目绩效的影响机理,并探索了接包方的契约图式与外部知识环境的调节作用。研究提出了 12 个假设,采用 284 个 IT 外包项目数据进行了检验。

本研究得出了如下几个结论,这同时也构成了本书的创新点:

(1)从竞合角度,揭示了发包方知识共享与知识保护对接包方项目绩效的不同影响,克服了以往只片面关注知识共享或知识保护的不足。虽然在外包合作过程中,发包方往往在分享知识的同时也致力于保护自身的核心知识,但是现有的研究却常常将两者单独研究,并且知识共享的研究更多,知识保护对于外包项目绩效的研究还较为缺乏。本研究从竞合的视角,同时研究 IT 外包合作中知识共享和知识保护对项目绩效的影响。结果表明发包方知识共享正向影响接包方项目绩效,发包方知识保护负向影响接包方项目绩效。知识共享正向影响项目绩效的观点已经得到普遍认可,但知识保护负向影响项目绩效的观点挑战了现有关于知识保护的研究,现有的研究认为知识保护是有益的而且理所当然的,研究也集中在如何保护知识上。但是,这些研究是基于知识发送方的视角,而没有从全局的视角考虑知识保护可能的负面影响。

(2)研究发现了共同解决问题在知识共享、知识保护与项目绩效关系间的中介作用,进一步揭示了发包方知识竞合影响接包方项目绩效的内在机理。共同解决问题作为关系治理的重要维度之一,对于 IT 外包的成功尤为重要,但 IT 外包文献中关于共同解决问题的研究较为缺乏。本研究发现知识共享、知识保护将通过共同解决问题这一互动过程的中介作用而最终影响项目绩效。其中,知识保护及其与知识共享的交互均显著降低共同解决问题,该结论补充并丰富了现有文献中关于知识保护结果的研究。现有文献过度强调知识保护的正面作用,而忽略了知识保护有可能破坏双方的合作基础。另外,知识共享通过共同解决问题的中介而影响项目绩效的结论与以往研究有所不同,以往研究认为外包中的知识共享直接影响项目绩效,而忽视了知识共享发挥作用的过程机理,本研究的发现加强了知识共享对项目绩效影响机理的理解。

(3)引入契约图式这一调节变量,发现了交易契约图式、关系契约图式起到了不同的调节作用,缓和了交易成本理论和心理契约理论关于知识竞合如何影响共同解决问题的争议。交易成本理论和心理契约理论关于知识竞合的观点对比鲜明。基于交易成本理论的研究认为知识共享是有风险的,知识保护可以有效地防范机会主义行为,增加公平感、安全感从而培育良好的合作氛围,进而提高合作绩效。心理契约理论更看重交易双方之间的互惠义务,在 IT 外包情景中,接包方往往将知识共享视为发包方的中心义务,知识保护导致心理契约违背并将损害关系质量和合作绩效。本研究认为发包方的知识共享和保护影响共同解决问题和最终项目绩效的程度,实际上取决于接包方对于发包方知识竞合行为的认知、比较、解释和反应。当接包方持交易契约图式时,认为知识保护是发包方的正当行为,知识共享超出了心理期望,交易契约图式加强了知识共享对共同解决问题的正向作用。当接包方持关系契约图式时,认为知识共享是发包方应尽的义务,知识保护容易造成心理契约的违背。因此,关系契约图式加强了知识保护对共同解决问题的负向作用,削弱了知识共享对共同解决问题的正向作用。上述结论揭示了契约图式的调节作用,指出了知识竞合行为产生作用的边界条件,既缓和了关于知识竞合的理论争议,又丰富了心理契约理论在 IT 外包中的应用。

(4)引入知识环境这一全新的环境变量,发现了其对知识保护、知识共享与共同解决问题作用关系的调节作用。对于 IT 服务外包这一技术和知识密集型行业而言,尤其是随着大数据时代的来临,知识环境的作用更加明显。本研究从心理契约的视角探讨知识环境的调节作用,知识环境作为影响接包方心理契约的外部因素,影响着接包方对发包方知识竞合行为的认知、比较、解释和反应。本研究发现知识环境加强了发包方知识共享对共同解决问题的正向作用,同时也加强了发包方知识保护对共同解决问题的负向作用。上述结论加强了在新的背景下对知识竞合结果的理解,弥补了相关研究的不足。一方面,本研究发现知识环境是影响接包方心理契约的一个外在因素,补充了关于心理契约的影响因素的研究;另一方面,以往制度理论方面的研究常将市场竞争、法律环境、技术动态性等作为环境变量,本研究表明知识环境正在成为一个新的环境变量,从而补充了关于组织环境方面的研究。

　　由于作者水平有限,书中难免存在不足之处,敬请谅解!

作　者

2018 年 6 月

目 录

第1章 绪 论

1.1 现实背景

1.1.1 发展服务外包的战略意义

IT外包指组织将部分或全部IT业务和功能承包给外部服务提供商来完成,是服务外包的主要形式之一。服务外包是在基于信息技术和网络基础设施发展成熟的背景下,组织将原本由自身提供的非核心的业务流程(如IT业务、基于IT的业务等)剥离出来,将其交给外部专业的服务供应商,是一种全球普遍采用的全新的商业模式。

服务外包是一种全球资源配置战略,将业务外包给全世界的"陌生人",从而在全球范围内利用各种开放资源。经济全球化是当今世界经济的重要特征及主要趋势,促进了资本、信息、技术等生产要素在全球范围内的流动。与此同时,全球化也促进了传统的生产方式、观念、服务等领域的巨大转变。生产资源在全球范围内进行配置,不仅改变了传统的发展模式,提升了发展速度,也极大地拓展了服务领域,使服务外包这种生产组织方式得到越来越多的应用。全球范围的服务生产与交付网络依赖于细化分工的跨国服务供应商、全球服务供应链以及信息技术的发展。这些发展允许服务的生产与交付过程能够分解为独立的、可外包的组成部分,从而转移到具有特定竞争优势的发展中国家,使服务需求与服务供给在全球范围内展开。服务外包产业是知识密集、低能耗、高度国际化的产业,被称为实现经济增长和提升产业竞争力的"绿色引擎"(Kern和Willcocks,2000;Lacity和Willcocks,2008)。服务外包在改善产业结构、转变经济发展方式、扩大就业和提供收入、促进技术进步等方面有着重要的作用。

从发包方的角度看,通过服务外包,发包方可以获取多方面的收益,包括战略上、经济上、技术上的收益。①在战略方面,外包可以帮助企业借助外部专业资源实现经营战略,使企业将精力集中到核心业务上;通过外包对业务作出改变以适应外部变化,使企业融入更加广阔的网络中,降低风险,改进运营效率等。②在经济方面,发包企业通过外包能够实现成

·1·

本节约、规模效应,改变企业的成本结构,帮助企业进入新的市场等。③在技术方面,发包企业通过外包能够改进其 IT 资源(包括人员、硬件、软件、网络、流程等);可以弥补发包企业在某些方面的知识技能缺口,从外部获取更加专业的技能、更为先进的最新技术;增强信息系统部门的柔性,避免外部技术动荡造成的风险(Lee 和 Kim,1999;Lee 和 Choi,2011;Su,2013;Liu 和 Aron,2015)。

从外包承接国的角度看,承接外包服务,特别是承接离岸外包业务,会带来巨大的经济和社会发展利益。这些利益包括提升产业结构、增加税收、提高外资质量、扩大就业、培养创新能力、增强国家整体竞争力和综合实力等。

(1)提升产业结构。服务外包的低物质投入、低能源消耗、高价值输出的特性,将有效地缓解资源、能源瓶颈,提高经济运行质量。麦肯锡公司预测,如果中国经济能够保持 6% 的年增长率,到 2018 年服务外包产业可为中国贡献 6% 的 GDP 增长和 10% 的服务业增加值增长,而且是绿色的增长。

(2)增加税收。承接外包服务的企业,因为是服务型企业,所交纳的主要税收是营业税,是 100% 留存地方的税收。另外外包企业的工作人员收入比较高,所交纳的个人所得税也是一个比较充足的税源。

(3)创造就业机会。服务外包可以说是知识经济中的劳动密集型产业,消耗的主要资源是人力资源,正好可以有效缓解我国大学生就业紧张的状况。近期的一项研究也表明,美国潜在的服务外包将给承接服务的国家创造高达 1 400 万个就业岗位。仅在金融服务业,服务外包给东道国创造的就业机会就将有 200 万个。据我们在一份关于西安市服务外包的研究报告中的测算,软件与服务外包每增加一个百分点,就业将增加 275 人左右。

(4)提高工薪收入和技能水平。承接外包服务,可以提高就业者的工薪收入和技能水平。IT 的相关服务行业与其他行业如流水线或其他制造业相比,是典型的高收入行业。同时从提高人力资源竞争力的角度来看,外国直接投资使外包承接国经济的所有部门受益。

(5)延长产业链条,让制造业外资企业落地生根。承接外包服务,既可以从服务业跨国公司的"归核化"战略中获得商机,也可以延长制造业产业链条,向制造业跨国公司提供相关的商务服务。目前,我国是除美国以外最大的吸收外资国家,现存外资企业数十万家,满足这些企业的商务需求,延长产业链条,让现有的外资企业落地生根,是提高利用外资质量和水平的重要内容,也是扩大服务业利用外资,高起点承接服务外包的切入点。

许多发达国家已经成功转型为服务经济,服务在整个国民经济中所占的比重越来越大,而快速发展中的服务外包产业能否为中国的经济结构调整贡献自己的力量,能否为中国的经济发展再增添一个"中国服务"的注脚,考验着众多的中国服务外包企业。

1.1.2　国内外服务外包发展现状

1. 全球服务外包发展现状

经过二十年的快速发展,如今的服务外包行业已经极具规模。全球服务外包市场的产业格局较为稳定,服务外包的需求方——美日欧等发达国家仍然主导整个产业的发展(表 1-1)。从发包国来看,美国、日本、欧洲是主要的发包方,提供了全球服务外包业务的绝大多数份额。美国占了全球市场的64%,欧洲占了18%,日本占了10%,其他国家占了不到10%。全球服务外包市场严重依赖于美日欧,使产业格局呈现出一种"中心-外围"的发展格局。

表 1-1　全球市场格局

序号	发包方	全球份额比例
1	美国	64%
2	欧洲	18%
3	日本	10%
4	其他国家	<10%

(1)美国。美国是全球最主要的服务外包发包国,市场较为成熟,将非核心的业务转移至劳动力价格低廉的国家和地区能帮助其大大节约企业运营成本。美国服务外包业务主要集中在纽约曼哈顿、旧金山硅谷和亚特兰大、洛杉矶等地区。

(2)欧洲。欧洲的服务外包支出额居全球第二位。在欧洲,70%的欧洲公司已经将他们业务中的至少一项职能外包出去了,全球 BPO 的发包市场中欧洲占 26%,中型公司和跨国公司是离岸外包的主要用户,许多西欧国家选择将其业务流程外包到东欧,旨在节省成本和增强竞争力。

(3)日本。日本是亚太地区的服务外包主要发包方,它的支出占到全球服务外包的10%,占日本国内市场需求的5%。日本 IT 服务离岸外包的需求增长潜力巨大。

从承接国来看,服务外包承接国数量激增,但发展层次却不尽相同。服务外包承接大国如澳大利亚、新西兰、爱尔兰、加拿大等国,国内服务外包行业成熟,已经形成了一定的产业规模和发展优势。但是和发展中国家相比,人力资源优势已经不复存在,在最近几年的发展中明显落后,许多国家已经跌出 Gartner IT 排行榜的前 30 强。拉美、亚太地区的发展中国家已经成为全球服务外包市场上重要承接方，是服务外包行业发展的重要引擎。亚太地区已经成为全球最具吸引力的服务外包投资地，中国、印度、菲律宾承接了全球服务外包 60％以上的份额。拉美的巴西、墨西哥等国也是世界上重要的服务外包承接国。另外，近几年许多中小贫困、落后国家，如柬埔寨、肯尼亚、斯里兰卡等，国内的服务外包行业也得到了飞速的发展。

从全球服务外包产业发展环境看，美国特朗普政府的货币政策与贸易保护主义政策、欧洲国家纷纷退欧、新兴市场劳动力成本不断上升、外包服务回流、区域地缘政治不稳等因素对全球服务外包增长影响加大。但经济全球化的客观规律依然没变，新一轮科技革命和产业变革，国际产业分工发生深刻演变，全球生产要素流动日益自由，市场融合程度日益加深，跨境价值链、产业链、供应链整合加速，服务外包对市场配置全球资源的意义前所未有，全球服务外包市场将继续增长①。

全球服务外包发展趋势表现为：

（1）全球服务外包市场将继续增长。全球经济已经逐渐从金融危机中恢复过来，新型信息技术得到广泛应用，传统 IT 技术向着"技术即服务"的方向发展（例如软件即服务 SaaS），创造了新的服务需求增长点。因此，从市场与技术环境来看，有理由相信全球服务外包市场将继续增长。据 Kappelman 等（2016）的调查，72％的组织会外包其 IT 服务，由此可以断定 IT 外包仍然会继续发展。

各市场研究机构（如 Gartner、McKinsey 等）对今后几年内的全球服务外包市场进行的预测也支持继续增长的判断。全球服务外包市场规模已经持续增长了二十多年，目前规模达到一万亿美元，并且未来几年仍将保持 3％～5％的增长速度。服务外包市场规模越来越大，也越来越成熟（Lacity 和 Willcocks，2017）。

（2）服务外包极大地促进了全球生产"碎片化"的特征与趋势。全球化背景下的企业需利用国际优势资源，如技术、人才、知识、资本、渠道、市场等。在全球范围内设立研发中心、交付中心、服务中心，不断扩大国际市场业务规模、提升产业技术创新能力、开发利用新的商业模式、培育转型升级的增长新优势。云计算、大数据、人工智能、物联网、区块链、移动互联等新兴技术的快速发展及广泛应用，为服务外包产业注入新的动力。

（3）外包新理念形成外包新价值。为客户创造价值成为服务外包的新理念。接包方不断积累经验和技术专长，专业化服务能力大幅提升，加

---

① 2016 Global Outsourcing Survey，Deloitte Consulting.

剧了参与全球化分工的深度和广度。接包方从最初承接非核心业务逐步开始合作一些核心业务,发包方与接包方的关系从简单的雇佣关系转向利益共享、风险共担的战略合作关系。SU 等(2016)发现传统的外包战略有下降的趋势,快速变化的技术、动荡的市场环境需要发包企业采取更加积极主动的战略。只有少部分的商业和技术经理人员对接包方所提供的创新感到满意。越来越多的发包方希望接包方为其提供更多的价值创造。如果没有整体观念和正确的激励,企业将很难获取接包方创造的附加价值。为了应对这一新情况,精明的商业领袖采取更加主动的外包合作战略。

2. 我国服务外包发展现状

中国服务外包总体上呈现出以下特点。

(1)产业规模稳步增长。

据商务部统计,中国服务外包产业总量保持迅速增长,跃升为仅次于印度的全球第二大服务外包承接国。

2012—2016 年我国企业签订服务外包合同金额稳步增长(图 1-1)。2012 年 612.8 亿美元,2013 年 954.9 亿美元,2014 年 1 072.1 亿美元,2015年 1 309.3 亿美元,2016 年 1 472.3 亿美元。

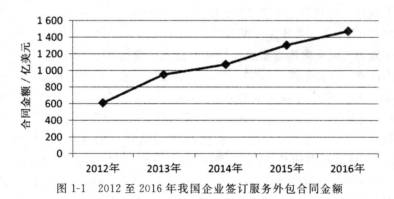

图 1-1 2012 至 2016 年我国企业签订服务外包合同金额

(2)产业形式逐步向高端业务拓展。

2016 年,信息技术外包(ITO)、业务流程外包(BPO)和知识流程外包(KPO)合同执行金额分别占比 53%、16% 和 31%。随着企业信息化需求的大幅增加,以及大数据、云计算、物联网等新兴业务的快速发展,云服务模式被广泛认可,基于云端的交付与付费模式被传统服务外包企业大量采用,ITO 比重大幅增加。IT 外包是我国服务外包的主要业务,业务流程外包占比最小。得益于知识产权研究、数据分析与挖掘、医药和生物技术研发与测试等业务的超高速增长,KPO同比增速达31.65%。我国服务外包产业开始从产业链和价值链的中低端逐步高端业务拓展,产业生态环境不断向好,研发外包、高附加值外包占比已经超越了业务流程外包并仍有很大潜力。

(3)产业市场以美国、欧盟、日本为主。

美国、欧盟、日本是我国服务外包的主要发包国,占我国离岸服务外包执行额的69.1%。2016年1~11月,我国承接上述国家或地区的离岸服务外包执行额为2 711.7亿元,增长18.6%。其中,从美国和欧盟承接的服务外包业务分别为873.1亿元、612.3亿元,分别增长8%和23.1%。美国依然是中国离岸外包最大的发包国,而欧盟是离岸市场中增长最快的地区。但受日元持续贬值和中日政治大环境的影响,我国承接日本的发包业务呈下降趋势。另外,"一带一路"相关国家服务外包市场正在释放潜力,中国服务外包产业有望形成发达国家、新兴国家和国内市场"三位一体"的产业新格局。

(4)产业吸纳就业规模进一步扩大。

2011—2016年全国服务外包企业累计数从16 939家增加到39 277家,随着经验的积累,接包企业的质量也有了显著变化。2016年,中软国际、软通动力、浙大网新、文思海辉、浪潮等5家企业入选全球服务外包100强企业。累计从业人员数从318.2万人增加到856.1万人。其中,大学学历以上从业人数累计达551.28万人,占比超高65%。

(5)产业专业服务水平不断提升。

开发能力成熟度模型集成(CMMI)、信息安全管理(ISO27001/BS7799)、服务提供商环境安全性(SAS70)、环球同业银行金融电讯协会认证(SWIFT)等各类国际资质认证在很大程度上体现了服务外包企业的专业服务水平,也是服务外包企业开拓国际市场的重要手段。2016年,新增软件能力成熟度(CMM)等服务外包企业国际资质认证927项,单笔合同均价527万元,同比分别增长15.3%和5.6%。企业的技术能力和专业服务水平不断提升,我国接包企业正在由单一技术服务提供商向综合解决方案服务提供商转变,由项目合作向战略合作转变,由成本节约驱动转向价值创新驱动。

(6)外包与产业的融合加深。

"互联网+"战略的实施,进一步加深服务外包与信息服务业、交通运输业、金融业制造业、能源业、批发和零售业、卫生健康业等垂直行业的深度融合。服务外包模式的广泛应用,不仅提高了接包企业的专业服务水平,也促进了我国产业结构的转型升级,实现了经济效益和社会效益。随着"互联网+"和"双创工程"战略的深入实施,国内(在岸)服务外包市场的规模和潜力必将不断释放和激发。

近年来,中国服务外包产业历经了初步形成期和快速成长期,正迈入成熟期前的"转型阵痛期"。尽管产业规模、技术水平、资源要素都已获得了一定存量的积累,但在全球价值链上的竞争力仍然不足。如我国接包企业大多承担低端项目,在世界上缺乏知名的企业和知名的产品(杨波,2009、2010;何平等,2011)。外部环境也在发生巨变,如国际金融危机后发包方的发包意愿发生了变化,发包方在选择接包方时也不仅仅看重成本降低,还希望接包方为其提供更稳定、更有价值的服务;另外,新技术(如大数据、云计算、移动互联等)的出现也对现有 IT 外包的商务模式和技术模式提出了新要求,这对于我国 IT 接包企业来讲,既是挑战也是机遇。这就要求我国 IT 接包企业既能够提供高质量的服务,又要不断提升自己的分析设计、开发能力,在世界范围内提供创新性的产品和服务,从而抓住新一轮的战略机遇,使我国 IT 外包在这一转型期赶超印度、爱尔兰,完成 IT 外包业务从低端向高端的升华,在世界范围出现知名企业和知名产品。我国 IT 外包亟待转型升级,避免外包"陷阱",从节省成本向创造价值转变,从完成任务的能力向技术创新能力转变。针对这一现实情况,我国政府已做出了宏观规划。2014 年 11 月 26 日,国务院常务会议专门研究服务外包产业发展,将服务外包打造成为对外贸易竞争优势的新途径,服务外包正式上升为国家战略。推动从主要依靠低成本竞争向更多依靠智力投入取胜转变(从"出力"向"出智慧"),推动向价值链高端延伸,鼓励高附加值项目。"十三五"国家战略性新兴产业发展规划也指出:到 2020 年,规模显著扩大,结构显著优化,国际竞争力显著提高,成为我国参与全球产业分工的重要途径。巩固和加强与发达国家合作,着力提高服务外包高端业务比重;积极开拓新兴市场,不断拓展新业务和营销网络;密切与"一带一路"沿线国家和地区的联系,构建多元化市场新格局。

3. 国内外现状总结

从全球看,服务外包行业已经极具规模,也越来越成熟。美国、日本、欧洲是主要的发包方,服务外包承接国数量激增,但发展层次却不尽相同。亚太地区已经成为全球最具吸引力的服务外包投资地,中国、印度、菲律宾承接了全球服务外包 60% 以上的份额。在发展趋势上,服务外包对市场配置全球资源的意义前所未有,全球服务外包市场将继续增长。业态上将发生重大变化,如提升产业技术创新能力、开发利用新的商业模式、培育转型升级的增长新优势。云计算、大数据、人工智能、物联网、区块链、移动互联等新兴技术为服务外包产业注入新的动力。外包新理念强调为客户创造价值,外包业务从最初的非核心业务逐步转向一些核心业务,发包方与接包方的关系从简单的雇佣关系转向利益共享、风险共担的战略合作关系,服务外包将创造更多的附加价值。

从国内看,产业规模稳步增长,跃升为仅次于印度的全球第二大服务外包承接国,并仍有很大潜力。服务外包已成为获取对外贸易竞争优势的新途径,产业形式逐步向高端业务拓展。产业市场以美国、欧盟、日本为主。"一带一路"相关国家服务外包市场正在释放潜力,中国服务外包产业有望形成发达国家、新兴国家和国内市场"三位一体"的产业新格局。企业的技术能力和专业服务水平不断提升,我国接包企业正在由单一技术服务提供商向综合解决方案服务提供商转变,由项目合作向战略合作转变,由成本节约驱动转向价值创新驱动。从发展趋势看,国内(在岸)服务外包市场的规模和潜力将不断释放和激发,服务外包正式上升为国家战略,但中国的服务外包在全球价值链上的竞争力仍然不足。我国服务外包亟待转型升级以避免外包"陷阱",从节省成本向创造价值转变,将来要致力于推动向价值链高端延伸,鼓励高附加值项目,提高服务外包高端业务比重,拓展新业务和营销网络,构建多元化市场新格局。

1.1.3　IT外包中存在的问题分析

1.IT外包项目较高的失败率

全球服务外包市场规模已经持续增长了二十多年,目前规模达到一万亿美元,并且未来几年仍将保持3%~5%的增长速度。IT服务外包经历了几十年的研究和实践,市场规模越来越大,也越来越成熟。尽管现有研究发现并证实了影响外包绩效的众多因素,有力地指导了外包实践的发展,但外包交易实际上充满了各种困难,并伴随着高失败率(Mani等,2012;Schwarz,2014;Su等,2016;Lacity和Willcocks,2017)。

服务外包因其喜忧参半的成绩单(Lacity等,2016)越来越引起关注和担忧——像所有的企业间合作关系一样。Hughes和Weiss(2007)的研究中报告企业间关系的失败率可能高达70%。作为企业间合作的一种特殊形式,IT外包的失败率也比较高。Lacity等(2016)总结了过去20年1 304篇实证研究发现,30%的发包方报告其发包项目绩效处于较低水平(如较低的服务质量、显著的隐藏成本、较低的顾客满意度),20%则认为外包战略对企业的影响很难说清楚。Mani等(2012)的研究甚至报告了50%的失败率。Lacity和Willcocks(2017)更是报告了高达50%的外包并不成功,低水平的外包项目绩效使外包的战略价值未能实现。

笔者在实地调研中对 40 余家外包企业一百多名项目经理、高管进行了深度交流,项目经理均是多年从事 IT 外包项目开发的人士,具有丰富的经验,项目范围涉及系统开发、代码编写、系统测试等等,发包方有欧美、日本、中国及亚太其他地区。通过调研总结得知,IT 外包项目失败的具体表现在:很大比例的 IT 外包项目仍然超出预期,超出预算,或未能满足项目利益相关方的期望,在完成前被取消等,发包方与接包方之间并没有建立起良好的合作关系,接包方与发包方都存在机会主义行为,在合作中冲突不断、相互埋怨,外包项目团队压力大、人员流失率高等。

2.高失败率的原因分析

首先,IT 外包中接包方与发包方之间既合作又竞争的竞合关系是重要原因之一。研究表明,50% 以上的竞合关系未能产生预期的结果(Park 和 Ungson,2001;Bengtsson 和 Raza-Ullah,2016)。这样的高失败率表明 IT 外包中的竞合过程是非常具有挑战性的,Willcocks 和 Choi(1995)曾经暗示 IT 外包关系不应只限于合作,还要关注可能存在的竞争而导致的冲突。针对 IT 服务外包的知识密集型特点,知识管理已成为竞合企业面临的一大挑战。因为,一方面为了完成项目需要共享必要的知识,为了共同创造创新甚至需要共享双方的核心知识(Levina 和 Vaast,2008)。但另一方面,在合作竞争中又存在较高的知识泄漏和机会主义的风险。因为知识被认为是越来越重要的企业资源(Grant,1996;2004),独特的难以模仿的知识意味着核心竞争力。企业试图通过设立治理结构来降低知识泄露的风险,如法律手段、管制性政策、工作分解、控制信息流等。但是说比做容易得多,这种知识竞合现象常常充满了挑战和不安定。学者提出,竞争性合作心态、求同存异的态度和之前的合作经验是处理竞合悖论必不可少的(Gnyawali 和 Park,2011;Lado 等,1997;Li 等 2011)。

其次,高失败率是由 IT 外包项目自身独特特征引起的,IT 外包管理过程比较复杂,双方之间的互动效果决定了项目成败。IT 服务外包项目具有知识密集型特点,其完成过程高度依赖发包方和接包方的共同创造,具有较高的复杂性和不确定性。具体表现在:第一,IT 外包中所交付的是服务而不是产品,这不同于以生产产品为主要工作的治理模式;第二,不同的企业,地理位置相隔遥远;第三,不同企业的信仰、价值等差异大;第四,难以监控过程,费用高;第五,IT 外包项目的需求不确定性较高,而且容易受到外部环境不确定性的影响(Dibbern 等,2004、2008;Gopal 和 Koka,2012;Schwarz,2014;Lacity 等,2016)。IT 外包的独特特征加大了 IT 外包项目管理的难度,需要双方之间进行密切的合作,相互协调适应。

第三,IT外包战略未能及时调整,没有充分认识共同利益的重要性,也对如何实现价值共创、联合创新等缺乏认知。服务外包经过二十多年的发展,已经受到广泛认可。但是,传统外包以成本节省、专注核心业务、获取外部技能专长为目标,而新兴外包更加追求合作中的价值共创、合作共赢,越来越多的企业希望通过外包实现创新(Lewin等,2009;Aubert等,2015;SU等,2016)。一些发包方认为接包方对其行业和经营流程的了解不够深,缺乏专业化的领域知识。正因为如此,发包方抱怨他们的外包项目难以获得更多的价值、更好的创新和洞察力。很多外包合作关系是战略性的,能为发包方的经营战略提供支撑,发包方高度依赖接包方的能力和绩效。发包方对接包方的期望更多更高,期望他们能够共同创新出符合发包方战略方向的产品和服务,也希望接包方能提供稀缺的技能,并且投入更多专有资源(Whitley和Willcocks,2011;Mani和Barua,2015)。Lacity和Willcocks(2013)指出通过外包实现创新在以往是很罕见的,但是近些年来越来越多的案例强调了如何通过外包进行创新(Oshri等,2015;Aubert等,2015)。SU等(2016)发现传统的外包战略有下降的趋势,快速变化的技术、动荡的市场环境需要发包企业采取更加积极主动的战略。只有少部分的商业和技术经理人员对接包方所提供的创新感到满意。越来越多的发包方希望接包方为其提供更多的价值创造。如果没有整体观念和正确的激励,企业将很难获取接包方创造的附加价值。为了应对这一新情况,精明的商业领袖采取更加主动的外包合作战略(SU等,2016)。

最后,在IT外包治理中不仅要关注正式的控制,更不能忽视心理契约等非正式机制的作用。在IT外包中,正式合同固然重要,但考虑到IT外包关系的复杂性、组织和技术环境的快速变化,仅仅依靠正式合同约束双方行为是不够的。心理契约成为一种强有力的关系治理机制,是正式合同的有力补充或替代(Lioliou等,2014)。Koh等(2004)的研究表明,心理契约加强了ITO客户和接包方关于相互义务的感知,从而能够比正式的合同特征更好地预测ITO的成功。正是心理契约驱动着交易双方的行为(Koh等,2004;Kim等,2013)。心理契约的履行或违背影响了接包方共同解决问题的动机、态度、长期承诺与投入,各方之间每天的交互取决于各自对义务和期望的解释(Koh和Ang,2008)。前面分析了IT外包知识管理中的竞合现象,心理契约对知识竞合的管理不容忽视。因为管理人员的判断、感知、认同是处理竞争与合作之间平衡的基本能力(Tortoriello等,2011)。在两个企业之间的直接竞争与合作充满了相互矛盾而又相互关联的元素,看起来是不合逻辑的,有时甚至是荒谬的(Raza-Ullah等,2014)。最后将触发紧张和对立情绪,对最终绩效产生负面影响(Bengtsson和Raza-Ullah,

2016)。在 IT 外包中心理契约内容较为复杂(Koh 等,2004;Agerfalk 和 Fitzgerald,2008;Prifling 等,2009),不仅受内在的心智模式影响,也受外部环境的影响(Rousseau,1995;Smithson 和 Lewis,2003)。对这些问题如果没有清晰的理解,管理人员将很难把握 IT 外包管理的全貌,从而致使项目常常难以取得满意的结果。

1.2 理论背景

1.2.1 现有理论研究的主要内容

1. IT 外包研究脉络分析

在外包刚刚兴起的年代,研究集中在外包的战略作用,如何决策,哪些因素影响外包决策,以及如何消除外包风险、保证外包成功等(Lacity 等,2009)。IT 外包研究总体脉络见图 1-2。

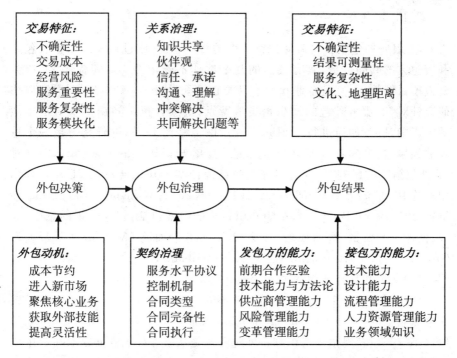

图 1-2 IT 外包研究总体脉络

注:图 1-2 整理自 Lacity 等,2010,2016,2017;King 和 Torkzadeh,2008

进入 21 世纪之后,外包这一商业模式越来越成熟、越来越被认可,市场规模越来越大。但外包交易实际上充满了各种困难,并伴随着高失败率(Mani 等,2012;Su 等,2016;Lacity 和 Willcocks,2017)。近年来,IT 外包的实践活动发生了重大变化,出现了新的技术、管理模式、新型合作关系等。关于 IT 外包治理的研究更加深入和多样化(Liang 等,2016)。做好外包治理是保证外包成功的关键所在,因而,学术界研究的重点开始转向外包治理上。IT 服务外包项目具有知识密集型的特点,其完成过程高度依赖发包方和接包方的共同创造。知识管理是 IT 外包和业务流程外包的重要管理手段,通过知识的创造和使用等手段来发挥知识管理的潜力和杠杆作用(Willcocks 等,2004)。知识共享一直是该领域学者关注的焦点,外包项目中一个重要方面就是将不同领域的专业知识有效共享并集成起来以确保项目成功(Chang 和 Gurbaxani,2012)。知识共享有助于提升外包中双方的信息共享水平,有利于培育共识,减少冲突,从而对伙伴关系质量和外包绩效有正向的影响(Lee 等,2001)。总之,知识转移能促进外包项目绩效(Liu 和 Aron,2015)。

2.IT 外包中的知识共享研究

IT 服务外包项目具有知识密集型的特点,其完成过程高度依赖发包方和接包方的共同创造,具有较高的复杂性和不确定性。如何提高 IT 服务外包项目绩效,一直是企业和学术界关心的重要问题。针对这一问题,以往研究针对 IT 服务外包的知识密集型特点,重点分析了知识共享对项目绩效的影响,以及如何进行知识共享。知识转移在 IT 外包研究中是一个重要的领域,众多学者从多个视角研究了影响知识转移的因素、知识转移对 IT 外包绩效的影响等,现有研究文献已经证实了知识转移在 IT 外包合作中的作用(Chang 和 Gurbaxani,2012;Su,2013;Williams,2011;Deng 和 Mao,2012;Kim 等,2012),影响知识转移的因素包括:转移知识的意愿、能力、伙伴关系质量、沟通质量、社会资本、知识特征等(Mohamed 等,2009;Gregory 等,2009;Blumenberg 等,2009;Williams,2011)。

(1)知识共享与绩效的关系。

外包项目中一个重要方面就是将不同领域的专业知识有效共享并集成起来以确保项目成功(Chang 和 Gurbaxani,2012;Su,2013),Edguer 和 Pervan(2004)发现很多组织都将外包看成是从服务提供商处获取和利用技术知识和业务知识的手段,这些互补的专业的知识和技能是组织边界内缺少的。Kotlarsky 和 Oshri(2005)认为客户向接包方学习获取各种技术知识有助于其保持独立性,降低对接包方的依赖。在信息技术外包中,只有将发包方拥有的项目知识和接包方拥有的技术知识有机地结合在一起,才能够获得更好的外包绩效。

有效的知识共享能够通过多种方式最终促进外包的成功。Lee(2001)认为知识共享有助于提升外包中双方的信息共享水平,有利于培育共识,减少冲突,从而对伙伴关系质量和外包绩效有正向的影响;证实了在信息系统外包中显性知识共享和隐性知识的共享能对发包方和接包方之间的信任和合作带来积极影响,促进伙伴关系的发展,进而能促进外包的成功;同时他认为知识共享能通过组织吸收能力的作用发挥出知识的作用,从而带来外包的成功。Rustagi 和 Kirsch(2008)以及 Tiwana 和 Keil(2007)强调了有效的知识共享将有助于控制的顺利实施;Chen(2009)指出知识共享对于合同的设计和执行也有显著的影响。Teo 和 Bhattacherjee(2014)指出发包方需要将从接包方处获取的知识进行内部消化,转化为相应的技能才对发包方的运作绩效和战略绩效发挥作用。知识在发包方内部的文档化、传播、共同学习等整合方式将加强知识共享与绩效的关系,但是 Teo 和 Bhattacherjee(2014)的实证结果显示知识内部整合的调节效应不显著,其研究假设未得到支持。

有效的知识共享不仅对于发包方有益处,对于接包方而言同样重要。高质量、高效率的知识转移,有利于利用发包方的知识溢出效应,提升接包方的知识存量,再通过消化吸收和利用既能够提升接包方完成项目的能力,又能够提高其创新能力,从而提升接包企业绩效(刘伟,邱支艳,2016;陈果,齐二石,2017)。IT 接包企业承担的一个重要任务就是不断地从发包企业处获取业务流程知识,并将这些外部知识与内部知识进行整合,这样才能准确把握和满足发包企业对外包项目的各种需求,从而顺利完成外包项目,提高发包企业的满意度(Williams,2011;Deng 和 Mao,2012;Kim 等,2012)。知识共享对于企业创新能力和动态能力的提升也得到了学者们的证实(陈晓红和雷井升,2009;李晓燕和毛基业,2010)。Xu 和 Yao(2013)从接包方视角,发现知识共享在开发方法、合作关系与项目绩效间起中介作用,特别地,知识共享对过程效率的影响要大于对质量的影响,也就是说知识共享更能够促进效率的提升。Tarakci 和 Tang(2009)认为知识转移不仅能够降低系统维护的工作成本,还能够缩短工作时间。Ghobadi 和 Mathiassen(2016)认为软件外包开发项目中知识共享充满了各种风险,风险管理水平的差异直接导致项目绩效上的差异。

以上研究表明知识共享在 IT 服务外包中是至关重要的,因为外包市场商品化程度越来越高,发包方的要求也越来越苛刻,在知识上的竞争将成为该领域的一种新现象(Willcocks 等,2004)。

（2）影响知识共享的因素。

由于IT外包中知识自身的复杂性、组织差异性及发包企业知识保护行为等因素的存在，IT外包中发包企业和接包企业之间进行的知识活动并不如想象般那样顺利（Winkler等，2015；Kudaravalli等，2017）。

影响知识共享的因素一般从知识本身的特性、知识发送方、接收方，以及组织间的关系机制等方面进行研究（Bock等，2005；邓春平和毛基业，2012；Mohamed等，2009；Teo和Bhattacherjee，2014），McEvily和Chakravarthy（2002）认为知识本身的特征在一定程度上决定了知识共享难易程度，会对知识共享是否成功产生影响。刘伟和邸支艳（2016）发现知识缄默性对接包方的知识获取有显著的负面影响。Zahra和George（2002）认为知识接收方吸收和利用所共享知识的意愿和能力是影响成功知识共享的重要因素。而近年来，针对IT服务外包的独特情境，学者们又从其他多个方面对知识共享的影响因素进行了更为深入的研究。Gregory等（2009），Williams（2011）则分析了阻碍IT外包中知识共享的若干因素，包括文化、地理、制度、历史等方面的距离。Su等（2015）认为IT外包是在一个跨文化的环境中完成的，文化上的差异给知识共享带来了障碍。Blumenberg等（2009）发现不同的知识共享过程会对知识共享效果带来影响，进而影响外包绩效。肖志雄和秦远建（2011）指出适当拓宽知识冗余的长度和宽度，尽量加深知识冗余的深度和相关度，明确企业的外包发展模式和外包领域可以有效促进知识共享。社会资本能够促进接发包方间的互动，从而使得知识共享更加容易（曲刚和李伯森，2011）。沟通、承诺、满意、信任、团队认知、团队和谐气氛等多个方面证实了社会属性方面的因素对知识共享有显著的正向影响（Park和Lee，2014；刘伟和邸支艳，2016；Zahedi等，2016）。

（3）知识共享机制。

在信息系统外包中，接包方将知识转移给发包方需要通过各种知识转移机制，这些机制包括：工作手册、人员流通、培训、观察学习、业务陈述以及员工之间的密切接触（Imsland和Sahay，2005；Xu和Ma，2008；Chua和Pan，2008）。相关的文献中提到了大量的知识共享机制，Srivardhana和Pawlowski（2007）认为社会整合（Social Integration）将能够有效地减少知识共享的阻碍，提高知识共享的效率；Rottman（2008）认为通过设立在岸的桥梁工程师（Bridge Engineers）和离岸培训来克服离岸外包中知识共享的困难有助于知识共享的顺利进行，鼓励接包方将自己的工程师嵌入发包方中，以便促进双方的理解和知识的获取；Chua和Shan（2008）认为在离岸的IT外包中合理地使用富媒体有助于发包方与接包方的知识共享。Blumenberg（2009）则针对IT服务外包中知识的复杂性和隐性特征，探讨了众多不同的知识共享机制,如人员共享、工作轮换、旁观工作、培训、短期互访、会议、联合小组、SLAs 等。Williams(2011)对印度的软件工程师进行了调研发现正式的知识共享途径有利于服务提供商了解客户,而非正式的讨论和谈话传递的信息可能不正确,因而不利于服务商了解客户,降低知识共享的效率,同时也会降低外包绩效。IT 外包中的知识共享跨越了企业边界,知识编码(包括文档化、代码评论等)、交互式记忆团队构建有助于促进知识的传播和理解(Kotlarsky 等,2014;Winkler 等,2015;Kudaravalli 等,2017)。

目前知识共享机制的研究已比较成熟,知识共享机制通常应该与其他因素放在一起进行研究,在实践中知识共享机制也经常要根据不同的情况作出选择,如不同类型的知识共享需要对应的知识共享机制,知识接收方和发送方间的关系、知识存量的相似性等因素也会对知识共享机制的选择使用产生较大的影响。

3.关于知识保护的研究

(1)知识保护的原因。

知识保护一直是知识管理研究的重点内容,其重点是通过法律手段和战略方法防止知识溢出到竞争对手和市场跟随者(Teece,1986;de Faria 和 Sofka,2010)。最近的研究重点从竞争对手转向合作伙伴,特别是学习联盟中的合作伙伴(Kale 等,2000;Yang 等,2014)。在以学习为导向的联盟中,企业经常面临失去专有知识的风险,合作伙伴可能机会主义地将合作中获取的知识内部化并用于增加核心竞争力(Kale 等,2000;Mohr 和 Sengupta,2002;Li 等,2010;Jiang 等,2016)。因为私有知识的泄露给知识所有者带来风险并威胁到竞争地位(Hernandez 和 Sanders,2015),所以知识保护在管理企业间合作中已成为关键问题(Mayer,2006)。

IT 外包需要密集的沟通和知识交流,从而导致发包方知识泄漏的风险更高(Levina 和 Ross,2003;Faems 等,2008)。首先,IT 外包使合作伙伴能够接触对方的核心知识,为机会主义者提供了盗用和内化知识的机会。其次,知识流失经常发生在知识共享过程中,通过文档交换、人际交互来传递显性和隐性知识(McEvily 和 Marcus,2005;Frishammar 等,2015)。因而,发包方常常会采取较严格的知识保护措施以防止核心知识外泄。

(2)知识保护的影响因素、方式。

现有的文献已经强调了知识保护在企业间合作中的关键作用,并且研究了知识保护的正式和非正式手段。Norman(2002)研究了资源特征(核心、隐性、感知到的伙伴的学习意愿、易获得性、资源重叠)以及关系特征(信任、关系经验)两个方面对知识保护程度的影响,资源的价值性、对机会主义的担忧、接收方的学习意向和吸收能力正向影响知识保护的程度,而信任、前期合作历史负向影响知识保护。Langfred(2004)也认为紧密的关系和信任降低了对伙伴机会主义行为的监控,知识将难以保护。另一方面,Kale等(2000),Norman(2004)的实证研究结果并没有证明关系资本、信任对降低知识保护有显著影响。Kale等(2000)认为企业应该同联盟伙伴发展基于相互信任的关系资本,以此来遏制合作伙伴的机会主义行为。Jiang等(2013)进一步探讨了善意信任和能力信任能否防范伙伴机会主义、保证知识不被盗用。Yang等(2014)发现在战略伙伴型关系中,机会主义行为减少,通过加强合作伙伴之间的相互依存来促进知识保护。知识保护的形式分为两类:一类是可以签订契约的正式手段,如版权、专利、商标、人员控制、信息授权等(Norman,2001;Manhart和Thalmann,2015);另一类是无法签订契约的非正式手段,如隐藏知识价值、降低知识的可观察性、显性知识隐性化、知识情景化、模糊化等(Manhart,2015)。

(3)知识保护的结果方面的争论。

虽然现有的文献已经给出了各种知识保护方法,但一个重要的研究问题仍有待解决:知识保护是否可以提高IT外包项目的合作绩效?学者们根据不同的理论视角,得出的结论是完全不同的。目前,典型的两个理论视角是经济学方面的交易成本理论和社会学方面的心理契约理论。交易成本理论方面的研究观点认为发包方知识保护对于项目绩效有积极的影响,而心理契约理论则认为发包方知识保护对项目绩效有负面的影响,具体如下:

①交易成本理论关于知识保护的观点。基于交易成本理论的研究表明,知识保护增强了伙伴关系质量,最终增强了合作绩效。交易成本理论基于企业的有限理性和机会主义的假设。TCE认为,企业间的交易成本来自于用以减少机会主义风险和保障专有性资产的复杂机制的设计和实施。机会主义源于狡猾地(包括谎言、作弊和计算努力)追求个人利益,最大限度地提高个人回报(Williamson,1985;Aubert等,2004)。要提高合作绩效,管理人员应该制定保障措施,以减少合作伙伴的机会主义行为(Dyer和Chu,2003;Poppo和Zenger,2002)。为了控制机会主义和保护交易专有性资产,买家依靠正式合同和非正式的基于信任的关系来确保经济交易的绩效(Williamson,1985;Dyer和Chu,2003;Poppo和Zenger,2002)。

在IT外包的背景下,发包方需要保护其免受接包方的机会主义的影响,因为接包方可能会把以往合作过的IT项目中有价值的知识内化,以便为其他客户服务(Barthélemy和Quélin,2006;Ang和Cummings,1997;Mayer,2006)。IT外包项目通常是定制的,保护发包方知识是发包方外包决策的关键因素(Ang和Cummings,1997;Mayer,2006)。为了减少接包方的机会主义,发包方通常借助法律合同来详细说明任务描述,阐明客户专有或可重用的项目组件,或在合作期间创建新知识时如何分配知识产权(Barthélemy 和 Quélin,2006;Faems 等,2008;Handley 和 Angst,2015)。对发包方保护知识有效的机制包括关系治理、接包方的质押投资以及限制对核心知识的访问(Yang 等,2014;Liu 等,2009)。知识保护可以防止自己的核心知识外露,避免核心竞争优势被模仿和拷贝(Fang 和 Zou,2010;Jiang 等,2015)。

从 TCE 理论视角来看,知识保护的各种机制也有助于提高伙伴关系质量,进而提高合作绩效。通过减少接包方在知识交流过程中的机会主义,与 IT 项目交易相关的成本和风险都将减少。先前的研究表明,通过详细规定合同条款,规定任务分工、产权、解决争议的程序和违规处罚等条款,买方可以有效地打击供应商的机会主义行为(Reuer 和 Ariño,2007;Faems 等,2008;Schepker 等,2014),并通过增加公平感知和减少破坏性冲突而提高合作质量(Barthélemy 和 Quélin,2006;Jean 等,2014;Poppo 和 Zhou,2014)。

②心理契约理论关于知识保护的观点。关于发包方知识保护与项目绩效的关系,心理契约理论提供了与交易成本理论相反的观点。心理契约理论(PCT)最初是为了表征雇佣关系中员工或雇主对相互义务的感知,后来被扩展到买方与供应商之间的关系中,外包就是典型例子之一。心理契约是关于交易双方之间互惠义务的一套信念(Robinson,1996;Robinson 和 Rousseau,1994)。心理契约与正式的法律合同有以下两方面的显著差异。

首先,心理契约本质上是感性的,并受交易双方的解释(Morrison 和 Robinson,1997;Robinson,1996)。也就是说,即使双方接受相同的书面合同条款,在对该条款的理解上也不尽相同(Morrison 和 Robinson,1997;Robinson 和 Rousseau,1994)。而法律合同则受到第三方的解释,如法院的司法制度(Koh 等,2004)。

其次,心理契约中所感知的义务来自双方为获取对方提供的利益而做的承诺(Morrison 和 Robinson,1997;Robinson,1996)。这些承诺通过公开的、显性的手段清晰地传达出来(包括但不限于合同条款和口头讨论),或者是过去的做法和任务要求等隐含手段(Koh 等,2004;Morrison 和 Robinson,1997)。相比之下,合同条款只规定了明确的义务和责任(Reuer 和 Arino,2007、2014)。因此,与正式合同相比,心理契约的范围更广,涵盖了对于书面义务和不成文的隐含承诺的解释(Koh 等,2004;Robinson,1996;Morrison 和 Robinson,1997)。更重要的是,正是心理契约驱动着交易双方的行为,心理契约义务的履行程度解释了 IT 外包绩效较大的变异(Koh 等,2004)。

最近,越来越多的研究开始关注心理契约在买方——供应商关系和IT项目中的重要性(Koh等,2004;Hill等,2009;Kim等,2013;Lioliou等,2014)。研究发现,知识共享是IT外包关系双方的主要义务,IT外包接包方有义务共享知识以便教育发包方学习、使用IT系统相关的必要技能和知识,而发包方有义务为接包方提供IT系统所需的企业特有的知识(Koh等,2004)。

虽然基于TCE的研究从发包方的视角强调知识保护的必要性(Ang和Cummings,1997;Barthélemy和Quélin,2006;Mayer,2006),但是接包方对于知识保护活动的心理反应被严重忽视了。根据心理契约理论,心理契约的违背是项目合作绩效的主要障碍,因为心理契约违背大大降低了合作企业之间的信任(Hill等,2009)。由于心理契约受到发包方和接包方的解释不尽相同,所感知义务的不一致很容易触发心理契约的违背(Morrison和Robinson,1997)。这源于两个主要因素,一是交易各方的认知框架不同,二是心理契约义务和任务要求的复杂性和模糊性(Morrison和Robinson,1997;Hill等,2009)。契约违背通常发生在交易中的一方未能履行预期义务时(Robinson和Rousseau,1994;Robinson,1996;Morrison和Robinson,1997)。在IT外包情景中,接包方往往将知识共享视为其发包方的中心义务(Koh等,2004)。接包方通常期望发包方分享知识而不是严格保护知识,因此,知识保护活动被接包方认为是发包方违背了心理契约中的义务,从而引发消极的情绪反应(如失望和愤怒)(Morrison和Robinson,1997)。心理契约违背会导致关系质量和合作绩效的损害(Robinson和Rousseau,1994;Morrison和Robinson,1997;Hill等,2009;Kim等,2013)。如果每个组织在合作中将知识保护赋予很高的权重,将使合作的整体利益受损,便不会有通过合作创新公共知识库的可能,更有甚者,因为知识保护行为传递了一种负面的信号,会使双方产生冲突、不信任、损害关系水平(Simonin,1999;2004;Norman 2001;Nielsen和Nielsen,2009;Yang等,2014)。

1.2.2 现有理论研究的局限性

通过文献梳理,发现现有研究涵盖了IT外包的决策、IT外包的战略作用、IT外包治理以及最终结果等多个方面的内容。IT服务外包项目具有知识密集型特点,其完成过程高度依赖发包方和接包方的共同创造,具有较高的复杂性和不确定性。针对IT服务外包的知识密集型特点,知识管理成为IT外包研究的重点内容,知识共享与保护是两个重要的维度。以往研究重点探讨了知识共享对项目绩效的影响,以及如何进行知识共享。具

体来讲,现有的研究存在以下不足:

首先,以往研究忽略了外包的竞合特征,很少同时研究知识共享和知识保护对绩效的影响。以往的研究更多地强调了知识共享对项目绩效的影响,知识共享在 IT 外包研究中是一个重要的领域,知识共享的研究较多,但是很少考虑知识交换的另一方面,即知识保护。IT 外包知识交换中竞合现象是不容忽视的,否则我们难以获得事物的全貌。现有研究已经证实知识共享正向影响 IT 外包成功,是 IT 外包关系治理中的关键要素(如 Chang 和 Gurbaxani,2012;Su,2013;Williams,2011;Deng 和 Mao,2012;Kim 等,2012;Teo 和 Bhattacherjee,2014)。为了促进知识共享,现有研究对影响知识转移的因素进行了大量的探索,如转移知识的意愿、知识特征、组织能力、伙伴关系质量、沟通质量、社会资本等(Lee 等,1999、2001、2011;Blumenberg 等,2009;Deng 和 Mao,2012;Williams,2011;Zahedi 等,2016)。但是,在 IT 服务外包合作中,发包方往往在分享知识的同时也对核心知识进行严格保护。这也许是为什么知识共享的情况下还有那么多高的失败率的原因之一,正是 IT 外包合作中既共享又保护的竞合现象影响了项目合作的质量。现有文献中,发包方的研究则重点分析了如何在外包合作过程中保护自身的核心知识,避免知识泄露。接包方的研究更多地研究如何获取知识,忽视了发包方在尽力保护核心知识的前提,发包方对核心知识的保护势必会影响知识共享的质量。因此,从知识角度分析 IT 服务外包项目绩效的研究并不能深入研究外包合作中知识共享与保护的竞合特征,及其对项目绩效的影响。具体而言,以往接包方的研究局限于知识获取而未能分析发包方的知识竞合对项目绩效的影响机制,而从发包方角度开展的研究执着于探索知识保护的方法,忽视了知识保护对最终项目绩效的潜在的影响以及如何降低潜在方面效应的问题。实际上,知识共享是双向的活动,既包括发包方向接包方共享知识,也包括接包方向发包方共享知识(Blumenberg 等,2009;Loebbecke 等,2016)。双向知识共享发生在协作情景下,双向知识共享能够充分利用互补的知识,协同地创造新知识(Loebbecke 等,2016)。如何管理 IT 外包中的知识竞合关系是不得不正视的问题。比如,为什么外包的失败率那么高?为什么进行了知识共享却得不到好的绩效?发包方为什么要进行知识保护?为什么知识保护对有些项目绩效影响很大而对另一些却影响较小?为何对于知识保护会有不同的认知?

其次,有关知识共享的研究取得了较为一致的结论,但是,关于知识保护对外包绩效的影响却存在争议,还没有统一的共识。一是因为理论视角不同造成研究结论不一致。交易成本理论的观点认为知识保护能够降低冲突、降低交易成本,提高合作关系的稳定性;而较高水平的知识共享会刺激接包方的机会主义行为(Fang 和 Zou,2010;Jiang 等,2015)。社会交换理论——特别是心理契约理论的观点则认为知识保护行为实际上发出了一种不好的信号,会降低价值认同和关系质量,从而最终降低外包项目绩效;而较高水平的知识共享发出了一种善意的正面的信号,会增进相互认同、提高关系质量(Koh 等,2004;Nielsen 和 Nielsen,2009;Kim 等,2013;Yang 等,2014)。二是研究的立场不同造成的,很少同时考虑发包方和接包方的视角,缺乏全面理解 IT 外包中的知识竞合现象。现有研究常常研究某一方的知识保护活动对其自身绩效的影响,忽视了知识交换涉及心理、社会关系的认知视角,从认知的角度看,知识交换过程实际是一种社会交换,知识交换双方对知识保护行为的感受应该引起重视。例如,Bouncken 和 Fredrich(2016)将竞合强度分为实际的竞合程度和感知到的竞合程度,感知到的竞合程度对合作双方的战略选择影响更大,尽管有时候这种感知与实际情况还有很大的差距。当发包方采取知识保护的时候应该考虑接包方的反应,以及这种反应是否最终影响外包合作。知识竞合的研究只关注了自身的策略选择而忽视了对方的反应,只关注如何保证个体利益而忽视了共同利益最大化。这不符合竞合的核心思想,竞合是为了发挥协同优势,共同做大蛋糕。

再次,关于 IT 外包合作中知识竞合通过什么环节最终影响接包方的项目绩效这一内在机理的研究不够深入。知识共享与知识保护作为一对矛盾体,其对绩效的作用机理较为复杂,目前还缺乏知识保护与共享对绩效的影响机理的研究。通过知识共享获取到的知识如何才能对最终的项目绩效产生作用呢?知识要发挥出全部的作用,需要经过一个完整的过程,包括知识发现、获取、同化、吸收、整合、应用等(Zahra 和 George,2002;Lane 等,2006)。同时,根据竞合观点,竞合的过程包括联合价值创造和价值分配竞争(Brandenburger 和 Nalebuff,1996;Ritala 和 Hurmelinna-Laukkanen,2013;Raza-Ullah 等,2014;Bouncken 和 Fredrich,2016)。上述两方面的理论同时说明了知识共享与保护需要通过互动的合作过程才能达到预期结果,如图1-3所示。知识吸收与共享是集体知识的创造(Inkpen,2000)。共同学习只有在知识完整地被分享、被不同人员完全理解时才能达到最佳效果(Fang 和 Zou,2010)。IT 外包中的知识既涉及不同类型的知识,又包含来自不同企业的显性或隐性知识,真正将知识的原有价值发挥出来是很困难的。IT 外包是在一个跨文化的环境中完成的,知识共享跨越了企业边界。文化上的差异、知识的编码、交互式记忆团队构建制约着知识的传播和理解,给知识共享带来了障碍(Kotlarsky 等,2014;Winkler 等,2015;Su 等,2015;Kudaravalli 等,2017)。现有研究虽然进行了有益的探索,但是仍有很大的研究空间。如 Teo 和 Bhattacherjee(2014)指出发包方需要将从接包方处获取的知识进行内部消化,转化为相应的技能才对发包方的运作绩效和战略绩效发挥作用。知识在发包方内部的文档化、传播、共同学习等整合方式将加强知识共享与绩效的关系,但是 Teo 和 Bhattacherjee(2014)的实证结果显示知识的内部整合的调节效应不显著,其研究假设未得到支持,其研究关注的是企业将获取的知识在内部进行整合,而不是接包方团队与发包方团队的共同学习和创造。知识集成过程是通过个体间的交互使得相互间的理解得以加强,新知识得以产生,知识的价值得以发挥,而这一过程受到社会情境因素的影响(Blumenberg 等,2009)。

知识竞合对项目绩效的影响通过"共同解决问题"这一中介变量体现出来。

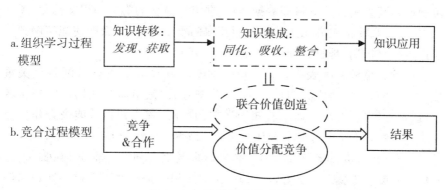

图 1-3　知识利用过程示意图

最后,目前关于竞合现象的实证研究急需补充,学者也呼吁提供不同情景下的实证证据,提供更为丰富的信息。例如,Bouncken 等(2015)总结竞合的研究现状发现,目前的研究中超过一半使用定性研究来描述竞合现象,只有不到 20% 的研究采用定量研究。他们呼吁来自多个不同领域的大样本定量研究,特别是对于竞合构念的测量、对理论假设的实证检验等,从而为理论的扩展提供更深更细的洞见。针对知识竞合的复杂性、动态性和双向性等特征,学者们也建议同时检验知识共享和知识保护是有很大潜力空间的方向(Husted 等,2013)。

1.3　研究问题、内容

1.3.1　问题的提出

IT 外包已成为降低成本、利用知识优势、重组价值的有效途径(Quinn,1999;Willcocks 等,2004)。IT 外包也为新兴国家的服务提供商(或称为接包方)提供了学习发达国家前沿技术、管理流程和市场信息的机会(Li 等,

2010；Su 等，2016）。通过与国际领先企业合作来进行学习是中国企业获取知识的一个重要途径。知识共享是实现这些合作优势的核心机制（Quinn，1999；Lee，2001；Koh 等，2004；Williams，2011；Chang 和 Gurbaxani，2012）。然而，因为知识被认为是越来越重要的企业资源（Grant，1996、2004；Arend 等，2014），独特的难以模仿的知识是企业核心竞争力的重要来源。为了防止知识泄露、盗取，拥有知识的组织通常会采取多种措施进行严格的知识保护。笔者通过对 40 家接包企业的项目经理、企业高管的调研发现，为了保证项目的顺利完成，发包方会共享信息给接包方。但是，很多发包方对关键的核心知识都会采取正式的和非正式的措施来进行保护，如通过合同规定限制访问其关键文件资料和数据，将一些需要意会的隐性知识文档化、图纸化，从而要么使接包方无法接触到想获取的重要知识，要么即使能接触到知识但也很难识别、理解、吸收（Manhart，2015）。

尽管大量的文献表明，IT 外包中的知识共享对提高项目绩效至关重要，但一个新兴的研究方向认为，知识共享有其"黑暗面"。因为 IT 外包客户（或称为发包方）往往面临着知识泄漏的危险，核心知识可能被合作伙伴模仿、萃取、内化，并用于本合作之外（Kale 和 Singh，2000；Martinez-Noya 等，2013；Frishammar 等，2015）。越来越多的文献研究企业如何在外包合作中防止知识泄露（Fang 等，2011）。虽然知识保护有助于将核心知识与泄漏风险隔离开来，但现有文献关于知识保护如何影响最终项目绩效存在两种矛盾的观点。基于交易成本经济学（TCE）的研究表明，知识保护作为一种正式的保障机制，通过减少对方的机会主义增进信任、减少冲突，从而提高伙伴关系质量，最终促进项目绩效（Barthélemy 和 Quélin，2006；Mayer，2006；Fang 等，2011；Jean 等，2014）。此外，知识保护机制还为共享核心知识提供了安全保障（Fang 等，2011；Jean 等，2014）。相反，基于心理契约理论的文献表明，超出纯粹的法律合同的心理契约对基于信任、承诺和相互义务的合作关系至关重要（Koh 等，2004；Kim 等，2013）。在接包方的心理契约中，共享知识是发包方应尽的义务。发包方的知识保护行为可能表明他们对接包方的不信任或者承诺降低，从而违背了预期心理义务。因此，知识保护可能降低合作关系的质量，从而降低项目绩效（Robinson，1996；Morrison 和 Robinson，1997；Hill 等，2009）。

由此可见，在外包合作中知识共享与知识保护同时存在。发包方一方面为了项目的正常进行，会向接包方共享必要的知识（如必要的信息和数据、业务知识等）。另一方面，由于担心核心知识泄露、被模仿导致竞争优势消失的风险，会对其认为的重要的独占性的知识进行严格的保护。针对 IT 外包中的知识竞合现象，发包方与接包方的关注点相差很大。发包方关注的是如何在保护知识的情况下不损害最终绩效,而接包方关注的是更多地获取知识,降低发包方的知识保护。由于双方关注点不同,所以不能仅仅研究知识保护和知识共享的某个方面,这就使得知识保护和知识共享问题变得复杂。无论对于发包方和接包方而言,这样的均衡都很难实现。

在发包方既进行知识共享又实施知识保护的情况下,我们还不清楚知识共享与保护这一竞合关系对项目绩效有何影响,也不清楚其通过什么中介因素影响项目绩效,更不清楚是否有关系治理的其他因素(如心理契约等)使上述关系复杂化。本书的研究目标就是以竞合的视角将发包方的知识共享和知识保护行为整合在一个研究框架中,从而提供全面的理论分析和更有实践价值的经验证据。

本研究认为,现有文献仅从发包方的角度研究知识竞合,而忽视了接包方对发包方知识共享与保护行为的反应,以及通过什么中介过程最终作用于项目绩效,接包方的反应受到哪些情景变量的影响。本书的研究思路如图 1-4 所示,图中虚线部分是以往研究中较为欠缺的。本书将就如下研究问题展开研究。

①从竞合的观点看,发包方在进行知识共享的同时也对核心知识进行严格的保护,发包方的知识共享和知识保护对接包方外包项目绩效的影响如何?

②发包方的知识保护与共享如何影响接包方绩效,其影响机理如何?中介效应是什么?

③情景变量的提出,在什么样的情景下能够找到知识共享与知识保护之间的平衡? 对于转型期的中国,法律契约治理不完善,因而心理契约现象需要引起重视。心理契约是否起到比较强的调节作用呢? 心理契约的内在和外在表现形式有哪些,分别有何调节效应?

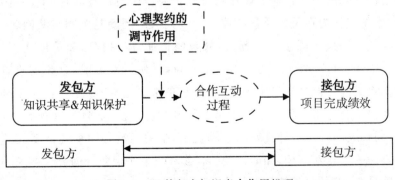

图 1-4　IT 外包中知识竞合作用机理

1.3.2 研究的内容

IT服务外包已成为全球资源配置的成熟模式,如何提高IT服务外包项目绩效一直是企业和学术界关心的问题。但是,IT外包虽然已经显现出了很多的优势,外包项目却存在高失败率。IT服务外包项目具有知识密集型特点,其完成过程高度依赖发包方和接包方的共同创造,具有高度的不确定性和动态性。有效的知识管理被普遍认为是外包成功的关键保障。然而,发包方与接包方之间的知识竞合现象不容忽视,知识竞合呈现出复杂、双向、动态等特征。现有理论的研究还不够深入,尤其是关注双方对彼此的知识保护、共享的感知和反应,以及这些感知和反应如何最终影响IT外包绩效。本书从竞合角度,将知识共享和知识保护整合在一起,研究两者的共存对接包方项目绩效的影响。

针对上文中所提的研究问题,本书的研究内容主要集中在以下方面:

(1)基于竞合的观点,研究知识共享与知识保护对外包项目的绩效。发包方同时实施知识共享与知识保护行为,这将使双方的知识交换变得复杂。鉴于目前关于知识竞合的研究还不充分,而且现有观点由于理论视角和所占立场不同还存在很多争议,理论研究上还没有形成共识。同时,根据公开的报道并结合笔者对近百家外包企业的实地调研,在知识管理的实践上也存在很多问题。基于此,本书将首先研究发包方的知识共享对接包方项目绩效的影响,发包方的知识保护对对接包方项目绩效的影响,以期为现有研究提供丰富的证据支持。

(2)从竞合及知识管理理论的视角,针对IT外包合作关系特征,研究共同解决问题的中介作用。以往的研究认为合作关系质量对IT外包非常重要,本研究认为在关系质量的纬度中共同解决问题是关键。共同解决问题中介效应的提出源于三个理由:外包的特征、以往教训和价值共创。首先,IT外包中的知识既涉及不同类型的知识(如技术知识、业务领域知识、文化知识等),又包含来自不同企业(尤其是跨文化)的显性或隐性知识,真正将知识整合运用于项目合作中是有困难的。其次,通过梳理现有文献发现,共同解决问题是一种良好的互动机制,是关系治理的重要维度,能够使发包方在一个相互信任、和谐共处的合作环境下实现联合创造。再次,上文中提到目前IT外包战略需要从成本驱动、交易型关系转向创新驱动、战略合作关系,共同解决问题是关键要素之一,因为共同解决问题既表达了双方的承诺又实现了良好的互动,从而有助于实现联合创新。本书将分别研究知识共享与共同解决问题的关系,知识保护与共同解决问题关系,以及知识共享与知识保护的交互对共同解决问题的关系。旨在研究知识保护与共享的竞合如何影响绩效,探明其内在的影响机理,提出并检验共同解决问题的中介效应。

(3)从心理契约理论的角度,探讨契约图式、知识环境的调节效应。契约图式和知识环境是影响心理契约的内外部因素,契约图式代表了内生性心理契约,知识环境是外生性心理契约。由于对事物的心理认知的不同会导致对待同一事物的看法不同,所谓图式(schema),是人脑中已有的知识经验的网络,构成了人们对事物的认知态度。根据笔者实地访谈,在中国的IT 外包情景下,心理契约图式有两种:一种将外包合作视为短期的经济交易行为,契约是一种非常重要的法律保障;另一种认为外包合作是长期的战略伙伴关系,协调和沟通是重要手段,契约只是一种表明关系确立的形式而已。本研究将契约图式分为交易契约图式和关系契约图式,研究其对知识竞合与共同解决问题影响关系的调节作用。另外一个重要的外部环境变量是知识环境,心理契约受外部环境的影响,知识环境的丰裕性高低影响着接包方对知识保护和知识共享行为的认知。因此本研究引入知识环境这一全新的情景变量,研究其对知识保护、知识共享与共同解决问题关系的调节作用,探讨不同的知识环境下发包方知识竞合对共同解决问题的影响是否有别。

本研究有三个方面的意义。

第一,从接包方的角度,研究发包方知识竞合(共享、保护)如何经由共同解决问题这一关键互动过程最终影响项目绩效,有助于我们对 IT 外包中的知识竞合现象有一个完整的理解,尤其是从双向互动的角度,站在接包方的立场来看待发包方的知识共享与保护的后果,能够为 IT 外包中知识管理的研究提供有益的补充和拓展。

第二,研究接包方的契约图式、知识环境的调节作用,有助于揭示发包方的知识竞合作用于共同解决问题的边界条件,来缓和现有文献关于知识竞合结果的矛盾观点;有助于我们区分不同的情况下知识竞合对项目绩效的不同作用,也为企业实践提供更加具体和有针对性的意见和建议。

第三,本研究根据 IT 外包特点,确定并开发了两种类型的契约图式,并调查其调节效应,从而为心理契约理论进行补充和扩展。心理契约受到内部和外部因素的影响,接包方的契约图式是影响个体的心理契约的内部力量,但是也不能忽视外部力量对个体心理契约的影响。内在的契约图式和外在的知识环境都影响着个体的心理认知和心理期望,影响着个体对事物的解释和判断。随着大数据时代的到来,本研究还提出外部知识环境将会成为越来越重要的环境变量维度,有力地补充关于组织环境方面的文献。

1.4　本书框架

本书采用实证研究的方法对上文提出的理论模型进行分析和检验,共分为七章,本书安排如图1-5所示。每个章节的内容如下:

第1章,绪论。主要介绍研究的现实背景和理论背景,提出研究问题,说明研究意义,提出研究的主要内容和框架。

第2章,文献综述。首先给出了服务外包概念的界定,介绍了本书理论发展所用到的基础理论,包括知识管理理论、竞合理论、心理契约理论等。由于关注的重点是IT外包治理环节,本部分对IT外包治理的两个重要维度——契约治理和关系治理相关研究文献进行了梳理,以便总结提炼相关构念(包括两种契约图式、共同解决问题)。最后,针对IT外包知识密集型的特征,提出了外部知识环境正在成为一个重要的环境变量,梳理了基于大数据特征的知识环境相关研究内容。

第3章,研究假设。以知识管理理论、竞合理论为逻辑基础构建了研究框架,同时应用心理契约理论和交易成本理论丰富研究内容和框架,提出了概念模型。然后,提出了12个假设。

第4章,研究方法。详细论述了样本与数据的收集、变量的指标选择和度量,以及本书所用到的实证检验和分析方法。

第5章,实证检验结果。给出本书所提假设的数据检验结果。

第6章,结果讨论。进一步解释所提问题和假设,并深入讨论结果的理论贡献和实践启示。

第7章,研究结论与展望。总结主要工作和研究结论,总结凝练创新点,指出研究的局限性,以及未来进一步研究的方向。

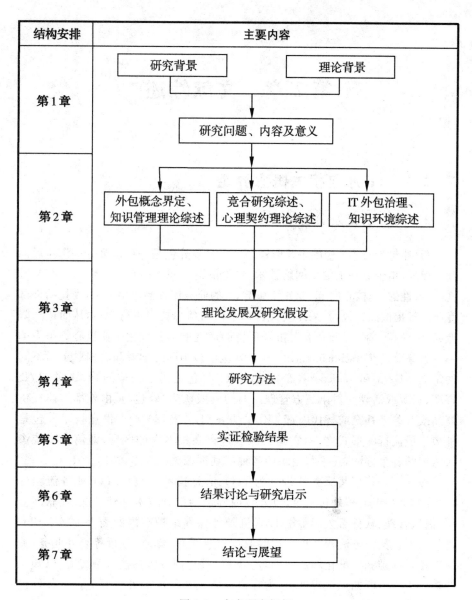

结构安排	主要内容
第1章	研究背景　　理论背景 研究问题、内容及意义
第2章	外包概念界定、知识管理理论综述　竞合研究综述、心理契约理论综述　IT外包治理、知识环境综述
第3章	理论发展及研究假设
第4章	研究方法
第5章	实证检验结果
第6章	结果讨论与研究启示
第7章	结论与展望

图 1-5　本书研究框架

第 2 章　文献综述

2.1　IT 外包相关概念界定

2.1.1　定义及分类

　　IT 外包是服务外包的主要形式之一。服务外包是一种社会分工深化后的商业模式,指企业基于信息网络技术,将价值链中原本由自身提供的具有基础性的、共性的、非核心的 IT 业务和基于 IT 的业务流程剥离出来后,委托给外部专业服务提供商完成,并采用现代通信手段与信息技术进行交付,从而达到降低成本、提高效率、提升企业对市场环境的应变能力并优化企业核心竞争力的一种服务模式(Hirschheim 等,2013)。外包也被国内外学者和机构赋予了不同的定义。Kern 和 Willcocks(2000)指出 IT 外包是为了期望的结果,将 IT/IS 资产、资源或活动交付第三方管理。人们一般认为"外包"是由外部实体提供商品或服务来补充或替代内部工作的方案(Lee 等,2003)。信息技术外包是外包中最流行的形式之一,它与其他外包存在根本性的区别,即信息系统渗入组织的各个方面,几乎与组织中各种活动都相关(Qu 等,2010、2011)。

　　按照产业可以将服务外包分为 ITO(信息技术外包)、BPO(业务流程外包)、KPO(知识流程外包)。ITO 外包内容包括信息技术基础设施、互联网应用、信息管理、软件开发、网络、计算机硬件保养维护在内的委外业务。BPO 外包内容包括业务流程经拆分后的数据信息采集、集成、分析等委外业务,关注于相对基础和标准化的流程外包。KPO 外包内容包括技术密集的、以知识劳动为主的行业知识流程外包,为客户提供创造价值的外包服务。服务外包具体的分类见图 2-1。

　　根据服务外包承接商的地理分布状况,服务外包可分为三种类型:离岸外包、近岸外包和在岸外包(Kern 和 Willcocks,2000)。离岸外包是指转移方与为其提供服务的承接方来自不同国家,外包工作跨境完成;近岸外包是指转移方和承接方来自于邻近国家,近岸国家很可能会讲同样的语言,在文化方面比较类似,并且通常提供了某程度的成本优势;在岸外包是指转移方与为其提供服务的承接方来自同一个国家,外包工作在境内完成。

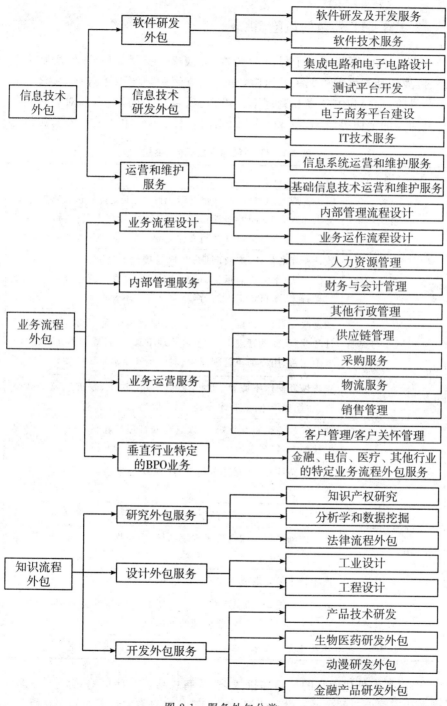

图 2-1　服务外包分类

资料来源:中国服务外包网,《中国服务外包》杂志

2.1.2　IT外包的风险、挑战

IT外包的管理充满了风险和挑战,如表2-1所示。IT外包面临的风险、挑战包括与发包方相关的风险,如发包方组织环境变革等;与接包方相关的风险,如接包方技术和管理不善等;与项目相关的风险,如对项目规划与灵活性的把握等(Verner 和 Abdullah,2012;Lacity 和 Willcocks,2014)。

表 2-1　IT外包的主要风险、挑战

类别	因素	要点
发包方	组织环境	组织管理上的改变、不够重视组织变革、不支持外包战略的企业文化和政策、不同的地理位置、缺乏高层管理人员支持、组织结构调整、客户与接包方之间文化差异、不稳定的业务和组织环境
	团队构建	缺乏相互的信任、沟通问题、客户与接包方之间的冲突、不同的工作方式、不完美的承诺、消极态度、接包方的道德风险和机会主义行为、项目负责人能力差、项目管理不善
接包方	计划与控制	随意改变目标/范围/要求、项目过程透明性低、低水平的质量审计和控制、变动管理不善、项目治理不善、项目规划不佳、权力制度不完善、用户期望管理不善、时间表和所需资源的估计不现实
	执行	灾难恢复操作不完善、不相容的开发方法论、缺乏实施的敏捷性、后勤保障不力、技术不连续、不恰当的开发组件
	能力	缺乏外包经验和专业知识、缺乏合同管理经验和专长、缺乏必要的技能、关键员工流失
项目	复杂性	技术复杂性高、高度复杂的任务、涉及较多接包方、需要大量集成和定制
	新颖性	使用新兴技术、使用以前项目中未使用的技术、业务领域不熟悉
	合同	没有清晰的标准和规程来测量结果、惩罚规定不明确、合同条款不灵活、忽视外包合同后期事项
	财务	产生较多的隐藏成本、资金不足
	法律、政治环境	外汇汇率波动、知识产权保护不力、隐私和安全入侵、社会政治不稳定、贸易壁垒、法律环境的不确定性
	范围与要求	相互冲突的要求、要求过高、要求不明确、要求不合适

针对IT外包面临的风险和挑战,学者们总结了一些应对策略。一部分学者从不同理论的角度提供了建议,例如IT外包研究中常用到的理论视角有交易成本理论、委托代理理论、资源依赖理论、社会交换理论,如表2-2所示。

表 2-2　IT 外包中常用理论

	交易成本理论	资源基础理论	资源依赖理论	委托代理理论	社会交换理论
分析单元	交易活动	资源和能力	企业间权力	委托人与代理人之间的契约	交换关系
基本假定	机会主义 有限理性	企业具有不同的有形和无形的资源,可转变成独特的能力	企业不可能掌握全部所需的资源,需通过获取外部资源来维持生存	人的自利性、有限理性、风险规避;目标冲突,信息不对称	人性的趋利避害、人与人之间的互惠依赖
关注点	专有资产 对每次交易进行单独分析 交易频率	特定资源 技能、能力 强调资源互补性	组织对另一个组织的权力 减低对外部的依赖	效率 利益协调 风险分担	付出回报之比 组织间力量平衡 关系的维系
评价外包的标准	交易和生产成本最小化	价值创造	交易成本经济学的经济理性、关系交换的行为理性	对外包服务商的有效激励,降低对外包服务商的监控成本	信任、承诺、沟通质量、知识共享
对发包企业的影响	效率 经济收益 战术层面的决策	竞争优势 战略层面的决策 跨组织边界的能力开发	获取外部资源、减少不确定性、与外部企业建立稳定的伙伴关系	信息沟通降低信息的不对称性 共担风险和共享收益	基于契约的正式机制,基于情感等的非正式机制
可能的风险	过度依赖接包方 隐藏成本 后契约威胁	丢失关键技能 接包方缺乏必要的能力	失去主动性 套牢风险	逆向选择 道德风险 监控困难	负面情绪 共同利益与个体利益冲突
主要文献	Lacity&Willcocks,1995; Tiwana&Bush, 2007; Alaghehband 等,2011	Quinn,1999; Willcocks 等, 2004; Alvarez-Suescun,2010	Grover 等, 1996; Teng 等,1995	Tiwana&Bush, 2007;Lacity 等,2011	Lee&Kim, 1999;Lee, 2001

　　交易成本理论用来解释企业为什么存在这一基本问题（Williamson，1985、1991）。基本论点是，企业的存在可以最小化市场交易带来的成本从而达到利益的最大化。企业被认为是市场的一个更为有效的替代物，是比市场更为有效的治理方式。交易成本分为事前交易成本和事后交易成本（Williamson，1985），事前的交易成本有信息成本、谈判成本、签约成本等，事后的交易成本有监控成本、讨价还价的成本、约束成本、为解决纠纷而必须付出的成本。交易成本的产生是由于人性因素与环境因素交互影响产生的市场失灵，从而造成交易困难（Williamson，1985）。交易成本理论是 IT 外包中最常用的理论（Tiwana 和 Bush，2007；Alaghehband 等，2011；Lacity 等，2016）。Aubert（2004）基于交易成本理论和不完全合同理论，认为不确定性和度量问题对 IT 服务外包决策起关键作用，公司更倾向于外包一些稳定性更高、复杂性更低的活动技术能力水平对外包决策有正向影响，业务能力水平对 IT 服务外包决策的作用不显著，而资产专用性对外包决策的影响尚未得到一致的结果。专有资产、信息不对称使得企业由于要面对令人讨厌的机会主义行为而阻碍合作。学者们发现 IT 外包中资产专有性、结果测量和行为观察的不确定性会诱发接包方的机会主义行为（Lacity，Willcocks 等，2010、2016）。IT 外包中接包方的机会主义行为有隐瞒或歪曲信息、不履行承诺、交付不合格产品和服务。机会主义行为伤害了双方关系的亲密性，向发包方提供了关于接包方未来预期行为清晰的信号。发包方会采取更严格的层次治理结构，以减少接包方的机会主义行为（Goo 等，2007）。但是，敏捷性和灵活性会因此而丧失，外包项目的成本控制能力和运作效率也会下降。因而，如果接包方的机会主义行为增加，发包方与其继续合作的意愿将下降（Lacity 等，2011）。

　　交易成本理论是 IT 外包中最常用的理论，其他的理论也从不同视角给出了如何管控服务外包的风险。交易成本理论关注组织边界，委托代理理论关注合同的设计与管理。委托代理模型中包括团队成员绩效的不可分离性、任务可编程性，旨在建议如何选择企业间关系的结构和流程。委托代理理论主要是为了应对当委托人聘用代理人时信息不完全、不对称产生的困难。在委托代理理论中，两个相对独立的个体，双方在约束条件下追求效用最大化者，但也都面临着风险。委托人与代理人有不同的目标和风险偏好，因而会采取不同的行动（Eisenhardt，1989）。合同是主要机制，委托人与代理人通过正式协议约束代理人，其中主要的问题在合同前期通过信息共享和使用激励机制，使代理人的目标和利益与委托人一致。在相对稳定的经营中，合同是最为有效的工具。但是，在高不确定的情况下合同有其局限，比如在 IT 外包情境下，不确定性增加、技术变化加快，结果的可测量性和行为的可观察性下降，基于合同的契约治理和基于信任、承诺等的关系治理常常被同时使用(Tiwana 和 Bush,2007;Lin 和 Vaia,2015)。社会交换理论是研究个人或者组织间社会互动和交换关系的理论,该理论是在几个重要的假定基础上发展的,如关于人性方面趋利避害的假定,关于人际关系方面的互惠依赖的假定。核心的逻辑是人类的交换行为是建立在报酬与代价的比较上的,如果结果是正向的、积极的,个体或者组织就会被激励开始新一轮的交换行为(Blau,1964)。社会交换包括基于契约行为的关于金钱、商品和服务的正式交换机制以及基于感激、乐趣、赞同、欣赏、爱、刺激等非契约行为的非正式交换机制。IT 外包中建立伙伴关系是一种有效的治理方式,信任、承诺、沟通质量、知识共享等是关系质量的主要要素(Lee 和 Kim,1999;Lee,2001)。资源基础理论关注企业内部的资源和能力,该理论假定企业具有不同的有形和无形的资源,这些有形和无形的资源可转变成独特的能力(Barney,1991)。IT 外包中强调以整体视角分析资源、技能、能力,强调资源互补性,追求价值创造和跨组织边界的能力开发(Quinn,1999;Willcocks 等,2004;Alvarez-Suescun,2010)。外包是企业整合、利用供应商的知识资源的一种形式(Quinn,1999)。但是,Willcocks 等(2004)认为通过 IT 外包可能会使内部知识流失。资源依赖理论关注的问题是由资源独占性产生的企业间的权力与控制关系,该理论假定企业不可能掌握全部所需的资源,需要通过获取外部的资源来维持生存。该理论认为组织对另一个组织的权力是其所拥有的资源的重要性、替代性、独占性等决定的。Grover 等(1996)、Teng 等(1995)等建议 IT 外包管理中应减低对外部关键资源供应企业的依赖,获取外部重要资源、减少不确定性,与外部企业建立稳定的伙伴关系是减少资源依赖的有效途径。

除了借用基础理论进行分析外,另一部分学者则通过总结外包实践,提炼出了一些被证明是可行的做法。例如,Lacity 和 Willcocks(2014)总结了有助于取得一流外包绩效的做法,包括:

①外包双方指派强有力的领导者,在一起能够很好地协作。聚焦外包关系的未来而不是停留在过去,领导者应该是开放的、诚实的,能够一起解决人员、过程和契约方面的障碍。

②聚焦在经营和战略收益而不仅仅是成本节省。如更快速的产品铺设、加速产品测试、提高客户满意度、更好更快的顾客服务等。为达到目的,发包方需要正确地选择具有战略价值的接包方。

③伙伴关系观,视接包方为战略伙伴而不是投机取巧者。一流外包合作中常常把服务提供商纳入整个战略框架中。

④与接包方的工作人员协调一致。将接包方人员整合到发包方组织中,以便使接包方感觉到与发包方是紧密地联系在一起的。

⑤一起公平地解决问题和冲突。在最成功的那些外包中都寻求一起共同解决问题。

⑥重视和鼓励创新。一流的外包客户知道他们需要激励接包方进行创新。但大多数外包交易开始时,会忧虑谁会为创新买单? 在传统的以成本为重点的合同中创新很难实现,因为接包方的注意力都集中在紧迫的事务运作,要按时完成任务。风险分担,收益共享,伙伴关系观,以及将接包方纳入客户的整体战略将使创新成为可能。

虽然 Lacity 和 Willcocks(2014)根据一流的外包实践总结了几种有效的做法,但是,那些一流的外包实践也有可能随着时间而变弱。最根本的方式是要树立长期合作的理念,伙伴双方必须始终满怀热情的致力于提供持续的卓越结果。

2.1.3 小结

本节介绍了服务外包的定义和分类,重点总结了 IT 外包面临的风险和挑战。IT 外包面临的风险、挑战包括与发包方组织环境相关的风险,如发包方组织结构调整、不稳定的业务和组织环境等;与团队构建相关的风险,如缺乏相互的信任、沟通问题、客户与供应商之间的冲突、不同的工作方式、不完美的承诺、消极态度、供应商的道德风险和机会主义行为、项目负责人能力差、项目管理不善;与接包方相关的风险,如接包方能力缺乏、技术和管理不善等;与项目相关的风险,如外包项目的复杂性、新颖性等,外包合同的脆弱性;与项目的法律、政治环境相关的风险,如外汇汇率波动、知识产权保护不力、隐私和安全入侵、社会政治不稳定、贸易壁垒、法律环境的不确定性;项目范围与要求相关的风险,如相互冲突的要求、要求过高、要求不明确、要求不合适。

由于 IT 外包存在的上述风险和挑战,IT 外包的治理过程一直是研究的重点。针对 IT 外包面临的风险和挑战,学者们总结了一些应对策略。一部分学者从不同理论的角度提供了建议,如交易成本理论、委托代理理论、资源依赖理论、社会交换理论。另一部分学者则通过总结外包实践,提炼出了一些被证明是可行的做法。

2.2 知识管理理论

2.2.1 知识的内涵

对知识的定义包括广义和狭义两类。广义的定义是指对物质世界和精神世界一切事物探索的总和(Grant,1996),或一种被证明了的信念或是非判断(Justified belief)(Nonaka 和 Takeuchi,1995)。狭义的知识是指在实践基础上对信息进行加工处理得出的系统化的概念、规律和经验,存在于个体或集体中(Spender,1996)。知识资源的使用可以使物质和能量资源更加有效的利用,并使之增值(Grant,1996;Nonaka 和 Takeuchi,1995;Spender,1996)。

学者们采用了多种方法对知识进行了分类。可以把知识分为显性知识和隐性知识(Polanyi,1966)。显性知识是指能够用符号明确表达出来,易于存储和交流的知识,显性知识可以独立于企业及其相关个体。而隐性知识根植于个人的经验和具体的背景,是异质的、不能完全模仿的、高度个性化且难以交流和利用的知识(Grover 和 Davenport,2001)。在某种意义上,显性知识和隐性知识在表达形式、转化利用上是互补的(Nonaka 和 Takeuchi,1995)。

此外,还有其他一些学者对知识进行了不同的分类。比如 Nonaka 和 Takeuchi(1995)从认识论的角度把知识分为清晰知识和模糊知识,而从本体论角度把知识划分为个体知识、团队知识、组织知识、组织群知识和社会知识。Teece(1998)对知识做了两个分类,一是从知识在技术创新中的作用把知识分为可观测知识(用于产品创新的知识)和不可观测知识(用于过程创新的知识),二是从知识的来源出发把知识划分为正向知识(从先前成功经验中获取的知识)和负向知识(从先前失败经验中获取的知识)。Nidhra 等(2013)将知识类型分为:个体显性知识(如理论知识)、个体隐性知识(如实践经验)、集体显性知识(如成文的规则、规程)、集体隐性知识(惯例、范式、文化)。Loebbecke 等(2016)将知识的类型进行了更细致的区分:个体知识和团队知识、私有知识和公共知识(区别在于知识的拥有者不同)、组件知识(关于工作元素)和建构知识(关于一个完整的过程)。虽然分类方式有很多种,但是一种分类方式也不完全排除另一种。比如,建构知识也被认为是私有的、集体的、隐性的。

2.2.2　知识基础观

资源基础观点(RBV)被视作解释企业竞争优势的重要理论框架,RBV认为竞争力源自有价值的难以被模仿的资源和能力(Barney,1991)。组织知识是无形资源的集合,是稀缺和难易模仿,成为持续竞争优势的重要源泉,因为知识的不动产性和通用性,甚至被认为是所有资源中最重要的(McEvily 和 Chakravarthy,2002;Miller 和 Shamsie,1996)。

知识基础观建立在 Polanyi(1966)的研究基础之上,其后有许多学者包括 Kogut 和 Zander(1992)、Grant(1996)以及 Spender(1996)等进行了发展和完善。知识基础理论假定企业是一个知识库,认为企业所拥有的知识资源是其竞争优势的一个最为重要的来源,是企业资源中最有能力保持持续差异性的资源。因此,企业组织可以被看成是一个生成、编码、储存、分配和应用知识的社会集合体,企业的本质是知识的整合机制,而企业存在的原因就是能够不断地创造新知识。任何企业所掌握的知识资源都具有独一无二的特征,很难被模仿并难以替代,尤其是那些复杂的、专业的、隐性的知识更是如此,这些特征赋予了知识以极为重要的战略作用。如果企业没有足够的知识资源,它将难以发现并利用新的商业机会,从而不能进一步评价潜在机会的价值并从中获取商业利益;而充足的知识资源能使企业更加准确地局侧环境和市场变化趋势,并采取更为合适的战略和战术(Cohen 和 Levinthal,1990)。基于此,很多学者都提出知识及其有效管理是企业获取竞争优势、实现战略目标的关键(McEvily 和 Chakravarthy,2002)。近些年来学者们越来越关注跨组织边界的知识共享工程。Anderson 和 Parker (2013)跨越组织边界的外部知识网络通常是分散的,需要整合起来。例如外包、离岸外包、开源等。外部知识网络很重要,但是不那么好利用。

2.2.3 组织学习过程

组织学习实际上是一种组织不断努力改变或重新设计自身,以适应不断变化的环境的过程。企业持续的竞争优势取决于企业是否能够在其组织边界内有效地学习、积累、创造、应用和扩散知识(DeCarolis 和 Deeds,1999)。知识是组织学习的结果,组织学习是增加企业知识资源的必要手段(Hitt 等,2000)。

组织学习理论强调,内外部知识特点和组织学习机制影响了企业理解知识的深度和广度;经过识别和理解外部的新知识,企业消化新知识后,将其应用使知识在企业中发挥作用(Lane 等,2006)。在组织学习中吸收能力是常被提及的一个重要概念,吸收能力是企业识别评价外部有价值的新知识,消化并应用于商业的能力,他们强调了企业先前相关知识和经验的重要作用和对学习资源加以有效利用的能力,以及如何让这些资源发挥充分作用的各种系统机制惯例、学习文化、组织结构特征等(Cohen 和 Levinthal,1990)。知识距离指知识接收方与提供方之间在业务知识和技术知识的深度和广度上的差距。知识的深度是指对某一专业领域中所含知识的多少,知识的广度是指知识的多样性。在文献中,知识距离有其他一些类似的叫法,如知识互补性、知识重叠、知识整合以及知识距离等。Nonaka 和 Takeeuchi(1995)认为,专业知识的冗余和重叠区可以促进知识交流,Hoopes 和 Postrel(1999)认为知识差距太大则会对知识共享双方的沟通和理解带来一定的困难,Cummings 和 Teng(2003)认为知识距离与知识共享负相关。Kim 等(2010)的研究证实了潜在的知识互补性对 IT 外包项目的绩效有着显著的影响,同时,吸收能力调节了知识互补性和 IT 外包绩效间的关系。Nagati 和 Rebolledo(2012)在研究中发现知识基础的相似性与知识共享绩效间关系不显著,作者在后续的分析中认为知识基础的相似性与知识共享绩效之间应该是一种非线性的关系,建议在未来的研究中加以证实。杜占河等(2016)认为在离岸 IT 外包中知识距离与发包方知识保护呈倒 U 型。

组织学习过程不仅包括组织内部学习,更包括组织间的学习。其中,组织间的知识转移就是获取外部资源的重要形式。知识转移过程包括:知识的传输、吸收、使用(Argote 和 Ingram,2000)。Reed 和 Knigh(2010)将知识转移定义为一种"单向的知识交换",具有明确的想法,有目的地面向特定接收者。知识转移过程通常分为结构化和非结构化两种(Chen 和 McQueen,2010)。结构化知识转移是一种通过正式手段有计划地传递知识的过程。与此相反,非结构化知识转移通过非正式手段并且没有事先规划。按照知识类型划分,相比显性知识而言,隐性知识的转移、分享和交换更加困难且更容易被破坏。由于隐性知识比显性知识更能提供一个强大的竞争力基础,隐性知识的泄漏和损失将对其拥有者产生更大的破坏性。因而,企业必须控制其更有价值的隐性知识流以防外泄(Jordan,2004)。

2.2.4　小结

本部分总结了知识的定义、特征和分类,重点梳理了知识基础观和组织学习方面的文献。资源基础观组织知识是无形资源的集合,是稀缺和难易模仿,成为了持续竞争优势的重要源泉。因为知识的不动产性和通用性,甚至被认为是所有资源中最重要的。在资源基础观的基础上又发展出了扩展的资源基础观,资源基础观强调企业需要独特的内部资源和能力,扩展的资源基础观强调企业如何利用外部资源。针对知识资源而言,组织应该重视与其他企业的知识资源的融合,重视利用外部环境中存在的大量知识。

组织学习理论强调,组织学习过程是对内外部知识的识别、理解、消化、吸收、同化,并最终利用知识在企业中发挥作用的复杂过程。组织学习过程不仅包括组织内部学习,更包括组织间的学习。组织间的知识转移是组织间学习的重要内容。知识转移过程通常分为结构化和非结构化两种。结构化知识转移是一种通过正式手段有计划地传递知识的过程。与此相反,非结构化知识转移通过非正式手段并且没有事先规划。按照知识类型划分,相比显性知识而言,隐性知识的转移、分享和交换更加困难且更容易被破坏。由于隐性知识比显性知识更能提供一个强大的竞争力基础,隐性知识的泄漏和损失将对其拥有者产生更大的破坏性。IT外包中的知识大部分是隐性知识,隐性知识具有以下的特点:内隐性、复杂性、因果模糊性,而且涉及的知识种类繁多,包括IT技术知识、行业和领域知识、业务知识、项目管理知识和流程管理知识。另外,IT外包较大的地理距离、文化差异、制度差异使得组织间知识学习变得异常困难。

根据组织学习理论,IT外包企业要使从外部获取的知识发挥较好的作用,必须通过深度交互才能够理解知识是什么、知识与其他部分的关联、如何将知识应用到解决问题中。

2.3 竞合理论

2.3.1 竞合的概念界定

在竞合概念出现之前,竞争与合作被单独用来描述企业间关系。竞争是基于各自不同的利益,合作是为了共同的利益——通过战略联盟、企业网络、供应链等形式寻求绩效提高。但是两种视角各有缺陷,导致了不能全面理解企业之间实际的相互依赖关系。如纯粹的竞争视角忽略了相互依赖对绩效的正向影响,合作视角将竞争与知识溢出、学习竞赛风险联系起来(Padula和Dagnino,2007)。竞合概念将合作与竞争结合在一起看待,这也符合辩证法所倡导的"事物都是矛盾结合体,包含着既相互依存又相互排斥、既对立又统一的关系"。

在战略和管理研究领域,竞合概念最早出现在20世纪80年代,该概念描述了企业如何同时追求合作与竞争。多数学者认为美国软件服务公司Novell的CEO——Raymond John Noorda最早提到竞合的概念,并在企业经营中强调竞合战略(Luo等,2005)。众多企业都通过竞合战略,互通有无、共享资源,最终取得了双赢。例如,NEC与Honey-well公司研发和生产方面合作,飞利浦和索尼共同研发娱乐播放器,IBM和苹果公司共同研发PowerPC芯片等。Brandenburger和Nalebuff(1996)的畅销书《合作竞争》更是激发了业界和学术界对竞合问题的极大兴趣,他们认为企业间合作是一种可以实现双赢的非零和博弈,创造了Co-opetition(合作竞争)一词来描述竞合概念。Bengtsson和Raza-Ullah(2016)指出从1996年开始,世界顶级管理期刊发表的关于竞合的文章逐年增多。研究方法论也发生了很大的变化,从早期的概念研究、案例研究到近期的量化研究,近些年来学者们也使用纵向研究(也叫追踪研究)试图阐明竞合的动态演变过程。

1. 竞合的定义

关于竞合的定义,虽然核心概念基本类似,但是在具体表述上有一定的差距。一种观点认为竞合是企业间关系中同时存在竞争与合作(如Bouncken等,2015),另一种认为竞合是竞争对手之间的合作(如Raza-Ullah等,2014)。Bengtsson和Raza-Ullah(2016)将竞合研究学派分为两种,即"参与者"学派(Actor School of Thought)和"参与行为"学派(Activity School of Thought)。如表2-3所示。

表 2-3　不同学派关于竞合的概念

研究学派	竞合概念	代表人物
"参与者"学派——网络视角	基于博弈论和价值网络,竞合是指通过各参与者的合作创造更大的蛋糕(如市场增长),但在分蛋糕时进行竞争(如市场份额)	Nalebuff 和 Brandenburger,1997
	竞合包含了顾客、供应商、互补者、对手和联盟伙伴等,核心企业要与这些参与者进行竞争与合作	Afuah,2000
	竞合是在价值网络内的一场游戏,通过共同努力搜寻机会创造价值,而通过竞争来获取价值	Vapola 等,2008
"参与行为"学派——二元视角	竞合是一对企业间的二元关系(即一对一关系),在远离顾客的活动上进行合作,同时在接近顾客的活动上进行竞争	Bengtsson 和 Kock,2000
	竞合是一个矛盾的关系,在企业关系中包含着一对矛盾体——同时进行竞争与合作	Raza-Ullah 等,2014
	竞合是竞争者之间充满张力的关系,它们在共同项目上进行合作或者被迫合作	Fernandez 等,2014

"参与者"学派在网络情景下研究众多参与者之间的竞合,而"参与行为"学派则重点关注两个企业之间直接的一对一特定的竞争与合作行为。但两类学派关于竞合的核心理念有共同之处在于强调在竞争中合作、在合作中竞争。竞合的思想,就是要求所有参与者共同把蛋糕做大,每个参与者最终分得的部分都会相应增加。体现在两个方面:创造价值与争夺价值。创造价值

是相互合作、共创价值的过程；争夺价值则是相互竞争、分享价值的过程。

2. 竞合策略分类

关于竞合的分类有多种方式，如将竞合视作结构变量，采取二分法（高一低）确定了4种竞合策略（如 Lado 等，1997；Luo，2004），如图2-2所示。

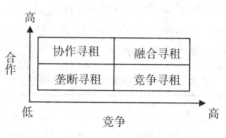

图2-2　竞合的二分法

根据竞争、合作水平的高低，区分出了4种竞合策略，即竞争寻租、垄断寻租、合作寻租、协同寻租（Lado 等，1997；Luo，2004）。①竞争寻租策略：高竞争低合作的情况。个体争夺稀缺资源、追求个体利益最大化。优点：促使企业减少组织冗余，降低交易成本和生产成本，提高生产率，促生企业家导向，寻找新的方法、系统和流程对资源进行重新组合。缺点：持有零和游戏的思想，企业忽视通过有效的合作构建特定关系资源，难以实现长期效益。②垄断寻租策略：低竞争低合作的情况。制定政策限定新成员进入，运用市场权力控制竞争对手。虽然短期内使核心企业受益，但长期而言，势必降低社会总体福利，甚至会慢慢蚕食企业的长期生存能力，因为垄断寻租策略可能造成核心刚性。③合作寻租策略：高合作低竞争，通过共享资源、技能和能力追求集体利益而不是私利，强调互惠交换，并不一定追求超过其他利益相关者的竞争优势和利益，而是通过培育和维护相互依赖关系寻求共同合作和共享价值。优点：利他主义、集体主义范式能使企业关注长期利益，发现并利用新机会，找到值得信任的伙伴。缺点：在一个充满利己主义的世界里，无节制的合作并非没有缺点。博弈论和交易成本理论所显示的那样，在某些情况下，机会主义的负面作用会超过合作带来的收益。对于专注于合作的企业而言，还有可能产生沉没成本。④协同寻租策略（Syncretic Rent-Seeking）：高竞争高合作的情况。在竞争与合作战略之间寻求动态平衡，强调竞争与合作的正和效应、效率提升效应。优点：通过协同寻租，企业可以构建新的更强的能力，与其他企业共享成本和风险，快速而又低成本地应对变化，从而最终提高其竞争地位。缺点：当同时追求竞争与合作时，维护和实施这一战略成本大于贴现值利益时，融合的寻租行为可能无法提高公司的竞争地位。这些费用的产生是因为从事竞争性合作行为需要保持一个更大和更多样化的认知地图、行为惯例、组织资源等。

但是,将竞合视作结构变量的二分法有其缺陷,因为竞争或合作水平的高低是很难测定的。Bengtsson 和 Kock(2000)没有采用结构变量的区分方法,而是将竞合笼统地分为竞争主导型、合作主导型。类似地,Czakon 和 Rogalski(2014)根据对竞合战略承诺水平的不同,将竞合分为积极行为和消极行为。积极的竞合行为:同时存在密集的信息共享和激烈的客户竞争。被动的竞合行为:企业合作程度由市场管制决定,并限制市场上的积极竞争。

综上所述,竞合策略包含两个方面(即 who、how):与谁在哪个方面进行竞合,竞合关系中竞争与合作的高低程度。

2.3.2　竞合的理论来源

组织间的竞合是一种复杂的现象,要在相对立的两个战略中寻求交集和平衡是相对困难的(Tortoriello 等,2011;Mattsson 和 Tidstrom,2015)。竞合作为一种新现象,是在传统理论基础上发展起来的。在解释竞合现象时,学者们采用了不同的理论视角。经济视角的理论有竞争战略理论、交易成本理论、博弈论、资源基础理论、资源依赖理论。组织理论视角包括网络理论、社会心理学理论,以及中国传统的"阴阳"思想。

(1)竞争战略理论与竞合。竞争战略理论过分强调竞争(Porter,1980、1985),然而,企业之间的竞争与合作行为通常是纷繁复杂、同时发生的,企业的收益也是一部分来自于企业竞争,一部分来源于合作(Dagnino 等,2009)。竞合是企业创造价值、获取价值的新理念、新思路,强调竞争中合作的重要性,弥补了 Poter 的竞争战略过分强调竞争的缺陷。

(2)交易成本理论与竞合。交易成本理论的基本论点是,企业的存在可以最小化市场交易带来的成本从而达到利益的最大化。交易成本包括事前的交易成本(信息成本、谈判、签约等成本)和事后的交易成本(监控成本、讨价还价的成本、约束成本、解决纠纷的成本)(Williamson ,1985、1991)。交易成本理论关注的焦点是竞争,基于该理论的研究文献更强调竞合战略的陷阱,有限理性、机会主义、关系的不确定性和模糊性、气氛等因素导致合作时的交易成本增加。因而,基于交易成本理论的推理认为竞合是一个危险的策略(Nickerson 和 Zenger,2004)。

(3)资源基础理论与竞合。资源基础理论认为企业之间竞争优势的差异源自于拥有资源的差异,稀缺的、有价值的、不可替代、难以模仿的资源构成竞争优势(Barney ,1991;Hamel,1991)。基于资源基础理论的竞合战略包含了两种不同的观点：一种观点强调了垄断的重要性，建议通过垄断独特资源来寻租；另一个观点认为企业可以通过竞争与合作进行资源积累。基于资源基础观的研究更注重合作的维度，以及竞合战略的好处（Kogut和Zander，1996）。传统的对抗性竞争造成了社会资源浪费，而单纯的合作不是一种稳定的状态，竞争和合作是有机统一的（Ritala和Hurmelinna-Laukkanen，2009）。

（4）资源依赖理论与竞合。资源依赖理论研究了组织的外部控制问题和组织权力，该理论把组织视为一个政治行动者，认为组织的策略无不与组织试图获取欠缺的资源、试图控制其他组织的权力有关（Pfeffer和Salancik，1978）。当外部经营环境越来越动荡、不确定性高、竞争日益激烈、重要资源被掌握在特定组织时，组织会想办法降低对外部资源的依赖和由此产生的被控制权力。通过垂直整合来消除与其他组织的共生式依赖；通过水平扩展，吸收竞争者以消除竞争中的不确定性；或者通过扩展到多个领域的多样化策略。该理论揭示了企业之间除了竞争关系外还是相互依赖的，首次暗示了竞争与合作可以同时存在于一个关系中，指出两种组织间的依赖关系：一个是共生依赖关系，另一个是竞争依赖关系。资源依赖理论也解释了合作关系的稳定性，如果合作中一方可以轻易地获取到另一方的资源，由资源产生的依赖将改变或者消失，进而联盟可能会结束（Inkpen和Beamish，1997）。企业如果想保证联盟的稳定性，应该防止外部企业的学习。

（5）博弈论与竞合。博弈论为竞合战略提供了方法论指导（Brandenburger和Nalebuff，1996）。Brandenburger和Nalebuff（1996）认为博弈论最深奥的内涵是从多个角度观察，包括各当事方，这能够在一定程度上避免非理性局限。根据博弈论的观点，应对市场失灵和外部经营环境不确定的办法是合作竞争。一味地追求个体利益最大，就会损害集体利益最大化，如果过分理性则可能使每一个参与者受到伤害。商业游戏不是简单的零和游戏。博弈论的方法给参与竞合的各方提供了取得双赢的方法论指导，实现个体理性与集体理性的平衡。

（6）网络理论与竞合。基于网络的观点解释了企业间竞争优势的差异是由其跨组织关系和所在的网络引起的（Dyer和Singh，1998）。网络理论强调社会互动的维度，企业通过与网络中的其他企业产生社会互动来获取资源。通过建立特定的关系资产、组织间知识共享惯例等等，企业可以利用其关系资本来获取和利用外部资源。Dyer和Singh（1998）建议通过网络流程和网络结构治理来防止网络中的机会主义行为。Powell等（1996）认为对网络结构产生影响并占据信息优势能够为网络成员提供有前途的创业机会。企业可以通过在外部关系网络中获取资源来实现竞争优势。外部环境和外部力量会影响竞合网络的稳定性,可能改变双方的竞合策略,或者使竞合关系结束(Luo,2007)。Gnyawali 和 Madhavan(2001)基于网络嵌入的视角,指出企业通常希望成为网络中的一个成员,企业在网络中的位置以及所在网络的特性影响了资产和信息的状态和流向,产生了资源上的不对称,这也解释了为什么有的企业能够从网络中获取更多的竞争收益。

(7)社会心理学理论与竞合。社会学和心理学理论也为竞合研究提供了有益的解释(Blau,1964;Ingram 和 Yue,2008;Tortoriello 等,2011)。公平是社会交换的核心原则之一,Margolis(1984)提出,如果个人投入相对更多的资源,贡献给群体的利益更大,在分配剩余资源时,他得到的比重也应该更大。这支持了公司间合作时同时追求竞争与合作的观点。在有限理性和有限感性的基础上,各企业管理者进行战略资源的配置。Tortoriello 等(2011)则认为管理者的认知视角(感知、判断、认同等)是管理竞合关系的最基础的技能,这有助于参与竞合的企业正确应对矛盾情绪(积极与消极),帮助其正确地处理竞合中产生的矛盾,有效地构建竞合关系,最终收获高绩效。Czakon(2010)认为感知到不公平、对合作关系的不满、矛盾与冲突、心态失衡、承诺降低等社会因素使竞合变得不稳定。

(8)"阴阳"思想与竞合。Mattsson 和 Tidstrom(2015)借用中国传统文化中的"阴阳"思想研究竞合。根据"阴阳"思想,从长期来看,竞争与合作这两种相对立的力量之间的平衡经常改变,发生所谓的阴阳互动,即相生相克、相反相成。合作和竞争的过程是不稳定的。追求和谐,而不是某种均衡,一味地追求均衡对于合作联盟并非好事。中国的"阴阳"观认为矛盾中的两个对立面是相生相克、相反相成,如失败是成功之母,否定的意见使正面的意见更完善,艰难的环境能孕育意志和能力等,这些都是典型的例子。竞合的阴阳两面(比如知识保护与共享),竞争影响合作、合作反过来也影响竞争,基于内部因素和外部因素竞争与合作所占的比例会不断变化,和谐的达成能促成高水平的竞合联盟。

虽然竞合战略的出现挑战了一些传统理论观点,但不同的理论视角对于理解竞合提供了有益的支撑,不同的理论视角有助于从多个方面理解竞合。如有的理论有益于竞合动因的解释,有的理论有助于竞合过程的分析,有的理论有助于竞合结果的认识。如表 2-4 所示是竞合研究中的不同理论视角对比。在实践中,应该根据具体情况并结合每种理论的适用条件,采纳相应的理论观点。

表 2-4　竞合研究中的不同理论视角对比

理论视角	主要研究问题	对竞合研究的贡献	竞合策略主张	主要概念
资源基础理论	前因:是什么驱动竞合行为?	解释了异质的组织资源对企业间竞争与合作的重要意义	合作为主型的竞合	资源异质性 因果模糊性 动态能力
资源依赖理论	前因:是什么驱动竞合行为?	首次暗示了竞争与合作存在于一个关系中,指出组织间两种依赖关系:共生依赖和竞争依赖关系	合作为主型的竞合	组织权力 外部控制 资源依赖
网络理论	行为:在竞合关系中如何与其他组织交往?	强调社会互动,通过与网络中的其他企业互动来获取资源。外部力量影响竞合网络稳定性,可能改变双方的竞合策略	动态竞合策略,依关系网络而定	特定关系资产 网络结构 网络嵌入 网络位置
博弈论	行为:在竞合关系中如何与其他组织交往?	指出了如何在竞合关系中进行"经济蛋糕"的分配。商业游戏不是简单的零和游戏,追求双赢结果	注重合作、追求双赢	双向/单向的合作 未来阴影 针锋相对战略
"阴阳"观	行为:在竞合关系中如何与其他组织交往?	根据"阴阳"思想,从长期来看,竞争与合作关系会发生所谓的阴阳互动,即相生相克、相反相成	竞合相容策略,注重竞争与合作的阴阳互动	阴阳和谐 相生相克 相反相成
竞争战略理论	行为:在竞合关系中如何与其他组织交往?	过分强调竞争与制衡,但在当下应该更多地强调如何通过竞争与合作实现企业的最大收益	竞争为主型竞合策略	五力模型 价值链
交易成本理论	结果:竞合关系产生什么收益?	关注的焦点是竞争,更强调竞合战略的陷阱	竞争为主型策略	有限理性 机会主义 不确定性
社会心理学理论	行为、结果	指出了如何处理竞合中产生的矛盾、有效地构建竞合关系	公平型竞合策略	公平 有限理性/情感 多种效用/收益

2.3.3 竞合的前因、过程与结果

1. 竞合的驱动因素

竞合的驱动因素包括外部因素、内部因素和关系因素。如表 2-5 所示。

表 2-5　影响竞合的驱动因素

类别	具体内容	文献参考
外部因素	行业特征:集中的、规范的、规模较小的行业较容易使企业进行竞合,行业不确定性和不稳定性也促使企业进行竞合,知识密集、动态、复杂的行业,边界较为模糊的行业也会促进竞合	Dowling 等,1996; Ritala,2012; Gnyawali 和 Park,2011; Parzy 和 Bogucka,2014
	技术需求:复杂的、快速变化的技术需求使得企业很难独善其身,这种情况下企业更希望进行竞合	Gnyawali 和 Park,2011; Bouncken 和 Kraus,2013
	利益相关者的影响:一个有影响力的买家更希望企业之间进行合作,有时候甚至会逼迫那些相互竞争的卖方进行合作	Wu 等,2010; Ho 和 Ganesan,2013
内部因素	动机:弥补自身弱点,或者进入新的市场、创造更大的市场、向价值链高端进阶等	Luo,2007; Ritala 等,2014
	资源、能力:缺乏时会倾向于与竞争者进行合作	Gnyawali 等,2016
关系因素	伙伴特征:与拥有优质资源和能力或者拥有独特且互补的资源的竞争者进行合作。伙伴之间较大的知识距离会促使竞争者进行合作	Luo 等,2007、2008;Ritala 和 Hurmelinna-Laukkanen,2013
	关系特征:网络结构的特征(网络中心性、网络自治性)以及网络的社会性(比如互惠交换、人际信任、相互依赖)影响着企业的竞合战略	Das 和 Teng,2000、Tortoriello 等,2011、Bengtsson 和 Kock,2000

第一,外部因素主要是指一些环境条件,如行业特征、技术需求和利益相关者影响,这些因素会使企业参与竞合。如集中的、规范的、规模较小的行业较容易使企业进行竞合(Dowling 等,1996),行业不确定性和不稳定性也促使企业进行竞合(Ritala,2012),边界较为模糊的行业也会促进竞合

(Parzy 和 Bogucka,2014)。复杂的、快速变化的技术需求使得企业很难独善其身,这种情况下企业更希望进行竞合(Bouncken 和 Kraus,2013)。另外,一个有影响力的买家更希望互为竞争者的供应商之间进行合作,有时候甚至会逼迫他们卖方进行合作(Wu 等,2010;Ho 和 Ganesan,2013)。经济全球化、竞争加剧、经营环境的不确定性等也促使了企业之间的竞合,企业面临的外部环境变化非常快,为了跟上这些变化,与竞争者的伙伴关系将变得十分有价值(Ritala 和 Hurmelinna-Laukkanen,2013;Bouncken 等,2014、2015)。考虑到经济全球化,Luo(2007)发现企业面临更大的竞争压力,同时也有更高的合作动机。知识密集、动态、复杂的行业,如生物技术、IT 等高科技行业,产品生命周期短、多种技术融合、高投入的研发、高资本支出等特点促使企业的竞合行为。竞合提供了共享风险和成本的机会,提供了应对技术动荡的专业技能和知识(Gnyawali 和 Park,2011;Gast 等,2015)。

第二,内部因素包括动机、资源和能力等。Luo(2007)、Ritala 等(2014)认为企业为了长远战略总是主动地扫描环境寻找强有力的伙伴,以便弥补自身弱点,或者进入新的市场、向价值链高端进阶等。同样,当企业缺乏资源、能力时也会倾向于与竞争者进行合作,将其自身的知识、资源和能力融入新的竞合关系获取更多的价值(Gnyawali 等,2016)。Liu 等(2014)认为企业为了创造更大的市场会倾向于与竞争对手合作。

第三,关系因素则与伙伴特征、关系特征紧密相关。首先,合作伙伴特征影响竞合关系。企业愿意与拥有优质资源和能力,或者拥有独特且互补的资源的竞争者进行合作,而掌握关键资源、市场权力大、保护意识强的企业则常会选择与竞争对手发展竞争关系(Luo 等,2007、2008)。伙伴之间较大的知识距离(如科技知识背景、组织系统、业务领域等)会促使竞争者进行合作,以获得创新收益(Ritala 和 Hurmelinna-Laukkanen,2013)。其次,合作关系特征,如网络结构的特征(网络中心性、网络自治性)以及网络的社会性(比如互惠交换、人际信任、相互依赖)影响着企业的竞合战略(Das 和 Teng,2000;Tortoriello 等,2011;Bengtsson 和 Kock,2000)。企业往往嵌入在各种网络中,网络结构的特征以及网络成员之间的相互依赖影响着企业的竞合战略。例如,企业在网络的中心性越高、网络自治性越好的话会促进其竞合行为,灵活的网络结构与竞争正相关,刻板的网络结构则与合作正相关(Das 和 Teng,2000)。此外,网络的社会属性,比如互惠交换、人际信任都是促进合作的重要因素(Tortoriello 等,2011;Bengtsson 和 Kock,2000)。垂直网络对于本地企业获取资源很重要,而水平网络对于跨国公司在获取物理的、组织的、技术的、信誉的资源上更有效(Luo 和 Rui,2009)。Castaldo 和 Dagnino(2009)发现竞合过程既受经济因素的影响又受社会因素影响,竞合初期受经济利益和计算性信任驱动,随后发展为基于知识(或经验)和能力的信任关系,竞合最终的稳定性得益于承诺和基于价值的信任。

2.竞合过程的特征

竞合过程的特征:动态性、复杂性。尽管竞合追求合作和竞争的两全其美,但它们之间存在固有的矛盾,这使得竞合过程呈现出动态性和复杂性的特征。

首先,竞合过程的动态性表现在竞合网络的变化,以及竞争与合作的互动变化。"参与者"学派认为竞合的动态性源自于网络内不同的依存关系和相互作用。竞合过程中企业不断地调整和重新配置相互间的关系,网络也不断地变化着,如新的成员加入、旧的成员退出、有些参与者进行额外投资、而有些减少他们的承诺等(Pathak 等,2014;Williamson 和 De Meyer,2012)。显然,由于产业融合、环境快速变化,以及客户对复杂的集成的非标准化的产品和服务的需求增加,企业必须调整和重新配置它们与其他公司的相互角色和关系(Pathak 等,2014)。"参与行为"学派的关注点在于一对一的直接的竞合关系,动态性体现在两个企业间竞争与合作的变化,及其相互之间的影响。竞争与合作之间的互动可能使它们此消彼长或共同减弱(或者增强)。此消彼长是指竞争与合作可能相互替代,竞争削弱伙伴间的合作倾向,合作行为也可能使伙伴降低竞争倾向。共同减弱(或增强),是指竞争与合作存在同方向上演化的可能,如竞争的增强可能意味着合作的潜力,而合作性增强也可能意味着风险,从而导致竞争的进一步加剧。竞争与合作就像是一条线的两端,有时候竞争压过了合作,而有时候合作压过了竞争,或者两者均处在比较折中的状态(Gnyawali 和 Park,2011)。竞争与合作之间的演化存在时间、空间上的差异。时间上的差异性体现在:当共同创建新市场时表现为合作;而当分享市场利益时则表现为竞争。空间上的差异性表现在:竞争者之间在某些经营领域和经营环节进行竞争,而在另一些领域进行合作。例如,索尼和三星为了研发 LCD 电视面板而建立了合资企业,但是在其他的产品及其他市场上进行竞争。Dahl(2014)研究了竞合过程的不稳定性,包括两个方面:一方面指竞合关系的有意改变,比如竞争对手为了共同研发某种新产品而进行合作,产品投放市场之后合作变成了竞争;另一方面指竞合关系的无意的改变,如竞合中的矛盾冲突、不安与不满、心态失衡等会使竞合关系突然中止。

其次,竞合过程的复杂性表现在竞合网络中参与方的角色多样化和角色冲突,也包括竞合关系本身固有的矛盾性。"参与者"学派认为竞合过程的复杂性源于企业在网络中扮演者多种角色,有时甚至是冲突的角色。同一个参与者有时会同时扮演供应商、顾客、竞争者、伙伴等看似矛盾的角色(Tidström,2014)。网络中的企业也会努力获得核心位置,处在网络中心的大企业能够更好地管理整个网络,联合那些较小的企业一起创造新机会。小企业也希望在网络上中学习到更有用的知识,但很难在网络中获得中心位置(Bouncken 和 Kraus,2013)。"参与行为"学派认为竞合过程的复杂性在于竞合双方矛盾的需求,此外,竞合中固有的矛盾性触发了紧张的关系(Raza-Ullah 等,2014)。这种复杂性不利于追求共同的目标,比如福特和大众汽车的经理们不愿意共享市场信息和设计诀窍,双方都担心对方的机会主义行为,最终损害了他们试图共同战胜通用汽车的初衷。在竞合的过程中,双方通常表现出相互矛盾的行为。他们既追求个体利益又追求共同利益,分享知识的同时也进行知识保护(Kale 等,2000)。这些矛盾的逻辑和行为也会影响参与者的心理情绪,有时会让他们左右为难,有时会让他们感到不悦(Raza-Ullah 等,2014)。竞合关系中的核心问题是合作与竞争的潜在冲突(Douma 等,2000)。如果合作伙伴采取更为合作的导向,则他们更愿意维持和发展当前的合作关系。然而,无论合作程度有多高,每个合作企业仍然会追求自我利益,并企图以牺牲其他伙伴或合作的利益来获得更大的竞争优势(Hamel 等,1989),而当企业试图以牺牲其他伙伴或合作利益为代价追求自身利益最大化时,企业间竞争就会出现(Krishnan 等 2016)。潜在的竞争鼓励了机会主义,并因此导致了目标不协调和冲突,诱发对个体利益的过度追求(刘衡等,2009)。

3.竞合的结果——竞合与绩效的关系

通过竞合,企业可以获得靠自己无法实现的收益,包括风险和成本分担、分销渠道共享、合作营销、合作创新等。

竞合的结果可以分为四类,即创新绩效、知识获取绩效、企业传统绩效、关系绩效。其中,创新绩效包括渐进式创新、突破式创新绩效以及创新总体绩效,知识获取绩效是指竞合对各企业知识共享水平和获取效果的影响,企业传统绩效则包括财务绩效、市场绩效、竞争优势等,关系绩效包括关系的维持或失败、信任的丧失或重建、承诺。

第一,创新绩效是竞合研究中最常用的因变量之一。Quintana-Garcia 和 BenavidesVelasco(2004)认为竞合策略比单独的竞争或者合作策略更有利于创新绩效,与上下游竞争对手的合作可以提供新产品开发所必需的技术溢出、融资、营销等管理技巧。Park 等(2014)认为竞合能够提高企业的创新绩效,因为竞争增加了创新的紧迫感,合作则促进了创新所需要的知识的共享。Quintana-Garcia 和 BenavidesVelasco(2004)认为竞合对创新的促进源自于知识的不对称,与直接竞争对手的合作能够获取多样化的互补的技术,与大型公司的竞合关系有助于学习较高水平的技能和知识以及规范化的流程。而中小型公司通常在某些小领域掌握着尖端技术,本身比较灵活且具备创新精神,与中小型竞争对手的合作也将促进创新绩效。与直接竞争对手的合作与产品线数量显著正相关,而与单一元化技术的大型企业的合作对技术创新的多样性负相关。还有相关研究也探讨了竞合对渐进式创新和突破式创新的影响,例如 Ritala 和 Sainio(2014)认为竞合与突破式创新负相关,这意味着从竞争对手处获取的信息和知识对于创新的新颖性意义不大,但是对于渐进式创新却很有价值。但是,Bouncken 和 Fredrich(2012)的发现却相反,研究发现竞合对突破式创新的促进作用要大于渐进式创新。他们认为,竞争对手间的合作能够打破固化思维。Quintana-Garcia 和 Benavides-Velasco(2004)的研究也证实了竞争对手间的合作比非竞争对手间的合作更加有利于突破式创新。

第二,相关学者研究了竞合对知识共享、获取的影响。合作促进知识的获取、价值的创造(Song 和 Lee,2012)。相反,有些研究认为在竞争主导的竞合关系中知识共享水平最高,而在合作主导的竞合关系中较低(Liu 等,2014)。Li 等(2011)区分了竞争产生的建设性冲突和破坏性冲突,他们认为合作和建设性冲突与知识共享正相关。Tsai(2002),Tsai 和 Hsu(2014)认为不同形式的竞合影响知识共享,如当个体单位为相同市场竞争时比为内部资源竞争更容易共享知识。由于合作与冲突同时存在于供应链中,Li 等(2011)认为合作与两种类型的冲突间的交互将对制造商获取知识有重要影响。Levy 等(2003)针对英国中小企业的一项研究显示,企业间竞合会影响知识分享,通过合作获得的知识也可以用于竞争。

第三,一些研究探讨了竞合对传统企业绩效的影响,如经济绩效、盈利能力、竞争优势、顾客满意度、效率,以及销量、市场地位、服务支持质量等(Luo 和 Rui,2009;Wu 等,2010;Liu 等,2014)。竞合降低了企业的外部交易成本和内部组织成本。企业通过相关的契约,建立起稳定的交易关系,降低了因市场的不确定和频繁的交易而导致的较高的交易费用。同时,由于合作企业间要进行信息交流,实现沟通,从而缓解了信息不完全的问题,减少了信息费用。合作企业间的信息共享,也有助于降低内部管理成本,提高组织效率(钱诗金,2010)。

第四,创新绩效、知识共享、经济绩效等都是对竞合结果的客观测量,与之相反的主观的关系绩效也受到了学者们的关注,例如信任、承诺以及关系维持等。学者们认为这些较为主观的结果对于竞合关系甚至更为重要,因为竞合本身是一对矛盾体的结合,很容易对合作双方产生情绪方面的影响

（Ketchen 等,2004）。成功维持这种不对称的关系对于竞合关系的发展十分重要（Bengtsson 和 Johansson,2014）。

竞合结果也有负面的,竞合的管理充满了风险和挑战,甚至会使企业置于危险的境地（Gnyawali 和 Park,2009；Pellegrin-Boucher 等,2013）。Bouncken 和 Fredrich(2012)认为竞合是一把双刃剑,一方面,竞合有助于企业的成长、竞争力和创新性,也有助于应对动荡的经营环境;另一方面,竞合又充满了困难,如机会主义行为、资源溢出、误解造成的冲突、角色冲突（既扮演合作者又扮演竞争者）、丧失灵活性和自由度等。Grandori(2012)强调随着合作中信任的加深,合作伙伴的控制过程明显变弱,并可能导致合作伙伴的机会主义行为动机。Khanna 等(1998)指出在战略伙伴关系中,以学习竞赛为目的的学习者一旦达到学习目标就可能中断合作,而不顾及关系延长为对方带来的利益。Afuah(2000)、Bengtsson 和 Kock(2000)都证实了竞合对绩效的负面影响,他们呼吁务必小心翼翼地管理好竞合事务。Fernandez 等(2014)提出了基于竞合理念并把握好竞争与合作的平衡是应对竞合挑战的一种整合策略,但作者并没有阐明如何平衡、整合的方式有哪些。

4. 竞合的管理

如何管理竞合？根据 Kogut(1988)、Mowery 等(1996)的观点,合同与治理结构是竞合管理的重要手段。根据 Cohen 和 Levinthal(1990)、Dyer 好Singh(1998)、Larsson 等(1998)的观点,企业的内部能力是竞合管理的重要因素。根据 Hamel(1991)、Larsson 等(1998)的观点,伙伴企业的合作战略影响竞合。Bengtsson 和 Johansson(2014)指出企业要想在竞合中获益需要具备三个方面的能力:第一,取得合法性的能力,是指在新市场中建立声誉、降低感知的风险和不确定性;第二,敏捷,是指快速应对变化的能力、开发或重新配置竞合关系的能力;第三,角色灵活性,是指承担不同角色的能力以及形成新的关系组合的能力。

钱诗金(2010)给出了竞合成功的三大要素:贡献、亲密和远景。贡献:是指建立合作竞争关系后能够创造的具体有效的成果。贡献是合作竞争成功要素中最根本的要素,是成功的合作竞争关系可以存在的原因。贡献主要来源于三个方面:减少重复与浪费、借助彼此的核心能力、创造新机会。亲密:要建立这种亲密的关系,企业必须要做到:一要相互信任,这是建立竞合关系的核心;二要信息共享;三要建立高效的合作团队。远景(Vision):描绘了共同达到的目标,激发热情和创造性。远景要能正确的发挥作用,必须能评估伙伴的潜能、发展伙伴关系、进行可行性分析等。

2.3.4 IT 外包中的竞合

外包是企业间合作的典型形式,体现了互补者在价值创造网络中的价值。Wiener 和 Saunders(2014)研究了多个接包方之间的竞合——第三方力量迫使相互竞争的多个接包方之间进行合作,给出了一个多接包方之间的高竞争高合作并存的例子。有影响力的发包方更希望他们的供应商之间进行合作,有时候甚至会逼迫他们合作(Wu 等,2010;Ho 和 Ganesan,2013)。Czakon 和 Rogalski(2014)研究了企业进行外包战略选择时的竞合行为,根据对竞合战略不同程度的承诺,他们将竞合分为积极的竞合行为和消极的竞合行为。积极的竞合行为:同时存在密集的信息共享和激烈的客户竞争。消极的竞合行为:企业合作程度由市场管制决定,并限制市场上的积极竞争。在没有市场监管机构干预的情况下,就不会出现温和的或消极的竞合行为。当有市场管制时,企业选择消极的竞合行为或者在客源的竞争上更具侵略性。所以,市场管制迫使竞争对手进行合作,但是这种有管制的竞合表现得比较被动。通过案例分析,Czakon 和 Rogalski(2014)发现资源依赖驱动了竞争对手间的积极合作,但是也采取不同形式的竞争行为。一些公司有明确的互惠预期,采用消极的竞争行为,限制针对潜在的外包客户的直接竞争。然而,其他一些公司并不限制针对潜在客户的积极行动,称之为积极的竞争,或积极的竞合模式。Ghobadi 和 D'Ambra(2012、2013)以竞合的视角研究了跨功能信息系统开发团队内知识共享模型、竞合关系测量等。

王良等(2013)将发包方与接包方之间的竞合关系划分为伙伴型、配合型、斗争型和孤立型,并分析了外包中五类竞合关系中知识共享、保护的水平,如表 2-6 所示。伙伴型竞合关系是高合作低竞争的关系,将业务整体外包,需要较多的专项投资;配合型是高合作高竞争,将业务部分外包,涉及剩余控制权归属与核心知识产权问题,较多专项投资;孤立型是低合作低竞争,最小化外包,不涉及剩余控制权归属与核心知识产权问题,几乎不需要专项投资;斗争型是低合作高竞争,部分外包,涉及剩余控制权归属与核心知识产权问题,几乎不需要专项投资。

表 2-6　发包方与接包方之间的竞合关系

竞合关系 类型	特征	知识共享、保护水平
伙伴型	高合作低竞争	高合作水平,积极进行知识共享,双方都很容易获得各自所需的信息、知识和诀窍

续表

竞合关系类型	特征	知识共享、保护水平
配合型	高合作高竞争	高合作水平决定了双方通过知识共享来实现共同利益的意愿强烈;为满足私利,发包方内部人员可能会隐瞒部分特定知识,以期在未来获得更多业务份额。双方会谨慎保护自己的核心知识以避免削弱谈判地位
孤立型	低合作低竞争	低合作水平导致双方传递知识的意愿低,但是低竞争使知识保护的意愿也较低
斗争型	低合作高竞争	低合作导致双方的知识共享水平低;高竞争进一步破坏双方的知识共享,核心知识的溢出风险问题同样突出

注:表修改自王良等(2013)

由上表不难看出,IT 外包中的竞争与合作充满了矛盾,给管理工作带来了很大挑战。

2.3.5 小结

竞合研究了企业间合作的问题,此类研究的假定是:企业是利己主义的、以逐利为目的,拥有的资源和能力是有限的,在经济全球化、环境不确定、竞争日益激烈的背景下离不开与其他企业的合作。关于竞合的概念有两种:一种是广义的,即竞合是指企业与网络中其他参与各方的竞争与合作;另一种是狭义的,即竞合是指合作双方之间的一对一竞争性合作关系。有多种不同的基础理论被用来研究竞合问题,如经济视角的理论有竞争战略理论、交易成本理论、博弈论、资源基础理论、资源依赖理论,组织理论视角包括战略联盟理论、网络理论、社会心理学理论,以及中国传统的"阴阳"思想。不同理论既为竞合的前因、过程和结果提供了丰富的解释,又使研究结论存在很大差异,甚至互为矛盾。竞合的前因,即竞合驱动因素包括外部因素、内部因素和关系因素。竞合的过程的特征表现出动态性、复杂性,动态性源自于网络内不同的依存关系和相互作用,竞合过程的复杂性源于企业在网络中扮演着多种角色。竞合也充满了风险与困难,需要管理好竞合事务。竞合管理中,知识管理是一个关键点,既要从竞合关系中相互学习,又要防范知识溢出导致核心竞争力丢失。

竞合战略是存在于组织之间的复杂的、动态的现象,然而关于竞合的实证研究还比较少。另外,竞合不同于一般的战略,其受具体情景的影响大。

因此,学者们也建议更多地关注竞合的不同情景,探索出每种情景下的具体的竞合策略。知识竞合的研究只关注了自身的策略选择而忽视了对方的反应,只关注如何保证个体利益而忽视了共同利益最大化,这不符合竞合的核心思想——竞合是为了发挥协同优势,共同做大蛋糕。通常,人们只考虑自己如何赢而不考虑别人如何赢。但是,也许取得成功最好的办法是让别人也更好,哪怕是竞争对手。本书将从两个方面回应上述问题,即竞合背景的情景化和竞合内容的情景化。一是实证研究 IT 外包情景下的竞合战略,二是研究竞合在知识管理情景下的两个维度(即知识共享与保护)对绩效的影响。

2.4 心理契约理论

2.4.1 心理契约内涵与特征

1. 心理契约的概念

心理契约的概念出现在组织行为管理的研究中。契约不仅包括条文化的正式具有法律效力的规定,也包括非正式的心理契约(Park,1996)。当员工加入组织时,和企业实际上签订了两份契约,即写在纸上的雇佣合同和写在心里的心理契约。如果一个组织只强调法律契约,忽视心理契约,员工往往表现为较低的满意感,因为他们所有的期望并没有得到满足。他们可能会减少自己对工作的贡献。另一方面,如果员工的心理期望和经济期望都能够得到满足,他们往往会体验满足感,愿意留在本组织中,并努力工作。"心理契约"(Psychological Contract)的概念最早出现在 20 世纪 60 年代,Argyris(1960)第一次应用"心理工作契约"研究雇主与雇员的关系,Schein(1965)正式给出了心理契约的定义——存在于组织和成员之间的一系列未书面化的对彼此的期望,是组织与雇员之间一种内在的、未曾表述的相互期望的总和。20 世纪 90 年代后对概念的理解进一步深化,Rousseau,Robinson 等(1994、1996)、Morrison(1997),强调心理契约是雇员对交换关系中彼此义务的主观理解。另一派学者强调遵循心理契约是雇佣双方对交换关系中彼此义务的主观理解(Herriot 等,1997)。Rousseau 和 Parks(1993)提出在理解组织中的心理契约时,应该重视图式(schemas)的形成、保持和改变,以及协议和共识的动态维护。Rousseau(1995)认为,心理契约是一种基于个体经验认知的心智模式,使行动以自动的方式进行,一旦这些心智模式形成,它们就变得被个体依赖并难以改变。

心理契约是一个涉及多学科的术语,心理契约理论是在多种理论基础上发展起来的,包括社会交换理论、公平理论、期望理论。社会交换理论指出社会行为的持续有赖于相互强化,强调了互惠关系构成了社会交互中的动力机制(Blau,1964)。社会交换理论以付出与回报为基本分析逻辑,其中所涉及的报酬包括物质财富(如金钱、地位、实物等)和心理报酬(如精神上的赞同、享受、欣赏或安慰等)。社会交换指的是社会心理、行为方面的交换,互惠是重要的社会规范,"互惠原则"是该理论的核心。可以用公式:结果=报酬-代价,如果结果是正向的,则双方愿意将关系持续下去;否则,合作关系将出现问题(Cropanzano 和 Mitchell,2005)。交换的过程中一个重要的原则是公平原则,公平理论指出,交换双方很多时候不是追求绝对的平等,而是相对平等(Adams 和 Freedman,1976)。具体而言,如果一个人的利益与自己的投入之比与另一个相同地位的人的比率大致相同,则会认为实现了公平分配,心理上比较平衡,社会交换的过程也会继续;如果发现自己的投入-产出比低于相同地位的人,则会产生抱怨或愤怒等消极情绪,并会采取一定的行动,如减少自己的投入或中断这种社会交往过程;如果发现自己的投入-产出比高于自己所应得的或是相同地位人所得的,则会体验到焦虑感和内疚感,并设法采取补偿行为,如增加自己的投入,以保持心理平衡(Huppertz 等,1978)。期望理论则研究了激励过程中的因素,并分析了激励力量与各因素之间的关系(Vroom,1964)。期望理论假定个体是有思想、理性的,关于生活和工作有既定的信仰和预测。期望理论的基本模式为:激励力量=效价×期望值,激励力量是推动人们去追求目标的力量。如果效价和期望值有一个为零,激励力量也将变为零。期望理论不仅是激励理论的重要发展,而且还是对其他激励理论的一种整合(Van Eerde 和 Thierry,1996)。在社会交换理论、公平理论、期望理论的基础上,心理契约理论就心理契约的内容、特征、以及心理契约的违背进行了更为深入的探讨。

2. 心理契约的内容

心理契约是指一方希望为另一方付出什么,同时又希望从另一方获得什么,内容包含了彼此的责任、义务,以及期望。心理契约就是组织和个人的一种主观心理约定,约定的核心成分是双方隐含的相互责任、义务和期望。Herriot 等(1997)研究了管理者和员工的心理契约内容,心理契约中的组织责任有培训、公正、关怀、理解、信任、友善、协商、安全、薪资、工作稳定、福利等,员工责任有守时、诚实、爱护资产、务业、体现组织形象、忠诚、互助等。管理者和员工对"组织责任"中的友善、理解、福利、安全、薪资、工作稳定等 6 个方面的认识存在差异,员工比较强调安全、薪资和工作稳定,而组织则比较强调友善、理解和福利。双方对"员工责任"的要求在忠诚、爱护资产和体现组织形象 3 个方面存在差异,员工强调爱护资产、体现组织形象,而组织更强调员工忠诚。由此,不难看出心理契约的内容由于角度不同存在很大差异。心理契约受组织因素的影响,组织通过各种发生的事件表达承诺,从而传递关于未来意向的信号,最终影响了个人心理契约的形成(Rousseau,1995)。

3.心理契约的分类

Rousseau 和 Parks(1993)将心理契约分为两类:交易型心理契约、关系型心理契约。如表 2-7 所示。两种心理契约在关注点、时间框架、稳定性、范围和明确程度上存在差异。交易型心理契约以双方在短期财务指标上达成一致为目的,是以经济交换为基础的心理契约关系。关系型心理契约更多关注基于社会和情感因素交换基础上的信任、义务,而较少考虑纯粹财务上的问题,是以情感交换为基础的心理契约关系。

表 2-7　交易型心理契约与关系型心理契约比较(**Rousseau 和 Parks,1993**)

	交易型心理契约	关系型心理契约
关注点	追求经济的、外在需求的满足	追求社会情感方面需求的满足
时间框架	短期	长期
稳定性	稳定的、无弹性的	动态的、有弹性的
明确程度	雇员责任的界限分明	雇员责任的界限不清晰

4.心理契约的特点

(1)主观性。心理契约是个体层面的一种主观感知和理解。心理契约强调的是雇佣双方对彼此责任和权力的期望,心理期望是埋藏在契约双方的内心深处的,需要对方去理解、评估,个体的理解受经验、价值观、信仰、解释逻辑等的影响,因而有很大的主观判断成分(Rousseau,1995;Smithson 和 Lewis,2003)。

(2)不确定性。正式的雇佣合同是明确的、稳定的,而心理契约本质上是一种主观的心理期望,会随着环境和个体心智的变化而改变,心理契约具有更大的不稳定性与不确定性(Rousseau,1995)。McDonald 和 Makin(2000)研究发现,人们在一个组织中工作的时间越长,在员工与组织之间的关系中心理契约所涵盖的范围就越广,心理期望和责任的隐含内容也就越多。

(3)双向性。心理契约是组织与成员的双向关系,一方面是指员工对自己在组织中的权利、发展等方面的期望,另一方面是指组织对于员工的忠诚、责任等方面的期望。因此,组织与组织成员在向对方提出期望与要求的同时,应多注意双向沟通,尽量去领会并满足对方对自己的期望。只有通过契约双方的相互沟通,在相互的责任与期望方面达成一致的共识才能发挥心理契约的作用(Rousseau,1995;Koh 等,2004;Kim 等,2007)。

(4)不完全性。心理契约是一种不完全的契约形式。由于员工个人和组织都是有限理性的,同时组织的外部环境(知识环境)又具有复杂性和不确定性,双方所获得的信息都是不完全和不对称的。因此,心理契约和经济契约一样具有不完全契约的性质与特征(Rousseau,1995;Smithson 和 Lewis,2003)。

(5)动态性。心理契约是一种动态的契约形式。心理契约没有固定的模式,其内容和解释是随着组织的发展与组织成员的需求变化而动态发展的(Morrison,1997)。心理契约也依据缔约当事人的习惯、诚意和信誉等来执行,与相对稳定的经济契约相比,心理契约是一种不稳定的契约形式(Smithson 和 Lewis,2003)。

2.4.2 心理契约破裂与违背及其后果

心理契约在执行过程中存在履行和未履行两种情况,未履行心理契约将导致心理契约的破坏和违背。研究表明,心理契约违背和心理契约履行有不同程度的影响。心理契约违背的负面影响要超过心理契约履行的正面影响,心理契约违背对结果(如情感福利、工作满意度、组织承诺)的影响更大。心理契约违背是负面情绪和态度的决定性因素,而心理契约的履行对情感和态度的影响较为缓和(Conway 等,2011)。Guest(1998)则指出未履行义务的消极影响比未满足期望要严重。正因为如此,心理契约破裂与违背一直是心理契约研究的重点(Morrison 和 Robinson1997;Guest,1998)。研究心理契约破裂与违背,主要是为理解心理契约违背后员工的反应及其对组织的负面消极影响,即心理契约破坏、心理契约违背、负面行为、异常行为。

Morrison 和 Robinson(1997)区分了心理契约破裂(breach)和心理契约违背(violation),提出了心理契约违背模型。Morrison 和 Robinson(1997)认为心理契约未履行会产生认知评价与情感反应,在两者之间存在一个复杂的解释过程,雇员感知到心理契约违背经历三个阶段:感知到承诺未履行、感知到契约破裂、感知到契约违背,每一个阶段都受到不同的认知加工过程的影响,如图 2-3 所示。Restubog 等(2013)的实证研究结果证实,心理契约破裂感知通过心理契约违背影响异常行为,工作场所的家庭主义能够减弱心理契约破裂感知的作用。

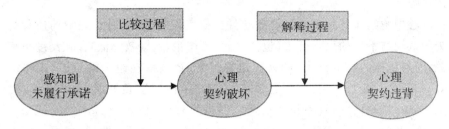

图 2-3　心理契约的破坏与违背过程

注:上图源自 Morrison 和 Robinson(1997)

　　感知到的心理契约破裂,指的是个体对组织没有履行心理契约中包含的某些义务的主观感知。当个人感知到组织并没有履行承诺时,心理契约就会破裂。关于组织与个人的心理契约是履行还是破裂,关键是看员工将组织事先所做的承诺与所得到的回报的比较。Morrison 和 Robinson (1997)认为,心理契约破裂的原因可以归结为三类:歧义的理解、故意的违约和无力兑现。如果是核心内容未被履行那势必会激起强烈的反应,也就是心理契约的违背;但如果是可有可无的契约中的条款那只能引起心理契约的破裂,造成了对该承诺未被履行的认知上的评价。心理契约违背则指与对组织没有充分履行心理契约而产生的强烈的情绪和情感体验,是指员工因组织未按期履行心理契约而产生的一种短期的、相对激烈的情感反应或情绪,比如失望、悲痛、愤怒等负面情绪反应。经济契约的违反可以通过法律手段来强制制约,心理契约却不具有法律强制执行的效力。心理契约的违背受到道德因素的制约,心理契约违背结果是不确定的,取决于双方的知觉和处世哲学,可能采取不同的态度和行动来处理某种违约行为。

　　学者们在研究中发现,觉察到心理契约的破坏并不一定就会导致员工情绪和行为方面的激烈反应和变化,这受员工对心理契约变化、破坏的解释的影响(Morrison 和 Robinson,1997)。Morrison 和 Robinson(1997)认为影响员工解释过程的因素主要有两个:归因和员工的公平性感知。归因是影响心理契约破坏后员工行为和情绪的一个重要因素,如果员工归因于企业故意违反契约,那么随之的反应就会是负性的。而如果归因于双方理解上的不一致,这种反应就会好得多。研究发现在归因和公平感之间存在复杂的交互作用:如果员工归因于双方对心理契约的理解不同,公平性的作用似乎就不存在了;而归因为组织故意违反契约公平性的作用就很重要;反过来如果员工感觉受到了强烈不公平的待遇,这也会严重影响他们的归因结论,并且会恶化心理契约违背的情感反应(Peng 等,2016)。Peng 等(2016)研究发现,对于喜欢外部归因的人比内部归因的人,心理契约违背的负面作用更强。

心理契约违背是消极的心理感知。研究发现,雇员对心理契约违背行为的认知与不良的雇员行为(包括离职、工作粗心、绩效降低)存在高度正相关,而与积极的雇员行为(如公民道德行为、继续留在组织的意愿、工作绩效)和态度(如工作满意度、组织忠诚度)存在高度负相关(Robinson 和 Morrison,1994、1995;Robinson 等,1994;Turnley 和 Feldman,2000;Turnley 等,2003),见表 2-8 所示。Van den Heuvel 等(2016)发现,如果承诺未兑现,雇员或雇主感知到心理契约违背,并可能做出消极反应,因为心理契约违背可能会使雇员或雇主立即感觉到对方的不信任。

表 2-8 心理契约违背的负面影响

分类	描述	文献出处
负面情绪	生气、沮丧、失望等	Conway 和 Briner,2002
负面态度	信任、承诺、忠诚度降低、满意度降低、怀疑猜忌等	Robinson,1996、Conway 和 Briner,2002
绩效降低	心理契约的破坏使人们产生不公平的感觉,认为自己对对方的义务下降	Robinson 等,1994
社会信誉	无论是组织还是员工违背了心理契约,都将影响他们的社会信誉,从而影响其长期发展目标的达成	Rousseau,1995

2.4.3 心理契约与法律契约的比较

心理契约不同于经济契约,后者是指以时间、才智和体力换取工薪、休息和适当的工作条件,而心理契约表明员工同意给予一定的忠诚、创造力等作为交换,也有经济报偿以外的期望,如工作安全感、公平合理的待遇以及组织支持他们实现发展的愿望等等。Kotter(1973)将心理契约与法律契约进行了比较,发现心理契约所包含的项目远远多于只有有限条款的法律契约。正式的雇佣契约其内容、职责、权利都是明确稳定的,不能随契约一方的主观意愿改变而改变。而心理契约的本质是一种心理期望,它会随着工作的社会环境以及个体心态的变化而发生改变。Guest(1998)认为法律契约的变更需要双方同意,而心理契约的变更则更具有单方面的性质。

Rousseau(1995)也对法律契约和心理契约的边界进行了界定,"在定义上,心理契约是对交换关系的理解而非相互关系本身(法律契约的要点),心理契约超越法律契约的概念。"心理契约的范围跨度很大,而法律契约的范围通常较窄(基本锁定在要约、接纳、报酬等几个方面)。

Suazo 等(2009)从承诺的角度区分了心理契约和法律契约,心理契约的承诺是一方感知另一方应该承担的责任和义务,心理契约存在于一方的大脑中,需要另一方去感知,这加大了管理的难度,需要双方经过不断的磨合才能达到双向适应。法律契约的承诺是双方共同约定的都要承担的责任和义务,双方在条款的理解上是一致的。在承诺类别上也是不同的,心理契约的承诺是虚幻的,虚幻是指每个人感知到的承诺都是不一样的,在于个体的认知,心理契约是异质性的,没有完全相同的两个心理契约,法律合同中的承诺分类则是明确的、实在的。构成要素方面,心理契约是信念和感知,法律契约则由要约、接纳和报酬构成。如表 2-9 所示。

表 2-9　心理契约与法律契约的对比

	承诺类别	构成要素	要素特点	范围
心理契约	虚幻的	信念、感知	随意的、无限的	宽
法律契约	明确的	要约、接纳、报酬	明确的、清晰的	窄

上表源自 Suazo 等(2009)

2.4.4　IT 外包中的心理契约研究

在用合同描述关系之前,关系是基于互惠和信任的(Hill 等,2009)。尽管心理契约的形成是建立在个体感知和信念基础上的,然而,组织内个体情绪累积形成共同的团队解释,发展成为共同的组织观点。因而,心理契约理论的应用领域被拓展到组织层面以及组织间的关系上。如在顾客-供应商关系中,供应商有一种信念,其相信努力达到顾客的服务期望并满足他们的需求将会得到与顾客继续合作的机会。但是,供应商的期望可能与顾客所理解的不一致,这会导致双方之间存在争议。不管书面协议的内容如何,各方之间每天的交互取决于各自对义务和期望的解释(Koh 和 Ang,2008)。在软件开发领域,客户-供应商关系的特点是长期的合作伙伴关系,成功的合作关系依赖于相互尊重和愿意分享信息(Brereton,2004)。客户对供应商是否满意取决于供应商是否达到了客户心理契约中的各种期望,因此,了解客户心理契约中的期望对于供应商非常关键,这不仅有助于供应商提供更好的服务,更影响到双方对信任和承诺的感知(Kingshott,2006)。但是,心理契约的违背会造成一些负面影响,如消极情绪、争端、不信任等。心理契约的模糊性加强了信息系统用户抵抗性(Klaus 和 Blanton,2010)。

在过去的十多年里,心理契约开始被用在 IT 外包中,以期更好地理解接包方与发包方之间的关系(Koh 等,2004;Koh 和 Ang,2008;Agerfalk 和 Fitzgerald,2008;李晓燕和毛基业,2009;Srivastava 和 Teo,2012;Kim 等,2013)。

心理契约在 IT 外包关系治理中很重要,与正式契约相互补充。心理契约扮演着双向机制,既促进对双方义务的共同认识,又促进双方对外包结果的共同解释(Prifling 等,2009;Kim 等,2013)。心理契约成为一种强有力的关系治理机制,是正式合同的有力补充或替代(Lioliou 等,2014)。Koh 和 Ang(2008)建议 IT 项目的成功需要将关系视为超出法律契约的范围,IT 外包关系包含正式合同和非正式机制(如心理契约机制),心理契约视角为 IT 外包提供了一个重要的理论视角。Koh 等(2004)的研究表明,心理契约加强了 ITO 客户和接包方关于相互义务的感知,从而能够比正式的合同特征更好地预测 ITO 的成功。Kim 等(2013)从发包方视角,研究了感知到接包方的契约背叛对发包方项目绩效的影响。Miranda 和 Kavan(2005)认为,ITO 有两种治理模式,即正式的合同治理和合同后期的心理契约治理,正式合同和心理契约可以交互影响 ITO 结果,这与 Srivastava 和 Teo (2012)的结论是一致的,他们发现在影响 ITO 成功的时正式和非正式的控制起到了替代和补充的作用。而 Koh 等(2004)、Kim 等(2013)认为心理契约发挥的作用更大。心理契约中所包含的义务比正式合同中有限的义务和责任更广泛、更重要。

在 IT 外包中,正式合同固然重要,但考虑到 IT 外包关系的复杂性、组织和技术环境的快速变化,仅仅依靠正式合同约束双方行为是不够的。心理契约中感知的义务来自于双方为了获取利益而做的承诺(Morrison 和 Robinson,1997;Robinson,1996)。这些承诺通过公开的、显性的手段清晰地传达出来(包括但不限于合同条款和口头讨论),或者是过去的做法和任务要求等隐含手段(Koh 等,2004;Morrison 和 Robinson,1997)。相比之下,合同条款只规定了明确的义务和责任(Reuer 和 Arino,2007)。因此,与正式合同相比,心理契约的范围更广,涵盖了对于书面义务和不成文的隐含承诺的解释(Koh 等,2004;Robinson,1996;Morrison 和 Robinson,1997)。更重要的是,正是心理契约驱动着交易双方的行为(Koh 等,2004)。与雇主和雇员之间的心理契约相似,IT 外包也涉及接包方与客户之间在正式合同之外的相互责任与义务,有心理契约一面。李晓燕和毛基业(2009)识别出项目双方心理契约关系的四种匹配模式——相互交易、客户弱势、供应商弱势和相互忠诚,及其各自对应的关系特征。研究结果显示,在相互交易情境中,客户对供应商执行更多的结果控制;相反,相互忠诚的情境涉及更多的非正式控制。此外,在客户与供应商心理契约不匹配的情况下,客户倾向对供应商施加更多的行为控制。客户和供应商应尽量匹配双方的心理契约,尤其是建立相互忠诚的关系契约,这样双方都可以有效地减少行为控制,降低控制成本,从而获取复杂软件外包项目的成功和双方的长期合作共赢关系。

Koh 等(2004)首次应用心理契约观点评价 IT 外包项目的成功,指出了 IT 外包关系中顾客——供应商的主要义务,研究发现这些义务履行与否是影响 IT 外包项目成功的关键所在。这可以理解为:信任对项目成功有显著影响,而心理契约所包含的义务如果被履行则会增加信任。识别出了发包方认为接包方应该遵守的 6 个义务,以及接包方认为发包方应该遵守的 6 个义务。相关学者对 Koh 等(2004)所提的因素进行了补充(Agerfalk 和 Fitzgerald,2008;Prifling 等,2009),如表 2-10 所示。

表 2-10　IT 外包心理契约内容

	义务	定义	参考文献
接包方的义务:发包方认为接包方应该遵守的义务			
1	清晰的项目范围	在合同中清晰说明工作性质,并在需要的时候保持灵活性	Koh 等,2004;Prifling 等,2009
2	清晰的权力结构	清晰地描绘角色和职责,决策权力和项目报告规程	Agerfalk 和 Fitzgerald,2008;Koh 等,2004;Prifling 等,2009
3	独立负责	独立地完成工作、解决问题	Koh 等,2004
4	有效的人力资本管理	确保给项目提供高质量的人力资源,最小化人员流转	Agerfalk 和 Fitzgerald,2008;Koh 等,2004;Prifling 等,2009
5	有效的知识共享	转移与项目有关的知识、技能、专长	Koh 等,2004
6	建立高效的跨组织团队	在利益相关者之间培养良好的工作关系、与客户有共同的使命感和目的	Koh 等,2004
7	负责和创新的态度	承担责任,具有创造性的建议	Agerfalk 和 Fitzgerald,2008
发包方的义务:接包方认为发包方应该遵守的义务			

	义务	定义	参考文献
1	清晰的规范	清晰描述项目需求、产品/服务交付标准	Koh 等,2004;Prifling 等,2009
2	按时付款	按时付款给接包方.	Koh 等,2004
3	密切监控项目	定期参加项目会议、密切监督进度、在项目期间进行持续讨论	Agerfalk 和 Fitzgerald,2008;Koh 等,2004
4	知识共享	给接包方提供所需的信息、业务知识	Koh 等,2004;Prifling 等,2009
5	项目所有权	确保高级管理层对项目提供组织承诺和领导	Agerfalk 和 Fitzgerald,2008;Koh 等,2004;Prifling 等,2009
6	不要试图支配项目	在项目进度上不要太占主导地位的	Agerfalk 和 Fitzgerald,2008
7	专业的管理和业务技能	为项目提供专业的经验	Agerfalk 和 Fitzgerald,2008
8	帮助建立一个开放的互信的社会生态系统	建立有责任感的工作关系并保持透明度	Agerfalk 和 Fitzgerald,2008
9	操作便利化	确保接包方获得所需的材料和资源以完成他们的工作	Koh 等,2004;Prifling 等,2009

2.4.5　小结

心理契约理论的发展受限于其模糊性,隐含义务、承诺、期望等都是模糊的、因人而异、因时而异的构念(Conway 等,2009)。Guest(1998)指出双方的心理契约中关于承诺与义务的认知是不一样的。模糊性引起歧义、破裂、违背,为什么 IT 外包管理过程充满了挑战?这可能是一方面的原因。Guest(1998)指出未履行义务的消极影响比未满足期望要严重。双方的心理契约中关于承诺与义务的认知是不一样的。在 IT 外包心理契约中,高效的知识转移既是发包方的义务也是接包方的义务(Koh 等,2004)。

　　然而,现有的关于 IT 外包中心理契约的研究存在如下不足:

　　Kim 等(2013)从发包方视角,研究了感知到接包方的契约背叛对发包方项目满意度的影响。Kim 等人根据 Koh 等(2004)所提出的接包方、发包方所应承担的义务,并据此判断一方对另一方心理契约违背的感知——关心的问题是"义务和承诺是否履行?",关于心理契约违背的测量形如"我认为发包方履行了……承诺(1 代表完全未履行,5 代表完全履行)"。比如在接包方的心理契约中发包方有及时付款的义务,如果发包方不能及时付款,接包方就会感知到心理契约背叛,并将不良情绪带入项目开发中,最终可能导致项目绩效的下降。而在发包方的心理契约中接包方有按时高质量交付产品或服务的义务,如果接包方总是不能按时交付,发包方就会感知到心理契约背叛,从而负面影响其对接包方完成项目结果的满意度。但是,Kim等(2013)关注的是一般意义上的心理契约违背感知,忽略了不同的人对同一个义务未履行的背叛感知程度是不一样的,这受其认知图式的解释。由于认知图式存在很大差别,即便是同样的义务未履行,每个人的解释也是不一样的,从而对其心理感知产生的影响程度也是不一样的。比如,同样是关于发包方未及时付款的情况,有的接包方会认为发包方可能有其临时的困难,相信发包方不会无辜违背其付款承诺;而另一些接包方则可能认为发包方是故意拖延付款以追求其自身的利益,这种类型的接包方感知到的心理契约背叛就会更加严重。所以,笔者认为应该对心理契约违背情况进行深入的分解,从更深层次探究契约违背带来的影响程度差异。心理契约破裂通过每个人的解释,然后影响其最终判断。每个人怎么解释呢? 为什么会做出那样的解释呢?

　　第二个问题是,目前的研究中概念性研究和案例研究较多,实证研究较少。Koh 等(2004)、Koh 和 Ang(2008)、Agerfalk 和 Fitzgerald(2008)、李晓燕和毛基业(2009)等指出了心理契约在 IT 外包中的重要性,并发现了IT 外包中心理契约的构成要素(义务和期望),指出了当某一方的义务和期望未被另一方感知时会对外包绩效产生影响。只有非常少的学者进行了实证检验(如 Kim 等,2013)。这可能是因为心理契约的复杂性、综合性、不统一性等特征使得其实证检验变得困难(测量指标如何设计、如何排除同源方差、消除问卷表述的歧义性)。如果按照 Koh 等(2004)、Kim 等(2013)的建议,在问卷中可能问"我觉得接包方没有完成其及时交付的义务",针对该问题,有的人会打很高的分,这里边有其厌恶情绪的发泄,而有的会打极低的分数,像这样的问题存在一定的歧义性,在被理解时总是千差万别。一些学者也对上述测量方式提出了质疑,难以表达、并且存在理解偏差等,他们指出应该对心理契约的认知基础做进一步的调查(如 Morandin 和 Bergami,

2014；Sherman 和 Morley，2015）。

本研究的贡献在于对心理契约违背模型中"解释过程"的具体化：关系契约图式、交易契约图式。考虑到本研究的问题是知识竞合（发包方的知识共享、发包方的知识保护），对图 2-3 应该做以下改变，见图 2-4。比如，接包方认为知识共享是发包方应尽的义务之一，如果发包方能进行知识共享，则接包方会首先感知到发包方履行了承诺，心理契约未被破坏，感知到发包方没有背叛（甚至感知到发包方是值得信赖的好伙伴）。笔者提出的两种契约图式，有助于促进该领域的实证研究的设计。

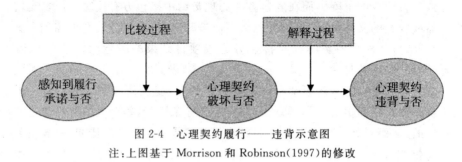

图 2-4　心理契约履行——违背示意图
注：上图基于 Morrison 和 Robinson(1997)的修改

2.5　知识共享、知识保护对外包绩效的影响综述

2.5.1　IT外包中的知识特征

IT 外包是一个知识密集型过程，其中涉及的主要知识类型有 IT 技术知识、行业和领域知识、业务知识、项目管理知识和流程管理知识（Nicholson 和 Sahay，2004；Williams，2011；Xu 和 Yao，2013）。这些知识对保证外包项目的顺利实施、合理管理、成功交付和转移起着至关重要的作用。

外包中哪些是显性知识，哪些是隐性知识？显性知识包括书面文档，如系统规范、需求文档、组织结构图，可以用来培训新的团队成员，如与客户业务相关的培训（编程语言、操作系统、数据库以及设计工具等）。隐性知识包括项目开发经验、诀窍，关于特定信息的解释、因果关系等 know-how 类的知识。隐性知识使得知识的转移、吸收、利用变得更加困难，可以通过经验分享、直接互动等社会化方式实现隐性知识的共享（Williams，2011）。

外包中涉及的大部分知识都是隐性知识，隐性知识具有以下的特点：内隐性、复杂性、因果模糊性。内隐性是指知识难以被编辑和有效地表达；复杂性是指知识所涉及的程序、人员、技术和资源的数量很大；因果模糊性是指行为和结果、投入和产出、原因和结果之间的逻辑联系难以被理解(Al-Salti 和 Hackney，2011)。IT 外包中涉及的知识大部分来源于个人或者组织长期的创造和积累，这些知识的表现形式包括经验、直觉、诀窍，而这些形式的知识都难以通过数据、文本、报告和文件传递，所以隐性知识的传播很困难，传播方式和渠道也与显性知识相差很大(Williams，2011；Loebbecke 等，2016)。

IT 外包中的知识转移是外包管理中的一个备受关注的问题，IT 外包较大的地理距离、文化差异、制度差异使得知识转移很困难。IT 外包项目复杂性包括组织方面的结构复杂性与动态性、IT 方面的结构复杂性与动态性、客户组织结构变化快、信息系统涉及的数据来自于多个地方、项目包含新技术、项目团队来自于多个部门等。不同的社会认知、团队成员的复合性、跨地区的协调难题等使 IT 外包中的知识转移变得困难(Ghobadi 和 Mathiassen，2016)。Nidhra 等(2013)将知识转移的挑战分为三个方面：人员、项目、技术。人员方面的挑战包括语言障碍、文化差异、信任缺乏、无法进行知识整合、共享意愿低、缺乏领域知识基础、人员流失等；项目方面的挑战包括需求分析不明确、文档不规范、缺乏规划、项目专业化程度太高、项目过于新颖、项目完成期限压力、团队成员间沟通不畅；技术方面的挑战包括缺乏技术系统支持、知识难以编码、文档更新慢。Zahedi 等(2016)总结了全球软件合作开发遇到的挑战，包括知识共享成本大、背景差异大、跨地域沟通障碍大等，如表 2-11 所示。

表 2-11　外包中知识管理的挑战与应对策略(Zahedi 等 2016)

	维　度	举　例
挑战	知识共享成本	人员交流的交通成本、虚拟沟通成本、知识编码成本
	背景差异	难以识别和转移知识、难以表述隐性知识、难以将知识用于其他情景
	缺乏开放性	担心核心知识丢失、缺乏信任和承诺
	跨地域沟通障碍	缺乏面对面交流、心理距离、文化距离、不知道谁拥有 know-how
	人员流转	需要重新建立社会关系、需要将知识重新转移给新人
	文档问题(丢失、低质、更新不及时)	提供的需求文档不清晰、难以找到想要的信息、由于文档缺失产生较差的组织记忆

续表

维　度	举　例
临时搭配	访问对方企业以建立社会联系并促进团队交互、不同企业间进行角色互换、临时组织起来进行培训并共享价值观念
经常沟通	经常一起召开会议培养团队意识、个人之间经常性的沟通
共同解决问题	共同定义任务、分配任务、一起制定 KPI、流程中的协同参与、通过配对编程整合协作性知识、共同学习
使用边界跨越角色	作为沟通桥梁弥补语言和文化造成的沟通缺口、在不同企业间建立社会联系、建立共同点、弥补企业间的知识缺口（领域知识、技术知识）
社会纽带（信任、融洽）	建立互信的网络、基于社会纽带加深对共享的知识的理解、基于社会纽带提高知识共享的意愿和能力、相互认同、集体主义文化

表格最左侧合并单元格：实践策略

2.5.2　关于知识共享的研究

IT 服务外包项目具有知识密集型特点,其完成过程高度依赖发包方和接包方的共同创造,具有较高的复杂性和不确定性。如何提高 IT 服务外包项目绩效,一直是企业和学术界关心的重要问题。针对这一问题,以往研究针对 IT 服务外包的知识密集型特点,重点分析了知识共享对项目绩效的影响,以及如何进行知识共享。知识转移在 IT 外包研究中是一个重要的领域,众多学者从多个视角研究了影响知识转移的因素、知识转移对 IT 外包绩效的影响等,通过研究文献,本研究发现知识转移的作用已经被证实(Chang 和 Gurbaxani,2012;Su,2013;Williams,2011;Deng 和 Mao,2012;Kim 等,2012),影响知识转移的因素包括转移知识的意愿、能力、伙伴关系质量、沟通质量、社会资本、知识特征等(Gregory 等,2009;Blumenberg 等,2009;Williams,2011)。

1. 知识共享与绩效的关系

有效地分享和整合不同领域的专业知识,是外包项目取得成功的重要保证(Chang 和 Gurbaxani,2012;Su,2013)。在信息技术外包中,只有将发包方拥有的项目知识和接包方拥有的技术知识有机地结合在一起,才能够获得更好的外包绩效。

有效的知识共享能够通过多种方式最终促进外包的成功。Lee(2001)认为知识共享有助于提升外包中双方的信息共享水平,有利于培育共识,减

少冲突，从而对伙伴关系质量和外包绩效有正向的影响。Rustagi 等
(2008)以及 Tiwana 和 Keil(2007)强调了有效的知识共享将有助于控制的
顺利实施；Chen 和 Bharadwaj(2009)指出知识共享对于合同的设计和执行
也有显著的影响。Teo 和 Bhattacherjee(2014)指出发包方需要将从接包方
处获取的知识进行内部消化，转化为相应的技能才对发包方的运作绩效和
战略绩效发挥作用。知识在发包方内部的文档化、传播、共同学习等整合方
式将加强知识共享与绩效的关系，但是 Teo 和 Bhattacherjee(2014)的实证
结果显示知识的内部整合的调节效应不显著，其研究假设未得到支持。

　　有效的知识共享不仅对于发包方有益处，对于接包方而言同样重要。
高质量、高效率的知识转移，有利于利用发包方的知识溢出效应，提升接包
方的知识存量，再通过消化吸收和利用既能够提升接包方完成项目的能力，
又能够提高其创新能力，从而提升接包企业绩效(刘伟和邸支艳，2016；陈果
和齐二石，2017)。通过从发包企业处获取业务流程知识，IT 接包企业将外
部获取的知识与内部原有知识库进行整合，能更好地把握外包项目的需求
(Williams，2011；Deng 和 Mao，2012；Kim 等，2012)。知识共享对于企业创
新能力和动态能力的提升也得到了学者们的证实(李晓燕和毛基业，2010)。
Xu 和 Yao(2013)从接包方视角，发现知识共享在开发方法、合作关系与项
目绩效间起中介作用，特别地，知识共享对过程效率的影响要大于对质量的
影响，也就是说知识共享更能够促进效率的提升。Tarakci 和 Tang(2009)
认为知识转移能够降低工作成本、缩短工作时间、提高工作效率。Ghobadi
和 Mathiassen(2016)认为 IT 外包开发项目中知识共享充满了各种风险，
风险管理水平的差异直接导致项目绩效上的差异。

　　总结以上研究可知，知识共享在 IT 服务外包中是至关重要的。外包
市场商品化程度越来越高，发包方的要求也越来越苛刻，在知识上的竞争将
成为该领域的一种新现象(Willcocks 等，2004)。

2. 影响知识共享的因素

　　由于 IT 外包中知识自身的复杂性、组织差异性及发包企业知识保护
行为等因素的存在，发包方和服务供应商之间的知识交流并不是很顺利
(Winkler 等，2015；Kudaravalli 等，2017)。

　　影响知识共享的因素一般从知识发送方、接收方、知识特性，以及组织间
的关系机制等方面进行研究(邓春平和毛基业，2012；Teo 和 Bhattacherjee，
2014)。例如，McEvily 和 Chakravarthy(2002)认为知识本身的隐含性、模糊性
等特征使得知识共享变得不那么顺利。刘伟和邸支艳(2016)发现知识缄默性
显著地负向影响接包方的知识获取。Zahra 和 George(2002)认为知识接收方

的学习意愿和吸收能力是影响知识共享成功的关键要素。而近年来,针对IT服务外包的独特情境,学者们又从其他多个方面对知识共享的影响因素进行了更为深入的研究。Gregory 等(2009),Williams(2011)分析了阻碍IT外包中知识共享的若干因素,包括文化、地理、制度、历史等方面的距离。Su 等(2015)认为IT外包是在一个跨文化的环境中完成的,文化上的差异给知识共享带来了障碍。肖志雄和秦远建(2011)指出适当拓宽知识冗余的长度和宽度,尽量加深知识冗余的深度和相关度,明确企业的外包发展模式和外包领域可以有效促进知识共享。社会资本能够促进接、发包方间的互动,从而使得知识共享更加容易(曲刚和李伯森,2011)。沟通、承诺、满意、信任、团队认知、团队和谐气氛等多个方面证实了社会属性方面的因素对知识共享有显著的正向影响(刘伟和邸支艳,2016;Zahedi 等,2016)。

3. 知识共享机制

在信息系统外包中,接包方通过不同的知识转移机制将知识转移给发包方,包括工作手册共享、人员互动交流、师徒制学习等(Imsland 和 Sahay,2005;Xu 和 Ma,2008;Chua 和 Pan,2008)。相关的文献中提到了大量的知识共享机制,Srivardhana 和 Pawlowski(2007)认为社会整合(Social Integration)将能够有效地减少知识共享的阻碍,提高知识共享的效率;Rottman(2008)认为设立双方之间的桥梁工程师可以克服离岸外包知识共享的困难,鼓励接包方将自己的工程师嵌入发包方中,以便促进双方的理解和知识的获取;Chua 和 Pan(2008)认为在离岸的IT外包中正确选择合适的富媒体可以促进知识的共享与信息的交流。Blumenberg(2009)则针对IT服务外包中知识的复杂性和隐性特征,探讨了众多不同的知识共享机制,如人员共享、工作轮换、旁观工作、培训、短期互访、会议、联合小组、SLAs 等。Williams(2011)的调研发现,正式的知识共享渠道比非正式的讨论和谈话传递的信息更加准确,更有利于接包方了解其客户,沟通效率更高。IT外包中的知识共享跨越了企业边界,知识编码(包括文档化、代码评论等)、交互式记忆团队构建有助于促进知识的传播和理解(Kotlarsky 等,2014;Winkler 等,2015;Kudaravalli 等,2017)。

2.5.3 关于知识保护的研究

1. 知识保护的原因

知识保护一直是知识管理研究的重点内容,其重点是通过法律手段和战略方法防止知识溢出到竞争对手和市场跟随者(Teece,1986;de Faria 和

Sofka,2010)。最近的研究重点从竞争对手转向合作伙伴,特别是学习联盟中的合作伙伴(Kale 等,2000;Yang 等,2014)。在以学习为导向的联盟中,企业经常面临失去专有知识的风险,合作伙伴可能机会主义地将合作中获取的知识内部化并用于增加核心竞争力(Kale 等,2000;Mohr 和 Sengupta,2002;Li 等,2010;Jiang 等,2016)。因为私有知识的泄露给知识所有者带来风险并威胁到竞争地位(Hernandez 和 Sanders,2015);知识保护在管理企业间合作中已成为关键问题(Mayer,2006)。

IT 外包需要密集的沟通和知识交流,从而导致发包方知识泄漏的风险更高(Levina 和 Ross,2003;Faems 等,2008)。首先,IT 外包使合作伙伴能够接触对方的核心知识,为机会主义者提供了盗用和内化知识的机会。其次,知识流失经常发生在知识共享过程中,通过文档交换、人际交互来传递显性知识和隐性知识(McEvily 和 Marcus,2005;Frishammar 等,2015)。因而,发包方常常会采取较严格的知识保护措施以防止核心知识外泄。

2. 知识保护机制

知识保护的形式分为两类:

一类是可以签订契约的正式手段,如版权、专利、商标、人员控制、信息授权等(Norman,2001;Manhart 和 Thalmann,2015),另一类是无法签订契约的非正式手段,如隐藏知识价值,降低知识的可观察性,显性知识隐性化,知识情景化、模糊化等(Manhart,2015)。

知识保护的机制可以分为两类:一类是基于知识产权和法律契约的正式手段,如版权、专利、商标、商业秘密,以及竞业禁止协议、长期雇佣合同、保密协议、长期合作协议等(Norman,2001;Manhart 和 Thalmann,2015;Bouncken 和 Fredrich,2016)。

另一类是无法通过正式的法律体系或者签订契约来保护核心知识的非正式手段,包括人力资源管理手段、组织流程控制手段、知识隐藏手段等(Olander 等,2014;Manhart,2015;Bouncken 和 Fredrich,2016)。①人力资源管理手段包括限制人员在合作企业间流动、定期更换合作中的联络人、防止人员离职等。人员控制手段(Bouncken 和 Fredrich,2016),还包括提高员工忠诚、教育培训员工具备知识保护的技能、在企业内部激励员工进行知识保护(Norman,2001;Jean 等,2014),②组织流程控制手段主要是指借助严格的管理流程防止知识盗用(Jean 等,2014)。包括控制信息流动和限制人员接触。限制人员接触通过限制合作伙伴参加某些活动来隔离关键信息(Bouncken 和 Fredrich,2016)。监控信息流动需要给每个人分配不同的信息接触和信息交换权限,明确规定谁可以交换信息、哪些信息可以被共享;限制伙伴进入企业办公地点以避免其直观地观察学习,规划伙伴进入权并认真监控,将关键的知识从联合行动中隔离(Norman,2001)。③知识隐藏手段是一种比较隐蔽的手段,如隐藏知识价值、降低知识的可观察性、显性知识隐性化及知识情景化、模糊化等(Olander 等,2014;Manhart,2015;Bouncken 和 Fredrich,2016)。将一些需要意会的隐性知识文档化、图纸化,从而要么使合作方无法接触到想获取的重要知识,要么即使能接触到知识但也很难识别、理解、吸收(Manhart,2015)。不同的知识保护机制如表 2-12 所示。

表 2-12 知识保护机制

	手段	具体方法	文献出处
正式机制	知识产权	专利、商标、版权、商业秘密保护(可上诉的权利)	Jean 等,2014;Manhart 和 Thalmann,2015;Bouncken 和 Fredrich,2016
	合同	长期合作协议、保密协议、合同中的其他条款(如事项报告和信息发布的规定)、竞业禁止协议、长期雇佣合同	Norman,2001;Jean 等,2014;Manhart 和 Thalmann,2015;Bouncken 和 Fredrich,2016
非正式机制	人力资源管理	限制人员在合作企业间流动、定期更换合作中的联络人、防止人员离职;提高员工忠诚、教育培训、惩罚激励措施	Norman,2001;Kale 等,2000;Jean 等,2014;Srikanth 等,2015;Bouncken 和 Fredrich,2016
	流程控制	设置密码、进入限制、限制信息流动和限制人员接触	Norman,2001;Nielsen,2005;Manhart 和 Thalmann,2015;Srikanth 等,2015;Bouncken 和 Fredrich,2016
	知识隐藏	隐藏知识价值,降低知识的可观察性,显性知识隐性化,知识情景化、模糊化等	Olander 等,2014;Manhart,2015

为了构建完善的知识保护体系,多种知识保护方式需要配合使用。原因在于:

首先,从知识本身特征看,知识保护是困难的(Teece,2000)。这是因为知识的内隐性。Srikanth 等(2015)认为知识的内隐性使其难以被编码,难以通过专利、版权等方式进行定义。合作创新主要是无形的,而且经常是与顾客合作创造出来的,由此带来两个方面的结果:一方面,模仿和拷贝创新服务变得更加容易和快速;另一方面,服务的知识内容(Intellectual Content)很难通过正式的知识产权方法进行保护。另外,有的知识涉及的范围很广(如工艺制造知识),使用某一种知识保护措施可能无法全面保护知识(Olander 等,2014)。再加上智能移动设备的大量普及给知识保护带来了挑战,移动设备随时随地的使用、在线知识共享等加大了知识管理的风险(Thalmann 等,2014)。知识保护的难度加大,知识保护付出的成本在很大程度上抵消了保护带来的收益。

其次,知识产权保护在有些国家仍然很薄弱,难以依法阻止非合作伙伴的模仿(Teece,2000)。除了利用法律手段保护知识产权(如专利、版权等),在那些知识产权体系不完善的地方怎么保护呢?对于那些没有专利和版权的知识保护怎么办呢,这些知识没有被编码,或达不到专利的标准。Srikanth 等(2015)建议采取组织流程和机制进行保护。

综上所述,多位学者建议在构建完善的知识保护体系时,应该区分正式和非正式机制所发挥的不同作用,两者配合使用能够为知识交换创造安全的环境,也能防止知识被竞争对手恶意模仿(Olander 等,2014)。还要从不同的知识类型进行区别对待,为了保护知识,特别是当知识是显性的且只有少数专家掌握的时候,伙伴经常采用明确的方法,部署屏蔽机制,采取防御行动以保护其能力的透明度(Nielsen,2005)。而隐性知识的获取需要人员之间持续的紧密联系,限制人员之间的往来能够保护隐性知识(Kale 等,2000)。正式机制和非正式机制使用时还要考虑两种机制的执行难度和成本,正式的保护机制成本更高,有时候执行难度大,因而企业需要采取一些非正式保护措施。非正式机制也是有用的,因为正式机制不能涵盖隐性和社会嵌入的知识,非正式机制对于此类知识保护更加有效和节约(Bouncken 和 Fredrich,2016)。

3. 知识保护的结果方面的争论

虽然现有的文献已经给出了各种知识保护方法,但一个重要的研究问题仍有待解决:知识保护是否可以提高 IT 外包项目的合作绩效?学者们根据不同的理论视角,得出的结论是完全不同的。目前,典型的两个理论视角是经济学方面的交易成本理论和社会学方面的心理契约理论。交易成本理论方面的研究观点认为发包方知识保护对于项目绩效有积极的影响,而心理契约理论则认为发包方知识保护对项目绩效有负面的影响,具体如下:

(1)交易成本理论关于知识保护的观点。

交易成本理论用来解释企业为什么存在这一基本问题(Williamson,

1985)。企业被认为是市场的一个更为有效的替代物,是比市场更为有效的治理方式。交易成本分为事前交易成本和事后交易成本(Williamson,1985)。交易成本的产生是由于人性因素与环境因素交互影响产生的市场失灵,造成交易困难所导致的:有限理性、机会主义、资产专用性等(Williamson,1985)。交易成本理论是 IT 外包中最常用的理论(Tiwana 和 Bush,2007;Alaghehband 等,2011;Lacity 等,2016)。Aubert 等(2004)基于交易成本理论和不完全合同理论,研究了业务复杂性、业务能力以及资产专有性等对外包决策的影响。专有资产、信息不对称使得企业由于要面对令人讨厌的机会主义行为而阻碍合作。学者们发现 IT 外包中资产专有性、结果测量和行为观察的不确定性会诱发接包方的机会主义行为(Lacity 等,2010、2016)。IT 外包中接包方的机会主义行为:隐瞒或歪曲信息、不履行承诺、交付不合格产品和服务。机会主义行为伤害了双方关系的亲密性,向发包方提供了关于接包方未来预期行为清晰的信号。发包方会采取更严格的层次治理结构,以减少接包方的机会主义行为(Goo 等,2007)。但是,敏捷性和灵活性会因此而丧失,外包项目的成本控制能力和运作效率也会下降。因而,如果接包方的机会主义行为增加,发包方与其继续合作的意愿将下降(Lacity 等,2011)。

基于交易成本理论的研究表明,知识保护增强了伙伴关系质量,最终增强了合作绩效。交易成本理论基于企业的有限理性和机会主义的假设。TCE 认为,企业间的交易成本来自于用以减少机会主义风险和保障专有性资产的复杂机制的设计和实施。机会主义源于狡猾地(包括谎言、作弊和计算努力)追求个人利益,最大限度地提高个人回报(Williamson,1985;Aubert 等,2004)。要提高合作绩效,管理人员应该制定保障措施,以减少合作伙伴的机会主义行为(Dyer 和 Chu,2003;Poppo 和 Zenger,2002)。为了控制机会主义和保护交易专有性资产,买家依靠正式合同和非正式的基于信任的关系来确保经济交易的绩效(Williamson,1985;Dyer 和 Chu,2003;Poppo 和 Zenger,2002)。

在 IT 外包的背景下,发包方需要保护其免受接包方的机会主义的影响,因为接包方可能会把以往合作过的 IT 项目中有价值的知识内化,以便为其他客户服务(Barthélemy 和 Quélin,2006;Ang 和 Cummings,1997;Mayer,2006)。IT 外包项目通常是定制的,保护发包方知识是发包方外包决策的关键因素(Ang 和 Cummings,1997;Mayer,2006)。为了减少接包方的机会主义,发包方通常借助法律合同来详细说明任务描述,阐明客户专有或可重用的项目组件,或在合作期间创建新知识时如何分配知识产权(Barthélemy 和 Quélin,2006;Faems 等,2008;Handley 和 Angst,2015)。

对发包方保护知识有效的机制包括关系治理、接包方的质押投资以及限制对核心知识的访问(Yang 等,2014)。知识保护可以防止自己的核心知识外露,避免核心竞争优势被模仿和拷贝(Jiang 等,2016)。

从 TCE 理论视角来看,知识保护的各种机制也有助于提高伙伴关系质量,进而提高合作绩效。通过减少接包方在知识交流过程中的机会主义,与 IT 项目交易相关的成本和风险都将减少。先前的研究表明,通过详细规定合同条款,规定任务分工、产权、解决争议的程序和违规处罚等条款,买方可以有效地打击供应商的机会主义行为(Reuer 和 Ariño,2007;Faems 等,2008;Schepker 等,2014),并通过增加公平感知和减少破坏性冲突而提高了合作质量(Barthélemy 和 Quélin,2006;Jean 等,2014;Poppo 和 Zhou,2014)。

(2)心理契约理论关于知识保护的观点。

关于发包方知识保护与项目绩效的关系,心理契约理论提供了与交易成本理论相反的观点。心理契约理论(PCT)最初是为了表征雇佣关系中员工或雇主对相互义务的感知,后来被扩展到买方与供应商之间的关系中,外包就是典型例子之一。心理契约是关于交易双方之间互惠义务的一套信念(Robinson,1996;Robinson 和 Rousseau,1994)。心理契约与正式的法律合同有以下两方面的显著差异。

首先,心理契约本质上是感性的,并受交易双方的解释(Morrison 和 Robinson,1997;Robinson,1996)。也就是说,即使双方接受相同的书面合同条款,在对该条款的理解上也不尽相同(Morrison 和 Robinson,1997;Robinson 和 Rousseau,1994)。而法律合同则受到第三方的解释,如法院的司法制度(Koh 等,2004)。

其次,心理契约中所感知的义务来自双方为获取对方提供的利益而做的承诺(Morrison 和 Robinson,1997;Robinson,1996)。这些承诺通过公开的、显性的手段清晰地传达出来(包括但不限于合同条款和口头讨论),或者是过去的做法和任务要求等隐含手段(Koh 等,2004;Morrison 和 Robinson,1997)。相比之下,合同条款只规定了明确的义务和责任(Reuer 和 Arino,2007;Ariño 等,2014)。因此,与正式合同相比,心理契约的范围更广,涵盖了对于书面义务和不成文的隐含承诺的解释(Koh 等,2004;Robinson,1996;Morrison 和 Robinson,1997)。更重要的是,正是心理契约驱动着交易双方的行为,心理契约义务的履行程度解释了 IT 外包绩效较大的变异(Koh 等,2004)。

最近,越来越多的研究开始关注心理契约在买方——供应商关系和 IT 项目中的重要性(Koh 等,2004;Hill 等,2009;Kim 等,2013;Lioliou

等,2014)。研究发现,知识共享是 IT 外包关系双方的主要义务,IT 外包接包方有义务共享知识以便教育发包方学习、使用 IT 系统相关的必要技能和知识,而发包方有义务为接包方提供 IT 系统所需的企业特有的知识(Koh 等,2004)。虽然基于 TCE 的研究从发包方的视角强调知识保护的必要性(Ang 和 Cummings,1997;Barthélemy 和 Quélin,2006;Mayer,2006)。

但是,接包方对于知识保护活动的心理反应被严重忽视了。根据心理契约理论,心理契约的违背是项目合作绩效的主要障碍,因为心理契约违背大大降低了合作企业之间的信任(Hill 等,2009)。由于心理契约受到发包方和接包方的解释不尽相同,所感知义务的不一致很容易触发心理契约的违背(Morrison 和 Robinson,1997)。这源于两个主要因素,一是交易各方的认知框架不同,二是心理契约义务和任务要求的复杂性和模糊性(Morrison 和 Robinson,1997;Hill 等,2009)。契约违背通常发生在交易中的一方未能履行预期义务时(Robinson 和 Rousseau,1994;Robinson,1996;Morrison 和 Robinson,1997)。在 IT 外包情景中,接包方往往将知识共享视为其发包方的中心义务(Koh 等,2004)。接包方通常期望发包方分享知识而不是严格保护知识,因此,知识保护活动被接包方认为是发包方违背了心理契约中的义务,从而引发消极的情绪反应(如失望和愤怒)(Morrison 和 Robinson,1997)。心理契约违背会导致关系质量和合作绩效的损害(Robinson 和 Rousseau,1994;Morrison 和 Robinson,1997;Hill 等,2009,Kim 等,2013)。如果每个组织在合作中将知识保护赋予很高的权重,将使合作的整体利益受损,便不会有通过合作创新公共知识库的可能,更有甚者,因为知识保护行为传递了一种负面的信号,会使双方产生冲突、不信任,损害关系水平(Simonin,1999;2004;Norman 2001;Nielsen 和 Nielsen,2009;Yang 等,2014)。

2.5.4 知识竞合管理——知识共享与保护如何共存

竞合中的知识管理是竞合研究的热点之一(如 van Fenema 和 Loebbecke,2014;Estrada 等,2015;Mattsson 和 Tidstrom,2015)。竞合过程中,知识的竞合——即知识共享与保护共存是关注的重点之一。知识分享和知识保护是同时存在的一对矛盾体,知识交换中存在竞合现象(Solitander,2011)。企业不得不与其他企业进行资源或者知识的交换,这有助于共同决策、相互学习、高效沟通以及创造知识。但同时,企业担心知识交换中对方的机会主义行为,担心知识泄露造成竞争优势削弱(Gnyawali 和 Park,2011)。在此种情况下,企业合作面临的根本矛盾是为了获得最佳收益就需要共享信息和知识,但同时又要保护其知识不被盗用(Jordan 和 Lowe,2004)。对于合作中的双方企业而言,这是一个两难困境。因此,做好竞合中的知识管理使企业既能保持知识共享与知识保护的平衡,又能保持个体利益与共同利益的平衡(Khanna 等,1998)。Estrada 等(2015)借用资源基础观和交易成本理论来论述竞合中的知识重组与知识溢出。从知识资源观视角看,竞合提供了协同利用知识的机会。而基于交易成本理论视角,强调了与竞争对手合作时知识溢出的可能。如表 2-13 所示。如果企业拥有较强的知识获取能力以及核心知识保护机制,则有更大的可能性通过竞合获得更好的创新结果(Ritala 和 Hurmelinna-Laukkanen,2013)。Estrada 等(2015)认为仅当企业拥有内部共享机制和正式知识保护机制时,既能整合利用外部知识又能避免无意识的知识溢出,竞争对手间的合作对于产品创新绩效才有显著的正向影响。

表 2-13　知识网络竞合中的收益与风险

	知识合作收益	知识溢出风险
关注点	价值创造的机会	价值分配问题
理论框架	资源基础观	交易成本理论
基本假设	竞争对手拥有互补资源	竞争对手更可能表现出机会主义
与创新绩效的关系	正向	负向

注:表源自 Estrada 等(2015)

　　竞合中的知识管理既充满了机遇——如协同创造知识,又面临着不小的挑战——知识溢出的风险。如果一个企业能够较好地管控好竞合中知识共享与知识保护的矛盾,则可以获取更多的好处。相反地,如果对竞合中的知识管理措施不当,则有可能使企业受到极大的伤害。Bouncken 和 Fredrich(2016)假定企业能够采用正式和非正式方式保护其核心知识,将降低竞合的挑战和风险,从而能够从竞合中获取收益。Bouncken 和 Fredrich(2016)认为竞合中进行知识联合创造的好处在于,共享、整合竞争对手之间的不同知识能够发现新的机会,通过对价值创造、交付过程进行重新设计将新机会转化为收益。竞合的强度越大,竞争对手一方面感受到市场、产品和技术压力,增加了创新的动力;另一方面,对手之间的合作能够加强对市场的共同理解、对机会的共同把握,以及对技术的联合研发,因为竞争对手处于相同的行业并使用相似的资源。

　　基于此,学者们从多个方面探讨了如何管控好竞合中的知识交换,如协调与控制机制(van Fenema 和 Loebbecke,2014)、员工的双向忠诚(Husted 等,2013)、双面兼具(杨舒蜜和周家慧,2013)、吸收能力和独占性机制(Ritala

和 Hurmelinna-Laukkanen,2013)、完善的知识保护体系(Hurmelinna-Laukkanen,2011)、"阴阳"和谐(Mattsson 和 Tidstrom,2015)。

跨组织知识共享的重点从密切的企业间联系、关系契约和信任构建转移到了协调和控制机制。van Fenema 和 Loebbecke(2014)认为,应对知识共享和保护的悖论的协调和控制机制包括结构上的协调与控制、程序上的协调与控制、技术上的协调与控制、社会化协调与控制手段。每种机制在协调和控制组织间知识共享的矛盾上都发挥了作用,然而其作用机理又不尽相同。例如,显性知识交换主要以过程和结构协调为主,隐性知识共享则需要社会交互。Husted 等(2013)从微观层面研究个人忠诚对知识共享和知识保护行为的影响,作者将忠诚界定为双向忠诚——即对自己企业的忠诚和对外部合作关系的忠诚。对企业的忠诚有助于知识保护,对外部合作关系的忠诚则不利于知识保护。杨舒蜜和周家慧(2013)认为,过去的相关研究大多视知识交换以及知识保护为相互排斥的。依据认知观点与关系基础观点提出有助于组织间合作的双面兼具(知识交换与知识保护),实证发现,共同认知活动的先验知识分享与共同诠释有助于知识交换与整合;相互承诺的联合活动有助于知识保护,而互惠投资对于知识保护无显著影响;双面兼具正向影响合作利益创造。Ritala 和 Hurmelinna-Laukkanen(2013)检验了"为什么有的企业能从与竞争对手的合作中收益更多?"。在竞合中,知识共享、学习、保护是决定企业在竞合中收益还是受害的关键因素。研究结果表明,潜在吸收能力(从外部获取知识的能力)和独占性机制(核心知识保护体系)均与渐进式创新绩效正相关,独占性机制与突破式创新绩效正相关,而潜在吸收能力与之不相关。另外,独占性机制与潜在吸收能力的交互正向影响突破式创新绩效,意味着只有在足够强大的独占性机制保证下,知识交换的收益才能最大化。注:潜在吸收能力——企业识别、获取外部知识的能力,实际吸收能力——内化、转换、利用知识的能力。Hurmelinna-Laukkanen(2011)认为合作创新需要企业共享核心知识,也要确保不会丢掉其核心知识和未来的竞争优势。知识共享是双向的,不同企业的知识通过共享、吸收和整合能够发挥协同作用。相对于知识保护的强度,大范围的知识保护措施更值得依赖,全面地使用各种保护手段能够提高知识共享和创新绩效。完善的知识保护体系一方面使企业不会丧失原有的垄断地位,从而激励其创新;另一方面也为合作双方提供了安全的环境,规定了双方的任务,明晰了责任,形成了共识,使知识交换双方能感受到安全、轻松和自由。但是,过度的知识保护也可能阻碍知识共享,适度松弛的知识保护有利于碰撞出新颖可行的想法。借用中国的"阴阳"思想,Mattsson 和 Tidstrom(2015)建议要使知识共享与保护达到和谐,须关注三个问题。首先是与谁共享,一般认为选择那些拥有互补知识的竞争对手能帮助其创造新收益和分享风险。核心企业必须做一个好伙伴,注意做好开放式交流,并致力于成为诚实守信的伙伴。其次是在什么环境下共享。尽管信任是促进知识共享的有效方式,但是信任并不一定使知识保护降低,一个支持信任的独占性保护机制十分必要,要明确合作范围和目标,明确哪些知识必须得到保护。在良好的独占性机制保护下(如知识产权保护体系),知识共享能顺利进行。再次是共享什么。假定知识共享对于双方具有相同的价值,那些合作中必需的且非独占的知识应该被共享。对竞合比较重要的知识要共享,而竞争对手具有独占权的知识则应小心对待。

2.5.5　小结

IT 外包是知识密集型产业,IT 外包中的知识大部分是隐性知识,而且涉及的知识种类繁多,包括 IT 技术知识、行业和领域知识、项目管理和流程管理知识。另外,IT 外包较大的地理距离、文化差异、制度差异使得组织间知识学习变得异常困难。IT 外包企业要使从外部获取的知识发挥较好的作用,必须通过深度交互才能够理解知识是什么、知识与其他部分的关联、如何将知识应用到解决问题中。

有关知识共享的研究取得了较为一致的结论,知识共享是影响 IT 外包成功的关键因素。但关于知识保护对外包绩效的影响却存在争议,一方面,从发包方视角的研究认为知识保护是理所应当的,知识保护有助于保护发包方的核心竞争力;另一方面,从接包方视角而言知识保护不利于双方关系质量,并最终不利于项目绩效。同时,基于交易成本理论的研究认为知识共享是有风险的,知识保护可以有效地防范机会主义行为,增加公平感、安全感而培育良好的合作氛围,进而提高合作绩效。心理契约理论更看重交易双方之间的互惠义务,在 IT 外包情景中,接包方往往将知识共享视为发包方的中心义务,知识保护导致心理契约违背并将损害关系质量和合作绩效。

知识共享和知识保护是同时存在的一对矛盾体,企业合作面临的根本矛盾是为了获得最佳收益就需要共享信息和知识,但同时又要保护其知识不被盗用。对于合作中的双方企业而言,这是一个两难困境。因此,做好竞合中的知识管理使企业既能保持知识共享与知识保护的平衡,又能保持个体利益与共同利益的平衡。

2.6　IT 外包治理方式及共同解决问题研究综述

企业间网络如战略联盟、合资企业、服务外包和特许经营关系等,都受到正式治理机制和关系治理机制的影响。正式的治理机制主要指合同、权威和所有权规则(Zhang 和 Zhou 2013;Hendrikse 等,2015)。关系治理机制是指发挥信任、承诺等社会规范在组织间关系中的作用(Morgan 和 Hunt,1994;Kern 和 Willcocks,2002;Goo 等,2009)。

共同解决问题是关系治理的维度之一,关系治理与契约治理是 IT 外包合作中常用的两种治理手段。

2.6.1 两种治理方式与 IT 外包合作绩效的关系

1. 正式契约治理对合作绩效的影响

正式契约是指两方或多方之间达成的具有法律约束力的书面形式的协议(Chen 和 Bharadwaj,2009)。合作中,正式的契约提供了一种法律约束和制度框架(Luo,2002),是控制伙伴行为的重要手段。签订契约是自我保护的重要手段,也是合作关系维持的制度保障(Cao 和 Lumineau,2015;Schermann 等,2016)。

IT 外包管理中存在各种困难,合同管理(如合同的设计、监督)被认为是一种有效应对困难的方法(Chen 和 Bharadwaj,2009)。如果没有明确的、完备的合同,IT 外包在起始阶段难以实现有效的管理(Barthélemy 和 Quélin,2006)。同时,如果合同没有被认真地执行和管理,IT 外包关系将难以持久(Feeny 和 Willcocks,1998;Shi 等,2005)。因而,合同是外包关系的基础(Qi 和 Chau,2015)。

然而,IT 外包中的合同治理也是一个非常有挑战性的工作。典型的软件开发外包合同必须处理各种相互关联的问题,例如开发系统的质量、交付的及时性、与项目相关的努力和成本、合同支付以及后期支持(Dey 等,2010)。完善的合同在 IT 外包中的作用被众多学者提及。法律合同的清晰性被认为是取得外包成功最关键的因素(Lacity 和 Hirschheim,1993)。交易成本理论支持该观点,该理论建议外包企业编制详细、完整的合同,以应对由有限理性和不确定性引起的所有可能的情况(Chen 和 Bharadwaj,2009)。当环境不确定性高的时候,外包合同应该非常详细,以使监控不那么困难,并且促进调整(MacLeod 和 Malcomson,1993)。

外包中的合同类型常用的有固定价格、时间物料合同和基于绩效的合同(Gopal 和 Koka,2010、2012;Tiwana,2010)。Dey 等(2010)发现,固定价格合同尽管相对低效,但通常适用于需要较短开发时间的简单软件项目。时间物料合同更适用于更复杂的项目。作者研究了基于绩效的合同,称为质量水平协议,并发现可以通过将上述三种合同结合来达成最佳解决方案。

信息技术(IT)合同内容包括三个方面:详细说明各方的权利和义务的条款("合同细节");观察和监督绩效的条款("监督");确保遵守合同的条款("处罚")(Ryall 和 Samspson,2009)。因此,涵盖这些关键要素的清晰合同被看作一个重要的治理机制,清晰的合同通过定义尽可能多的细节,并保护客户与接包方之间的关系免受致命的冲突,从而保证项目和最终交付的质量(Chen 和 Bharadwaj,2009)。

经济学发展过程中一大进步是承认合同的不完备性。Johnson 和 Sohi(2016)认为必须制定自我执行机制来确保合同治理绩效。Poppo 和 Zenger(2002)认为其他治理手段可以用作复杂合同的补充(或替代品),包括信任、声望、质押和"未来的阴影"。Schepker 等(2014)的研究表明,除了交易成本理论外,其他理论视角对于了解合同的结构也是必要的,如关系能力(即建立合作、构建互信)、企业能力、关系契约以及合同的实物期权价值。以往合同的研究重点放在契约结构和保护功能上,现在应该更加重视合同的适应和协调功能。

IT 外包治理包含两种形式:契约治理和关系治理。不同的治理方式针对不同的目的(Cao 等,2013)。如表 2-14 所示。契约治理有助于提高外包关系的效率,而关系治理有助于满足不断变化的业务需求、应对未知不确定性。

表 2-14　两种治理机制对比

治理机制	契约治理	关系治理
治理依据	法律合同	信任、承诺和社会规范
控制方式	正式控制(结果、行为控制)	非正式控制(如族群控制)

契约治理强调合同的重要性以及正式控制机制,关系治理依赖信任和非正式控制。两种治理方式有其独特优势。合同治理规定了客户和供应商的预期成果和行为,是防范机会主义的有效保障。关系治理的特点是通过信任和社会规范而自我执行义务(Goo 等,2009),特别适合应对不可预见的事件,因为它可以对合同未涉及的问题进行灵活的反应。这些模式揭示了互补和替代的动态性质。

2.关系治理对合作绩效的影响

(1)关系治理的内涵。

在 IT 外包中关系治理是另一个关键因素(Kern 和 Willcocks,2002)。鉴于 IT 外包交易的复杂性,单靠法律合同是不足以取得理想的结果的

(Koh 等,2004;Kim 等,2013)。Lacity 等(2016)总结服务外包的文章,发现关系治理被提及 99 次(占 60.1%),说明了关系治理是 IT 外包成功与否的关键之一。事实上,外包的性质实际上已经从交易成本理论强调的合同关系逐渐演变为社会交换理论强调的伙伴关系(Lee 等,2003)。关系治理的目的即是构建伙伴关系,同时,构建伙伴关系也是关系治理的主要内涵。企业间的伙伴关系将能够显著提高绩效,因为它依靠信任、共担利益和风险、商业理解等重要的关系因素,而不是简单的交易哲学(Lee 和 Kim,1999)。

伙伴关系通常被定义为相互信任、相互依赖、共同合作、长期承诺、共享风险和利益的组织间关系(Grover 等,1996;Lee 和 Kim,1999;Mao 等,2008;Goo 等,2009)。Lambert 等(1999)认为伙伴关系是一种互相信任、分享风险与报酬的公开的联合商业关系,是企业无法单独完成的,从该关系中可以产生双方企业的独特竞争优势。Lee 和 Kim(1999)将信息系统外包伙伴关系定义为一种跨组织关系,其目的是为了实现参与者的共同目标。综上所述,IT 外包中的伙伴关系表示了发包方和接包方间的一种跨组织合作关系,双方互相信任、彼此承诺、分享风险和利益,创造出单一企业无法实现的独特竞争优势(秦仪,2006)。

如何度量伙伴关系质量? Crosby 等(1990)给出的关系质量定义认为关系质量就是顾客在过去满意的基础上,对未来行为的诚实与信任程度的感知。Ravald 和 Grnroos(1996)认为关系质量是顾客与服务提供商之间的信任和承诺,是顾客感知价值的重要来源,并指出在亲密的合作关系中,顾客将更关注彼此之间的关系而不仅仅局限于产品和服务。在 IT 外包领域,Grover 等(1996)发现信任、满意、合作和沟通是伙伴关系的重要指标,对于外包成功有显著的影响。Lee 等(1999、2001)则把伙伴关系质量定义为"关系的结果满足参与方期望的程度"。

Dyer 和 Singh(1998)的关系观是 IT 外包关系治理的主要理论来源之一,Chou(2015)总结了关系观在 IT 外包治理中的应用,如表 2-15 所示。

表 2-15 关系观在 IT 外包关系治理中的应用

关系观要点	定 义	IT 外包关系治理要素
关系专用资产	外包合作伙伴愿意做出的与关系专有性投资	• 企业间知识共享,企业间过程耦合(Saraf 等,2007) • 伙伴的外包管理技能(Bharadwaj 等,2010)

续表

关系观要点	定　义	IT 外包关系治理要素
知识共享规则	企业间的交互规范,促使知识的重组和创造	• 企业间知识共享（Saraf 等,2007） • 信息共享、冲突解决（Rai 等,2012;Goo 等,2009)吸收能力（Reitzig 和 Wagner,2010)
互补能力	合作伙伴的独特资源,在一起共同产生的价值要大于单个资源的简单相加	• 相互依赖（Goo 等,2009） • 协调与整合（Rai 等,2012)
高效治理	影响交易成本和伙伴参与价值创造意愿的机制	• 契约治理（Rai 等,2012） • 结果控制、行为控制（Tiwana,2010)

（2）关系治理对合作绩效的影响。

首先,IT 外包的重要目的是相互利用对方的资源优势。关系在中国是一种重要的社会资本,建立良好的关系能够使企业更方便地从发包方处获取资源和技术支持（王建军和赵金辉,2015）。建立伙伴关系能减少对外部资源的依赖,利用互补资源增强各自的核心竞争力,有助于应对市场不确定性和加快进入市场的速度（Lacity 等,2016）。

其次,IT 外包的过程是动态的交互,发包商与承接商间的交互非常频繁,与客户建立顺畅的沟通和信任机制有利于外包过程的顺利运作（Lee 和 Kim,1999）。关系质量高的外包合作双方经常进行高质量的沟通、交流、共同协商,这将有助于发包方对接包方的 IT 外包项目运营方面有深入的了解,也有助于接包方理解发包方的项目需求,消除认知偏差,促使双方之间的合作关系达到满意的效果（王建军和陈思羽,2016）。

再次,伙伴关系具有创造价值的潜力,包括规模经济、风险防控、低成本进入和向伙伴学习（宋喜凤等,2013）。伙伴关系不同于交易关系,是在交易关系的基础上增加了信任和承诺,伙伴关系强调双方必须共享利益和共担风险。如果一方的利益是以另一方的利益为代价的话,那么就不能称之为伙伴关系。换句话说,伙伴关系中的任何一方都要与对方同时获得利益（Lee 和 Kim,1999;Grover 等,1996;Goo 等,2009）。企业伙伴关系模型提供了如何创造社会资本的样板,是将智力资本转化为可转移、可利用的知识的黏合剂（Kaplan 和 Norton,2004）。此外,关系质量的感知还影响内部资源的使用方式和效果。感知到合作的行为将使接包方更好地使用人力资本池和管理能力(如协调、整合、调度能力)以取得最好的绩效水平,因为伙伴关系质量低时需要做更多的资源调度(Lahiri和Kedia,2009)。但是,当伙伴关系质量高时,组织资本(嵌入组织的文化、规则、价值、知识等)与企业绩效的关系更强。也就是说,当伙伴关系更强时,接包方倾向于利用成为惯例的知识而不是冒险使用新的方法来服务他们的客户。相反地,当伙伴关系低时,接包方倾向于冒险使用新的方法而不是利用以往被证明有用的知识。这些发现告诉我们,关系质量的感知水平与不同的内部资源需要搭配着区别使用(Lahiri和Kedia,2009)。伙伴关系质量低的时候,接包方更多地使用嵌入在个人的隐性知识而不是显性知识,使用新方法完成工作,此时没办法使用被证明有效的依赖知识库的传统方法。

最后,伙伴关系能够降低交易成本,使外包效率最大化。Mathew和Chen(2013)认为伙伴关系的建立有助于遏制机会主义行为的负面影响,接包方的卸责行为(如不尽最大努力、偷懒、喜欢寻找借口推卸责任等)严重降低外包绩效。卸责行为增加了客户的交易成本,特别是当采用时间物料合同时。而发包方如果与接包方风险共担、信息共享、主动向接包方提供支持以及长期承诺、主动告知其战略计划等则会正向调节卸责行为与外包绩效的关系,削弱接包方卸责行为对发包方外包绩效的负向影响(Mathew和Chen,2013)。Willcocks等(2004)指出,为了使外包效率最大化,外包企业要注意建立长期战略伙伴关系,通过协作培育高绩效的接包方。Mathew和Chen(2013)强调要建立长期外包关系,这可以使IT外包中原本的坏事变成好事。基于团结和灵活性而不是基于对抗性的讨价还价建立的合作,能保证交易的连续性。这一发现意味着,当合同双方期望保持长期的关系,并且认为长期的回报利益将超越目前合同期内的机会主义行为,违背承诺的倾向可以得到遏制。

(3)IT外包伙伴关系的维度。

对于关系质量维度的划分,各位学者分法各不相同,比较有代表性的有:Crosby等(1990)指出关系质量的维度包括信任和冲突,Lee(1999、2001)指出关系质量包括信任、理解、共享利益和共担风险、承诺和冲突等五个方面,Grover等(1996)认为关系质量的维度包括信任、沟通、共同解决问题和冲突,Lane等(2005)的研究中关系质量包括信任、相互理解、共同解决问题、承诺和冲突,Qi和Chau(2012)指出关系维度包括信任、承诺、知识共享、沟通质量。伙伴关系质量维度如表2-16所示。

表 2-16 伙伴关系质量维度

关系质量维度	信任	沟通	相互理解	合作、利益共享	承诺	冲突
Crosby 等,1990	√					√
Lee 等,1999、2001	√	√	√	√	√	√
Grover 等,1996	√	√		√		
Lane 等,2005	√		√	√	√	
Qi 和 Chau,2012	√	√		√		

信任是关系治理的关键要素(Gefen 等,2003)。Lee 等(1999、2001)的实证研究发现,企业间信任对合作绩效具有正向的、显著的影响。信任可以通过几个途径发挥作用:减少了不确定性,信任是社会系统维持的必要条件,使合作能够顺利进行。信任降低了交易成本,否则,企业要建立复杂的治理机制来防范机会主义(Barney 和 Hansen,1994)。Zhang 和 Zhou(2013)认为在注重"关系"以及缺乏稳定的监管制度的社会中(如中国),公司会更多地依赖社会关系和信任来获得亟需的资源和保护,信任的作用可能比法律制度更加突出。信任释放了善意的信号,即相信合作伙伴将适当地吸收和利用收到的知识来实现共同目标,这种情况在中国尤为明显,中国企业的行为严重依赖于信任关系,人们只将知识转移给信任的伙伴。信任降低了感知风险,并营造了促进知识转移的氛围(Liao,2010)。信任有助于通过建立相互信念来减少知识泄露的担忧,相互信任能使每一方按照共同期望行事(Li 等,2010)。沟通是指人们通过适当的媒介分享信息、思想和感情的过程。信息交流和相互适应作为重要的关系规范,在外包关系契约治理中具有重要意义(Lee 等,2001)。根据 Lee 等(2001)的观点,在 IT 外包中,承诺需要耐久性、投入和一致性,耐久性是指希望继续合作,输入包括资金和精力的投入,代表了发展密切关系的意愿,一致性是对关系稳定的自信。组织间的承诺促进组织间的显性和隐性知识共享,并最终有助于外包成功(Lee 等,2001)。合作是指对合作关系进行时间、精力和资源等投资的意愿(Grover 等,1996),包括发包方与接包方之间通过讨论解决偶发问题、相互提供支持和帮助等(Lee 和 Kim,1999)。相互依赖表示双方之间存在着交换关系,无论交换内容为何,都表示双方至少有某种程度的利害相关,一方利益必须靠对方才能实现。在 IT 外包中,由于技术的复杂性、灵活性、环境不确定性及不同的战略目标,冲突的存在是不可避免的。冲突管理指的是不同组织通过处理差异和不协调来达到相互满意,使之和谐一致(Lee 等,1999、2001;Grover 等,1996)。

　　除了上述常见的关系维度外,有学者也研究了其他维度。Mathew 和 Chen(2013)研究了三种关系变量:团结、信息交换、灵活性减弱机会主义对外包成功的影响。接包方的机会主义行为(推卸责任的行为和盗用发包方信息资产)负向影响发包方的外包结果,团结的关系能够遏制接包方的卸责行为,但未能消除知识盗用行为。关系的灵活性仅能遏制接包方的卸责行为。信息交换不能消除任何一种机会主义行为。

　　Lacity 等(2016)、Zhong 和 Myers(2016)对 IT 外包关系维度在近些年的研究中被提及的次数进行了排序,如表所示。Lacity 等(2016)总结服务外包的最新研究,发现关系治理被提及 99 次,其中,知识共享、信任、承诺、合作是关系治理中研究最多的维度。Zhong 和 Myers(2016)总结了 IT 外包研究中被提及最多的几个关系变量,包括适应性调整、承诺、沟通、冲突处理、共识、合作、协调、文化兼容、灵活性、联合行动、知识共享、相互依赖、相互理解、社会声誉、权力、信任、共同愿景等。通过分析 10 篇外包伙伴关系方面的高被引文章,Zhong 和 Myers(2016)发现信任被提及最多,其次是承诺、沟通、合作、文化兼容、冲突解决等。见表 2-17。

表 2-17　IT 外包关系维度在研究中被提及的频数对比

维度	被提及频数 (Lacity 等,2016)	被提及频数 (Zhong 和 Myers,2016)
知识共享	24(99)	2(10)
信任	12(99)	10(10)
承诺	11(99)	7(10)
合作	10(99)	5(10)
相互理解	5(99)	1(10)
共识	4(99)	3(10)
沟通	2(99)	6(10)
冲突解决	1(99)	6(10)
共同解决问题	2(99)	1(10)

　　不确定性高的情况下,愿意共担风险、利益共享的意志下才能做好协调。但从上表可见,虽然共同解决问题是合作关系的一个重要维度,但是在 IT 外包研究中未受到足够的重视(Lacity 等,2016)。这可能是因为:一是目前的研究更多地从发包方视角关注外包战略对发包方的影响,而忽视了如何通过双方的合作来提高绩效的过程;二是尽管以前研究也强调双方之间的合作,但在理论上并没有对共同解决问题这一构念进行清晰的界定和

区分,缺少相关的实证检验;三是以往发包方通常将低端的、商品化程度较高的业务发给接包方,双方间共同解决问题的需求不是很大,但随着外包模式的变化,共同解决问题作为合作关系中重要的交互方式和互动过程,不仅对合作的客观绩效有重要影响,更影响合作的情绪反应。

接下来将单独讨论关系治理重要维度——共同解决问题。

2.6.2　共同解决问题的内涵及其对合作绩效的影响

1.共同解决问题的概念与内涵

共同解决问题(Joint Problem Solving)表征了合作各方在合作活动中开展联合规划,共同解决难题,共同承担责任,以及为维系关系做出适应性调整的行为(Claro 等,2003;Gulati 和 Sytch,2007;Claro 和 Claro,2010;Aarikka-Stenroos 和 Jaakkola,2012)。共同解决问题是成功的交换关系的重要方面(Gulati 和 Sytch,2007)。共同解决问题越来越引起重视,这是由于市场的多样性、波动性、环境的动荡性等外部因素促使企业之间的相互依赖增加,业务的复杂性、资源的有限性等内部因素促使企业要寻求与外界进行持续的友好合作。当代企业将越来越多的注意力转移到与各利益相关方的共同创造价值上,这些利益相关方包括顾客、供应商、合作伙伴、其他各类组织等(Sarker 等,2012)。买方—卖方协作关系的重要维度包括联合规划、共同解决问题、灵活性(Claro 和 Claro,2010)。共同解决问题在企业间关系治理中发挥着重要作用,尤其是面对外部网络不稳时(Claro 等,2011)。致力于共同解决问题的合作伙伴往往关注共同的成功,希望拥有长期的关系(Gulati 和 Sytch,2007)。Cha 和 Kim(2016)认为 IT 外包中的共同解决问题是指致力于共同利益的联合决策、目标一致、共同创造知识等。

与共同解决问题相类似的术语还包括联合行动(Joint Action)(Mani 等,2012)、协作解决问题(Collaborative Problem Solving)(Jennings,1993),以及近些年来在共同解决问题的基础上拓展出的价值共创(Value Co-creation)(Dobrzykowski 等,2010;Sarker 等,2012)。Lado 等早在 1997 年提出了协同/合作寻租行为(Syncretic Rent-Seeking Behaviour)(Lado 等,1997),协同寻租、合作寻租与共同解决问题有很多相似之处。通过协同寻租行为,企业可以构建新的更强的能力、与其他企业共享成本和风险、快速而又低成本地应对变化,从而最终提高其竞争地位。协同寻租行为是在高合作高竞争的情况下强调竞争与合作的正和效应、效率提升效应。通过协同寻租行为,企业可以构建新的更强的能力、增强战略柔性、与其他企业共享成本和风险、快速而又低成本地应对变化,从而最终提高其竞争地位。

协同寻租行为现象挑战并拓展了资源基础理论,Lado 等(1997)认为,租金也来源于非限定的、象征性的(与自然资源相反)、独特的资源(如利他主义、信任、互惠交换)。这些象征性和特殊性的资源在企业网络中存在时,能够促进物质资源的积累、开发和部署。合作性寻租行为是高合作低竞争情况下,通过共享资源、技能和能力寻求互惠互利,并不一定追求超过其他利益相关者的竞争优势和利益,而是通过培育和维护相互依赖寻求共同生产和共享价值。追求集体利益而不是私利,强调互惠交换。优点:利他主义、集体主义范式能使企业关注长期利益,发现并利用新机会。当合作双方均能承诺特殊的专业资源,这种承诺向对方传递了正面的信号,并使对方也进行互惠性投资。

2. 共同解决问题包含的内容

共同解决问题包含的内容维度有:联合规划、追求共同目标、共同解决难题、共同解决分歧和冲突、追求共同利益、分担风险等(Claro 和 Claro,2010),也包括不介意谁吃亏、责任担当、价值认同等情绪性的态度(Heide和 Miner,1992)。Ho 和 Ganesan(2013)认为共同解决问题可以指长期伙伴关系战略,也可以指共同解决短期内偶发的某一问题。联合规划是指事先明确将来的偶然事件以及后续相应的义务和责任,包括共同制定目标、分享销售预测、分享产品的长期计划等,以使合作关系的未来可以预见。(Heide 和 Miner,1992)。Jennings(1993)分析了共同解决问题的特征:达成共同目标、希望通过合作实现共同目标、在实现目标的共同手段(计划)上达成一致、承认由不同代理人执行的行动之间是互相联系的、有跟踪代理人承诺的合理性标准、有应对各种困难的行为规则、如何处世的规则。Heide 和Miner(1992)认为共同解决问题的程度的度量包含:共同负责完成任务、共同解决遇到的问题、解决问题不是单个企业的责任、不计较彼此的得失、共同承担维持合作关系的责任。McEvily 和 Marcus(2005)认为共同解决问题包括:共同协作克服困难、共同负责完成任务、互相帮助解决对方问题。Gulati 和 Sytch(2007)用以下内容评价双方参与共同解决问题的程度:在初始设计、成本控制、提升质量、产品改进、流程改进等方面的联合参与的程度,相互适应性,共同责任,业务联合改善的程度,以及共同参与商品需求预测的程度。Claro 等(2003)从以下方面评价共同解决问题:共同应对合作中产生的问题、在共同解决问题时不介意谁收益谁吃亏、如实报告问题、不推卸责任、不沉默、致力于提高整个合作关系的收益等。

3. 影响共同解决问题的因素

Jennings(1993)提出了一个共同解决问题的认知框架,即信念—欲望—意向—(共同解决问题)行为。其还指出共同解决问题这一行动需要明确如何表达承诺、达成共识的机制、如何开发共同解决方案。Uzzi(1996、1999)提出了"共同依赖—深度交互—关系导向—提高共同解决问题—更高的信任—更有价值的信息共享"。上述两个认知框架给出了共同解决问题的基本逻辑。

合作的最高水平是联合规划、战略融合、共同行动,有赖于相互信任、高水平承诺以及不断的沟通(Spekman 等,1998)。共同解决问题能否取得效果受到双方的信任、信息获取、专有性投资等的影响,信任能够激励双方进行联合规划和行动(Claro 等,2003)。Claro 等(2006)借用交易成本理论、关系交换理论和网络理论,研究了信任、专用性投资对共同解决问题的影响,以及信息网络的调节作用。研究结果表明信任和专用性投资显著促进共同解决问题,但买方会根据从网络中获取的信息调整专用性投资到合适的程度。Gulati 和 Sytch(2007)认为认同、价值观、态度、目标上的一致存在于高度依赖的关系,这有助于双方对共同解决问题的投入和共同解决问题的成功。高度依赖关系中的冲突往往不那么严重,而且持续时间短,使得交换伙伴之间的冲突在经济上和情绪上都不那么有害。高度依赖、深度嵌入降低了交易成本,降低关系风险(如冲突),增加了共同创造价值的机会。此外,共鸣和同感(Empathy)增加了关系维持的愿望。由于机会主义行为将对未来关系产生破坏。因此,这种关系维持的愿望可以减少机会主义行为的动机,提高共同解决问题的水平(Heide 和 Miner,1992;Gulati 和 Sytch,2007)。

Mani(2012)研究了业务流程外包(BPO)中影响共同解决问题的若干因素,包括关系特征、外包业务特征以及合同特征等。以往合作经历、客户的议价能力、继续合作的期望正向影响联合行动,外包业务流程的多样性、模块化、可分析性负向影响联合行动,而信息密集型的业务正向影响联合行动,时间物料型合同对联合行动有显著的正向影响,合同的完备性则负向影响联合行动。Ghobadi 和 Mathiassen(2016)认为,在软件开发项目中弥合沟通隔阂、达成共识非常重要。有效的知识共享是弥合沟通隔阂、达成共识的重要手段,不仅能够进行信息交流,还能进行感情交流。高效的知识共享是共同解决问题的必要前提。Cha 和 Kim(2016)认为影响 IT 外包共同解决问题的因素包括信息共享、有形和无形资源共享、密切的沟通。

对共同解决问题不利的因素包括不尽力、偷懒、喜欢寻找借口、沉默等卸责行为。Mathew 和 Chen(2013)认为接包方的卸责行为严重降低外包绩效,接包方的卸责行为如不尽最大努力、偷懒、喜欢寻找借口推卸责任等。而发包方如果与接包方风险共担、信息共享、主动向接包方提供支持以及长期承诺、主动告知其战略计划等则会正向调节卸责行为与外包绩效的关系，削弱接包方卸责行为对发包方外包绩效的负向影响。Jain(2011)等认为在外包合作中接包方的沉默不利于发包方从外包中获益,接包方的沉默暗示了较为消极的合作关系,不利于共同解决问题,很可能使项目失败或者只能取得次优结果。客户在降低接包方沉默中应该发挥重要作用,应该想办法诱导接包方及时报告外包项目问题,更要集思广益主动提出想法。Park(2008)、Jain(2011)报告了接包方沉默的原因:感知到报告项目失败信息给其带来不利影响、感知到不道德行为、感知到信息不对称、感知到组织气氛压抑、担心被责怪、保留面子、时间压力等,这些因素通过接包方沉默行为间接地妨碍了共同解决问题。

本研究总结了影响共同解决问题的主要因素,如表 2-18 所示。

表 2-18　影响共同解决问题的主要因素

影响因素	对共同解决问题的影响	参考文献
信任	显著正向	Spekman 等,1998; Claro 等,2003、2006
信息沟通	显著正向	Claro 等,2003; Cha 和 Kim,2016
知识共享	显著正向	Ghobadi 和 Mathiassen,2016; Cha 和 Kim,2016
专有性投资	显著正向	Claro 等,2003、2006
高度依赖、嵌入	显著正向	Gulati 和 Sytch,2007
承诺	显著正向	Spekman 等,1998
关系特征	显著正向:以往合作经历、客户的议价能力、关系维持的愿望	Heide 和 Miner,1992; Mani,2012
外包业务特征	显著负向:外包业务流程的多样性、模块化、可分析性; 显著正向:信息密集型的业务	Mani,2012
合同特征	显著正向:时间物料型合同; 显著负向:合同的完备性	Mani,2012
卸责行为	显著负向:不尽力、偷懒、喜欢寻找借口、沉默	Mathew 和 Chen,2013; Park,2008;Jain,2011

4. 共同解决问题对绩效的影响研究

共同解决问题对合作绩效的作用既包括长期影响也包括短期影响,既包括对客观绩效的影响也包括对情感绩效的影响。

首先,共同解决问题有利于长期合作绩效。共同解决问题加深了双方的关系,有助于形成亲密的、信任的关系,双方共享的知识是可信的,可以向对方求助给予建议或者致力于共同解决问题(Solitander,2011)。两种联合行动——联合规划和共同解决问题是关系治理的核心(Claro 等,2003)。联合规划和共同解决问题使关系治理比市场治理更有效(Dyer 和 Singh,1998)。联合规划可以使相互的期望事先得到确立,并在一开始就规定了共同努力的方向。应对外部竞争和经营环境的不确定越来越需要共同制定目标、共同制定长期规划、共同分享责任和期望。通过共同解决问题,能够为每个紧急情况达成双方都满意的解决方案,从而促进成功的合作。两个联合行动的性质可能有差异:联合规划通常是主动的,解决问题可能是被动的。联合规划、共同解决问题都显著影响合作绩效(Claro 等,2003)。

其次,共同解决问题促进学习和创新(Solitander,2011)。企业合作中共同解决问题可以从共同负责完成任务(Heide 和 Miner,1992)、相互帮助解决问题(McEvily 和 Marcus,2005)和协同克服困难(Gulati 和 Sytch,2007)等方面来衡量。共同解决问题对企业获得新知识和促进新知识应用都具有积极的作用。在合作关系较高的情况下,双方尽可能地减少知识共享过程中的相互封闭、信息独占和扭曲,更加快速、准确地分享信息,并更快、更有效地找出共享过程中的问题并共同解决这些问题。共同解决问题加深了合作关系,增加了双方解决未来问题的决心,减小了误会发生的可能性,从而使得双方的关系更为牢固和持久,这就为知识转移和获取提供了"回旋余地"(Leeway),使得知识共享活动更为稳定(Augier 和 Teece,2005)。高水平的共同解决问题的行动提高了行为的灵活性,提高了解决摩擦的能力(Uzzi,1997)。较高程度的共同参与与协调,促进新产品开发速度加快,先于竞争对手面世(MeEvily 和 Mareus,2005;Gulati 和 Syteh,2007)。

最后,合作绩效包括两个方面:客观的评价和情绪反应。通过共同解决问题达到了相互的期望,有助于消除负面情绪(如冲突、愤怒、不安、不满等),促进正面的情绪反应,使彼此都感到满意(Claro 等,2003)。依赖性和联合参与度的增加,态度的趋同使沟通和谈判中的冲突大大减少,而结构一致性减少了一些摩擦,帮助伙伴双方避免不必要的交易成本(Gulati 和 Sytch,2007)。环境的动荡性增大了信息不对称,并鼓励了买家(或卖家)的机会主义行为。买家和卖家采用关系治理的方式进行合作是为了应对外部环境的动荡,单个个体很难应对外部环境动荡,共同协作的结果由于考虑了双方的利益而容易使双方都感到满意(Mohr 和 Speckman,1994)。环境动荡是由环境不确定引起的,环境不确定包括两个方面:市场的波动和市场的多样性。市场波动是指环境发生快速的变化,市场多样性意味着有多种来源的不确定性。共同解决问题能够有效应对市场波动(联合规划)和市场多样性引发的不确定性(共同解决问题,提供多方面而不是单方面的能力和信息)(Claro 等,2003;Solitander,2011)。

5. 小结

共同解决问题是 IT 外包合作中重要的交互方式和互动过程,IT 外包本身的高复杂性、动态性、需求不确定性等特征决定了不能忽视这一深度互动过程,该过程是实现企业合作绩效(客观绩效和情感绩效)的重要环节。Cha 和 Kim(2016)认为 IT 外包中的共同解决问题是指致力于共同利益的联合决策、目标一致、共同创造知识等。如果不重视共同解决问题,或者对其内在机理认识不清,都将不利于合作绩效的提高。

然而,通过查阅文献,Sarker 等(2012)发现 B2B 中鲜有关于共同解决问题的实证研究。软件提供商与其伙伴构成的联盟如何为客户企业共创价值还没有探明。

2.6.3 小结

通过文献总结可知,契约治理和关系治理对于 IT 外包的成功很重要。契约提供了合作的制度基础,关系治理则为了更好地应对适应性调整。在中国 IT 外包中,关系治理的作用更加明显,这是由于中国的法制基础还较为薄弱,而且人们更加依赖"关系"。有一部分管理者更加关注合同,倾向于契约治理;而另一部分则将合同视作建立关系的基础和仪式,更加注重合作中的协调和非正式控制,通过互惠、相互适应、信任、合作、社会规范等关系机制促进高水平的协调和控制。

IT 外包知识密集型特征,以及项目需求不确定、技术变化快、外部环境动荡等原因使关系治理机制中的重要维度——共同解决问题显得尤为重要。共同解决问题是 IT 外包合作中重要的交互方式和互动过程,IT 外包本身的高复杂性、动态性、需求不确定性等特征决定了不能忽视这一深度互动过程,该过程是实现企业合作绩效(客观绩效和情感绩效)的重要环节。

然而,IT 外包中关系治理的其他维度,如信任、承诺、知识共享、冲突管理等受到的关注较多,而共同解决问题却没有得到足够的重视。通过查阅文献,IT 外包中鲜有关于共同解决问题的实证研究。

2.7　外部知识环境对 IT 外包绩效的影响

2.7.1　外部环境对组织的影响

权变理论认为外部环境对企业的战略决策和执行影响很大,企业的战略与外部环境应该适配。环境是指对组织绩效起着潜在影响的外部机构或力量,分为一般环境和具体环境(Bourgeois,1980)。一般环境包括对组织有潜在影响但相互关系尚不清晰的力量,如政治、经济、技术、社会等因素。具体环境指与组织目标直接相关的外部环境,如顾客、供应商、竞争者、政府机构和公众。

随着企业边界变得越来越模糊,企业与外部环境的交互更加明显。越来越多的学者研究了外部环境对组织的具体影响,如对财务绩效(Miller,1991)、运作绩效(Atinc,2014)、决策制定过程(Qian 等,2013;Shepherd 和 Rudd,2014)、企业社会责任(Heavey 和 Simsek,2013)等的影响。Miller(1991)认为组织的战略和组织结构必须适应其环境所构成的挑战。战略与环境的匹配不合理对财务业绩造成损害,环境与战略之间的匹配与财务业绩正相关。外部环境越差(如环境的丰裕性较差),高层团队成员变更对经营绩效的影响就越大(Atinc,2014)。Qian 等(2013)研究了环境(如制度支持)对中国企业高管团队技术创新决策制定的影响。Shepherd 和 Rudd(2014)认为战略决策过程受情景变量的影响很大,外部环境是其中一个情景变量。高层团队关于外部环境的感知塑造了他们的社会政治进程和应对企业面临问题的框架,团队感知的技术不确定性水平调节了团队人力和社会资本对企业社会责任的影响(Heavey 和 Simsek,2013)。

学者们也探讨了不同的环境维度对组织的影响,这些维度包括环境的不确定性、复杂性、动荡性,以及市场竞争程度、外部资源依赖等。Aragón-Correa 和 Sharma(2003)研究了企业的竞争环境的各个维度如何影响一个动态的、积极主动的企业战略以管理企业—环境界面。一般商业环境的特征:不确定性、复杂性、丰裕性,调节了主动适应环境战略的动态能力与竞争优势之间的关系。动态能力与竞争优势的关系是非线性的,受外部环境的动态性的影响,当企业处于较为缓和的环境中时,动态能力与竞争优势的关系要强于在非常稳定或高度动态的环境中(Schilke,2014)。Shirokova 等(2016)的结果表明,企业家导向与企业绩效的正相关关系根据外部环境而不同。环境敌意和市场增长的配置,代表了商业环境的有利和不利因素,公司在敌意高和市场增长水平高的环境中采用企业家导向时,能够实现更为优异的绩效。相比之下,在敌意低且高市场增长的良好环境中,企业家导向导致企业业绩下降。公司的经理应该同时分析环境的多个要素,并将企业家导向与这些权变因素适配。Karim 等(2016)实证分析表明,环境变量中的行业增长性、行业动荡性以及企业经营管理动荡性影响企业的结构性重组,行业增长速度与结构性重组正相关,行业动荡和经营管理的动荡性(如高管团队规模变大)较小时,企业降低其重组。结构重组的目的是将组织重新调整到与环境相匹配。Howard 等(2016)认为外部知识依赖是公司在追求新技术时所面临的独特形式。组织间关系纽带是管理公司知识依赖的重要手段。当外部伙伴与焦点企业的核心技术更加一致时,当对手更积极捍卫其知识产权,企业间更可能形成关系纽带。这样,公司更有可能通过研发联盟获得对方公司的知识资源,并在使用核心技术方面避免诉讼的麻烦。

2.7.2 知识环境对外包绩效的影响

随着大数据时代的来临,外部知识环境正在成为重要的环境变量。服务外包中越来越重视外部环境的作用,如 Lacity 等(2016)总结了几种环境变量:市场竞争程度、市场不确定性、技术动荡性、行业增长速度、公众对外包的认知等,这些外部环境变量影响外包的决策、外包形式、外包治理以及外包绩效等。

对于 IT 服务外包企业而言,知识环境正在成为重要的环境维度之一。与竞争、技术、需求不确定等环境特征不同,知识环境给 IT 外包企业带来的是丰富的知识资源、信息和链接。尤其是移动互联、云计算、WEB 2.0、自媒体等新一代信息技术的普及让知识环境呈现出大数据的特征,大量的、有价值的、多样化的信息和知识涌现出来,如开源社区中的大量开源程序包、知识问答等,还可以获得社区、顾客、其他团体等多种来源的关键知识和新技术(Afuah 和 Tucci,2012;Hashem 等,2015)。因此,大数据的出现为企业营造了巨大的外部资源池,使得以大数据为特征的外部知识环境对知识密集型的 IT 外包行业,已经成为获取资源的重要渠道,深刻地影响着 IT 外包企业的战略运作。良好的外部知识环境有助于 IT 外包项目的完成。IT 外包项目特征、所需知识以及外部源等都促使项目组进行外部搜索,从外部知识环境中获取帮助。IT 外包项目涉及的技术知识、业务知识、文化知识种类繁多且变化快,内部不可能掌握那么全面,但在互联网上存在大量可用的资源。良好的知识环境能够给项目提供大量多样化、低成本和较新的知识资源。首先,企业通过技术知识搜索获得互补性资源,能够缩小与外部知识源的知识势差,容易针对产品或技术流程产生突发性创意及获取解决问题的经验。其次,企业从外部知识网络中搜索到分散、无序的技术知识碎片难以发挥作用,将不同性质和不同形式的部件知识以新的形式重新融合与连接后,容易形成新概念或新工艺。IT 外包项目组人员可以利用搜索引擎、百科、论坛社区、开源软件社区等来搜索所需知识资源,如获取开源软件程序、在专业社区提问以获得高技能专业人士的帮助、通过积累知识提高核心竞争力等,从而既能保证项目完成的质量,又能节省成本,确保进度(杜占河等,2017)。

2.7.3 小结

权变理论认为外部环境对企业的战略决策和执行影响很大。组织是一个开放系统,随着市场越来越开放,企业边界变得越来越模糊,企业与外部环境的交互更加明显,环境对组织的潜在影响越来越大。越来越多的学者们也探讨了不同的环境维度对组织的影响,这些维度包括环境的不确定性、复杂性、动荡性,市场竞争程度以及外部资源依赖等。

服务外包的研究也越来越重视外部环境的作用,IT 服务外包企业可以从知识环境中提取大量免费的信息和知识,例如免费获得大量的开源程序包,并且随着开源软件社区越来越成熟,开源模块可以便捷地与项目其他模块集成起来。另外,接包企业还可以获得社区、顾客、其他团体共享的关键知识和新技术,可以与 IT 领域内高技能人员迅速建立链接。这些都大大降低了资源获取的难度,提高了资源的多样性。因此,以大数据为特征的知识环境中的知识资源、信息和链接对 IT 服务外包企业接包项目的完成有重要的潜在影响。知识环境正在成为一个新的重要的环境变量,尤其是对于知识密集型的 IT 外包行业。

然而,目前对以大数据为特征的知识环境对企业运营的影响的研究还比较缺乏。一方面是因为大数据的出现,使得知识环境变得更加复杂,对企业的影响机理也不同于以往。另一方面是因为目前还没有对大数据为特征的知识环境的测量指标,缺乏成熟的测量量表制约着该方面的研究。

2.8 本章小结

本章梳理了服务外包相关概念、与本研究相关的基础理论——竞合理论、心理契约理论和交易成本理论,总结了 IT 外包知识管理中的两个重要方面——知识共享与知识保护,评析了共同解决问题、知识环境等方面的研究成果,指出了现有研究的主要观点和存在的主要问题,为下一章理论模型构建和假设提出奠定了基础。

　　服务外包相关概念包含了服务外包的定义、分类,以及针对 IT 外包存在的高失败率风险学者们提出的若干对策。由于本研究的背景是 IT 外包,本部分内容的综述有助于对背景有清晰的认识,便于确定理论研究的边界。

　　本书的研究将借助于竞合理论、心理契约理论和交易成本理论的主要观点。竞合理论的综述,首先从现有文献中掌握了竞合的概念、原理,理解了竞合的前因与结果。现有研究较为分散、观点多样,本部分重点对分散的、多样化的研究成果进行了梳理,得出了竞合的内在规律,也发现了现有研究的不足。竞合是存在于组织之间的复杂现象,关于竞合的实证研究还比较少。另外,竞合不同于一般的战略,其受具体情景的影响大。因此,学者们也建议更多地关注竞合的不同情景,探索出每种情景下的具体的竞合策略。

　　本研究认为心理契约对于 IT 外包项目的成功非常重要,总结并归纳了心理契约的内涵、特征,心理契约违背对组织的影响等,也总结了 IT 外包中关于心理契约的研究成果。笔者认为应该对 IT 外包心理契约的履行与否产生的影响进行深入的研究,从更深层次探究契约违背带来的影响程度差异。心理契约破裂通过每个人的解释,然后影响其最终判断。每个人怎么解释呢? 为什么会做出那样的解释呢? 本书将针对现有研究的不足,归纳出两种典型的心理契约:关系契约图式、交易契约图式,有助于对心理契约违背模型中"解释过程"具体化。

　　交易成本理论是 IT 外包中最常用的理论之一,交易成本被用来进行外包的决策分析,也用于制定合理的治理手段。交易成本理论更注重正式的合同关系,以减少伙伴的机会主义行为。

　　知识共享与知识保护是 IT 外包合作双方不得不面对的问题,有关知识共享的研究取得了较为一致的结论,知识共享是影响 IT 外包成功的关键因素。但关于知识保护对外包绩效的影响却存在争议,亟待寻求某些情境因素以缓和现有的观点争议。

　　共同解决问题是关系治理的重要方面,但在 IT 外包治理中并未引起足够的重视。本书梳理了共同解决问题在关系治理中的地位,共同解决问题的概念界定、共同解决问题对合作绩效的影响等。

　　知识环境作为外生性因素对 IT 外包绩效有着重要影响。以大数据为特征的知识环境对 IT 外包项目的完成有重要的潜在影响。然而,现有研究还存在不足。知识环境的好坏可能极大地影响 IT 外包合作中心理契约的作用程度,应该引起足够的重视。

第3章　研究假设

3.1　概念模型的提出

IT外包已成为降低成本、利用知识优势、重组价值的有效途径（Quinn,1999；Willcocks等,2004）。知识共享是实现这些合作优势的核心机制（Quinn,1999；Lee,2001；Koh等,2004；Williams,2011；Chang和Gurbaxani,2012）。IT外包中的知识共享对提高项目绩效至关重要。但是,在IT服务外包合作中,发包方往往在分享知识的同时也对核心知识进行严格保护。这也许是为什么知识共享的情况下还有那么多高的失败率的原因之一,正是IT外包合作中既共享又保护的竞合现象影响了项目合作的质量。正如一些项目经理抱怨的那样——"发包方将核心知识严格保护,如果我们再去向发包方索取一些关键知识,会让发包方反感。我们只好依靠自主学习,这样就可能耽误项目进度,我们也无暇为发包方创造更多的价值。"据我们的调研以及相关文献发现,这一现象在IT外包中较为常见,发包方面对知识交换所采取的这种竞合态度最终势必影响合作关系和项目绩效。

IT外包中的知识共享包括显性知识共享和隐性知识共享。显性知识共享如业务报告、手册、文档资料以及可以精确表述的数字、信息等的共享,隐性知识共享如共享软件开发的经验、诀窍,软件开发的方法和流程、软件专业知识,以及一些较难获得的技巧等（Lee等,1999、2001、2008）。知识保护是指知识拥有者为了防止知识泄露和被窃而采取一系列措施（Norman,2001；Simonin,2004；Yang等,2014）。IT外包中发包方一方面担心核心知识泄露将导致核心竞争力丧失（Grant,1996,2004；Dyer和Hatch,2006）,另一方面发包方需要保护其免受接包方的机会主义的影响（Barthélemy和Quélin,2006；Ang和Cummings,1997；Mayer,2006）。IT外包合作中密集的沟通和知识交流,伙伴之间技术、市场等方面的重叠使得企业合作时很容易无意识地泄露知识（Ritala和Tidström,2014）。接包方也更有动机和能力机会主义地吸收有价值的知识（Estrada等,2015）。因而,IT外包开发项目中知识共享充满了各种风险,知识保护是发包方进行外包决策时考虑的关键问题之一(Ang 和 Cummings,1997;Mayer,2006;Ghobadi 和 Mathias-sen,2016);发包方采取如下知识保护机制:一类是基于知识产权和法律契约的正式手段,如版权、专利、商标、商业秘密,以及竞业禁止协议、长期雇佣合同、保密协议、长期合作协议等(Norman,2001;Manhart 和 Thalmann,2015;Bouncken 和 Fredrich,2016)。另一类是非正式手段,包括人力资源管理手段、组织流程控制手段、知识隐藏手段等(Olander 等,2014;Manhart,2015;Bouncken 和 Fredrich,2016)。

知识共享实际上还是一种社会交换,知识交换是双向的。知识交换的结果不仅要考虑自身利益,还要考虑对方的反应,更要从整体上考虑如何提高共同利益。以往接包方的研究局限于知识获取,研究集中于知识共享的作用以及如何促进知识共享(如 Williams,2011;Deng 和 Mao,2012;Kim 等,2012;Teo 和 Bhattacherjee,2014;Zahedi 等,2016)。而从发包方角度开展的研究执着于探索知识保护的方法,而忽视了知识保护对最终项目绩效的潜在的影响以及如何降低潜在方面效应的问题。知识保护的作用由于所占立场不同、采用的理论视角不同而存在很大的争议,基于交易成本经济学(TCE)的研究表明,知识保护作为一种正式的保障机制,为共享核心知识提供了安全保障,通过减少对方的机会主义增进信任、减少冲突,从而提高伙伴关系质量,最终促进项目绩效(Barthélemy 和 Quélin,2006;Mayer,2006;Fang 等,2011;Jean 等,2014)。相反,基于心理契约理论的文献表明,超出纯粹的法律合同的心理契约对基于信任、承诺和相互义务的合作关系至关重要(Koh 等,2004;Kim 等,2013)。在接包方的心理契约中,共享知识是发包方应尽的义务。发包方的知识保护行为可能表明他们对接包方的不信任或者承诺降低,从而违背了预期的心理义务。因此,知识保护可能降低合作关系的质量,从而降低项目绩效(Robinson,1996;Morrison 和 Robinson,1997;Hill 等,2009)。另外,根据组织学习的相关观点,知识的价值要发挥出来需要有一个系统全面的把握,知识保护阻碍了知识共享的作用,也不利于竞合理论所倡导的共同"做大蛋糕"、创造更大的整体利益。

从本质属性上看,企业间合作关系(如联盟、供应链、客户关系等)中竞争与合作犹如一对孪生兄弟共存着(Lado 等,1997)。竞合是"一种新兴的范式,主要区别于合作和竞争范式,其重点是同时竞争与合作"(Bengtsson 等,2010)。Lado 等(1997)认为竞合中的两个元素——竞争与合作就好比一条线的相对立的两端,竞争与合作的共存影响企业的经济效益和长期绩效。根据 Brandenburger 和 Nalebuff(1996)、Bengtsson 和 Raza-Ullah(2016)等关于竞合的相关观点,笔者认为不能忽视知识保护与知识共享同时存在,知识共享代表了合作的维度,知识保护则暗示了竞争的倾向。竞合不是单方面的事情,以往知识竞合的研究只关注了自身的竞合策略选择而忽视了对方的反应,只关注如何保证个体利益而忽视了共同利益最大化。这不符合竞合的核心思想,竞合是为了发挥协同优势,共同做大蛋糕。知识竞合具有双向性,只有考虑了双方的反应,关心了对方的利益,才能够使合作的协同效应最大化(Neyens 等,2010)。心理契约理论也强调了双向适应,建议尽量去领会并满足对方的期望(Rousseau,1995;Koh 等,2004;Kim等,2007;Ang,2008;Kim 等,2008)。因此,本研究从接包方的视角,研究接包方如何对发包方的知识竞合行为(知识共享 & 知识保护)做出反应,以及对接包方项目绩效的影响。

共同解决问题是 IT 外包合作中重要的交互方式和互动过程,IT 外包本身的高复杂性、动态性、需求不确定性等特征决定了不能忽视这一深度互动过程,该过程是实现企业合作绩效(客观绩效和情感绩效)的重要环节。Cha 和 Kim(2016)认为 IT 外包中的共同解决问题是指致力于共同利益的联合决策、目标一致、共同创造知识等。如果不重视共同解决问题,或者对其内在机理认识不清,都将不利于合作绩效的提高(Claro 等,2010、2011)。以往的研究认为合作关系质量对 IT 外包成功非常重要,关系质量起了很强的中介作用(王建军和陈思羽,2016)。共同解决问题是其重要维度之一,但是却没有在外包中引起足够的重视。外包以往教训、外包的新趋势和价值共创的新理念都决定了不能忽视共同解决问题的作用。笔者认为共同解决问题将发挥中介作用,这是因为:从 IT 外包的特点看,在关系治理环节中共同解决问题尤为重要,是双方间的一种良性互动机制(Goo 等,2009);从知识管理流程(知识获取、同化、转换、整合)来说,知识获取之后是否能产生作用,要看能否将知识整合运用于项目合作中,共同解决问题能够使知识发挥出更大的作用(Lane 等,2006;Nagati 和 Rebolledo,2012);从竞合视角看,Ingram 和 Yue(2008)、Tortoriello 等(2011)则认为管理者的认知视角(感知、判断、认同等)是管理竞合关系的最基础的技能,Bouncken 和 Fredrich(2016)将竞合强度分为实际的竞合程度和感知到的竞合程度,感知到的竞合程度对合作双方的战略选择影响更大。知识共享与保护本身除了交换知识外还是认知过程,情绪的影响很大(Chiu 等,2006)。Czakon(2010)认为感知到不公平、对合作关系的不满、矛盾与冲突、心态失衡、承诺降低等社会因素使合作关系变得不稳定。发包方知识保护与共享影响接包方的心理感知,这种感知最终反映到愿不愿意与其共担风险、共创价值。因此,本研究将共同解决问题视作中介变量。

Koh 等(2004)、Kim 等(2013)发现心理契约的作用在 IT 外包治理中非常明显。与正式合同相比,心理契约的范围更广,涵盖了对于书面义务和不成文的隐含承诺的解释(Koh 等,2004;Robinson,1996;Morrison 和 Robinson,1997)。在 IT 外包中,正式合同固然重要,但考虑到 IT 外包关系的复杂性、组织和技术环境的快速变化,仅仅依靠正式合同约束双方行为是不够的。心理契约扮演着双向机制,既促进对双方义务的共同认识,又促进双方对外包结果的共同解释(Prifling 等,2009;Kim 等,2013)。心理契约成为一种强有力的关系治理机制,是正式合同的有力补充或替代(Lioliou 等,2014)。心理契约中所包含的义务比正式合同中有限的义务和责任更广泛、更重要。Koh 等(2004)、Kim 等(2013)的研究表明心理契约发挥的作用更大。心理契约本质上是一种主观的心理期望,受内在的个体心智模式和外在的环境的影响(Rousseau,1995)。心智模式和外部环境的差异造成了心理契约内容和解释上的差异,即对心理契约执行链条"比较—解释—反应—结果"产生了不同的影响(Morrison 和 Robinson,1997;Robinson,1996;Kim 等,2013;Peng 等,2016;Harmon 等,2015)。接包方对发包方的知识共享与保护的认知比较、履约解释、态度反应、行为结果表现出较大差异,影响了发包方知识共享和保护的作用机理。心理契约的履行或违背影响了接包方共同解决问题的动机、态度、长期承诺与投入、各方之间每天的交互取决于各自对义务和期望的解释(Koh 和 Ang,2008)。

接包方的心理契约不仅受内在的心智模式影响,也受外部环境的影响(Rousseau,1995;Smithson 和 Lewis,2003)。关于契约的认知图式表示一种心智模型,其构成了参与方对合作关系中相互义务和期望的理解和解释(Sherman 和 Morley,2015;Harmon 等,2015)。所谓图式(Schema),是人脑中已有的知识经验的网络。在皮亚杰认知发展理论中,图式是指一个有组织、可重复的行为模式或心理结构,是个体对世界的知觉、理解和思考的方式。图式是认知结构的起点和核心,它影响对相关信息的加工过程,是人类认识事物的基础。有了图式,主体才能够对客体的刺激做出反应(皮亚杰,1984)。具有不同契约认知图式的合作伙伴对于对方应履行义务的期望是不同的,关于对方知识竞合动机的解释也不同(Hill 等,2009;Cullinane 和 Dundon,2006)。契约认知图式的差异往往来源于以前的经验、意识形态、价值观、文化和制度(Robinson 和 Morrison,2000;DiMaggio,1997;Thomas 等,2016;Sherman 和 Morley,2015;Morrison 和 Robinson,1997)。契约认知图式以心理契约的形式表现,同时也构成了合作双方的心理契约(Rousseau,2001)。

根据心理契约理论,有两类契约认知图式:交易契约图式与关系契约图式(Cullinane 和 Dundon,2006;Millward 和 Hopkins,1998;Rousseau 和

Parks,1993;Rousseau,2001)。在交易契约图式中,诸如接包方之类的合作伙伴并不期望与对方(如发包方)保持持久的关系,而认为合作是短期的,只不过是具有法定义务的短期经济交易,交易的目的是为了获取应有的财务收益。然而,持有关系契约图式的接包方则认为合作是一种长期的、开放的关系,对于实现共同的任务目标有相互的义务。履行义务的目的不仅要获得金融支付,还要实现社会情绪结果,如信任、承诺、认同和支持等。交易契约图式和关系契约图式有以下根本区别。第一,两者以不同的方式界定了相互义务。由于交易契约图式将合作解释为通过法律合同正式定义的经济交易(Lioliou 等,2014;Millward 和 Hopkins,1998),持有交易契约图式的企业往往更加依赖正式的法律合同来详细和严格地规定每项义务,包括可能的偶然事件(Harmon 等,2015)。持有交易契约图式的企业认为法律合同的条款应该严格执行,以控制每个合作伙伴的行为。相比之下,关系契约图式将合作关系解释为相互履行义务和资源共享的互惠交换(Millward 和 Hopkins,1998;Rousseau 和 Parks,1993)。因此,持有关系契约图式的企业倾向于依赖关系范式而不是法律规则来界定彼此的义务,它们认为合同执行时的灵活性比刚性更重要(Harmon 等,2015)。签订合同被认为只是标志着达成合作的仪式,签订合同只是履行必要的法律程序,而不是控制合作伙伴行为的手段,沟通和协调比合同更重要(Harmon 等,2015)。第二,交易契约图式和关系契约图式为心理契约违规和履行制定了不同的标准。交易契约图式将合同违约定义为未能履行法律合同规定的义务。然而,持有关系契约图式的企业主要依靠关系范式和隐含义务来确定心理契约是否已被违背(Violation)(Hill 等,2009;Harmon 等,2015)。这些关系规范和必要的义务可能不会在书面合同中阐明,而是嵌入在所有参与者的相互理解和期望中(Cullinane 和 Dundon,2006)。因此,在关系契约图式中,有时候即使合作伙伴不违反法律合同,可能仍然被认为违背了心理契约隐含的规范和义务。本研究认为发包方知识竞合行为是否影响共同解决问题和最终项目绩效,实际上取决于接包方对发包方知识共享和保护的动机和行动的解释。因此,知识共享、知识保护对项目绩效的影响取决于接包方对发包方所采取行为的认知、比较、解释和反应,接包方可能认为知识保护是发包方保护其私有知识的合法措施,也可能认为是发包方违反知识共享义务的信号。接包方持有的这些不同态度和看法代表着对与发包方之间交换关系的不同认知图式。

根据心理契约理论,心理契约受所在的环境的影响,外部环境不同心理契约内容所隐含的责任、期望也不同,感知和解释也不同(Robinson,1996)。企业与外部环境的交互更加明显,环境对组织的潜在影响越来越大。服务外包中外部环境因素,如市场竞争程度、市场不确定性、技术动荡性、行业增长速度等,这些外部环境变量影响外包治理以及外包绩效(Lacity等,2016)。但IT外包属于知识密集型行业,项目组经常进行外部搜索、从外部知识环境中获取帮助。对于IT服务外包企业而言,知识环境正在成为重要的环境维度之一。尤其是移动互联、云计算、WEB 2.0、自媒体等新一代信息技术的普及让知识环境呈现出大数据的特征,大量的、有价值的、多样化的信息和知识涌现出来,知识环境的作用越来越大(LaValle等,2011;Wamba等,2015)。笔者认为,接包方的心理契约将受到知识环境的影响。知识环境是影响接包方心理契约的外部因素,知识环境的优劣影响了接包方对发包方知识共享与保护的心理期望,以及对发包方行为的解释和后续态度。因此,知识环境将发挥调节作用。

　　以竞合理论和心理契约理论为主要理论依据,并以知识管理(组织学习)等其他理论为补充,建立了本研究的概念模型(图3-1)。从接包方的角度,研究发包方的知识共享和知识保护如何影响IT外包项目绩效,以及接包方契约认知图式和外部知识环境的调节作用。以竞合观点,将发包方知识共享与知识保护同时纳入研究框架;根据IT外包特征,并结合IT外包研究文献,提出共同解决问题为中介变量;根据心理契约理论,从内外两方面研究两种契约图式、知识环境的调节作用。

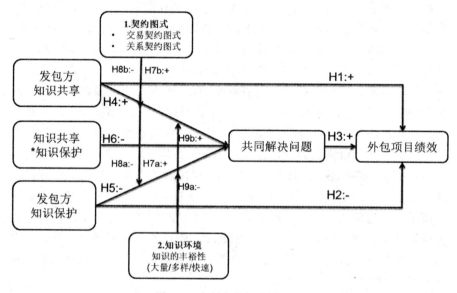

图3-1　本研究的概念模型图

3.2　知识共享、保护对绩效的影响

3.2.1　发包方知识共享与项目绩效

本部分将按照"知识共享的重要性—知识共享的方式—知识共享的作用"这一链条进行论述。

鉴于 IT 外包的特点,知识共享被认为是重要的。首先,IT 外包具有需求不确定性、环境动荡性、技术变化快等特点,具体表现在:IT 外包中所交付的是服务而不是产品,服务的需求通常难以一次性明确;不同的企业尤其离岸外包中的企业,地理位置远、信仰和价值观差异大,易受到外部环境(外交、货币等)动荡性的影响;IT 外包涉及了大量的信息技术,而信息技术是当今时代变化最快的,各种新兴技术以及基于新兴技术的商业模式不断涌现(Dibbern 等,2004、2008;Gopal 和 Koka,2012;Handley 和 Benton,2013;Lacity 等,2016)。上述特征加大了 IT 外包项目管理的难度,IT 外包关系双方必须处理各种相互关联的问题,例如开发系统的质量、交付的及时性、与项目相关的努力和成本、合同支付以及后期支持(Dey 等,2010)。这要求发包方与接包方在外包项目的全过程(如计划、规划设计、项目管理等)中保持沟通,增进理解、协调一致地解决问题。如果没有有效的知识共享,就会给外包合作过程带来困难(Herbsleb 和 Moitra,2001)。其次,IT 外包行业是知识密集型的服务行业,IT 外包中强调以整体视角分析资源、技能、能力,强调资源互补性,追求价值创造和跨组织边界的能力开发(Quinn,1999;Willcocks 等,2004;Alvarez-Suescun,2010)。IT 外包项目复杂性包括组织方面的结构复杂性与动态性、IT 方面的结构复杂性与动态性。客户组织结构变化快、信息系统涉及的数据来自于多个地方、项目包含新技术、项目团队来自于多个部门等(Ghobadi 和 Mathiassen,2016)。外包项目通常涉及的知识类型复杂多样,有 IT 技术知识、行业和领域知识、业务知识、项目管理知识和流程管理知识,也涉及企业内部与外部知识,并且外部知识多是跨文化、跨区域的(Nicholson 和 Sahay,2004;Williams,2011;Xu 和 Yao,2013)。这些互补的专业的知识和技能是组织边界内缺少的,接包方很难掌握所有的知识(Chang,Gurbaxani,2012;Su,2013)。因此,知识管理是 IT 外包的重要管理手段,通过知识的创造和使用等手段来发挥知识管理的潜力和杠杆作用(Willcocks 等,2004)。在 IT 外包中,只有将发包方拥有的项目知识和接包方拥有的技术知识有机地结合在一起,才能够获得更好的外包绩效(Lacity 和 Willcocks,2014;Liu 和 Aron,2015)。IT 外包中

的知识共享包括显性知识共享和隐性知识共享,显性知识共享如业务报告、手册、文档资料以及可以精确表述的数字、信息等的共享,隐性知识共享如共享软件开发的经验、诀窍,软件开发的方法和流程、软件专业知识,以及一些较难获得的技巧等(Lee 等,1999、2001、2008)。针对 IT 服务外包中知识的复杂性和隐性特征,学者和管理者总结出了多种共享机制,如人员交流、工作轮换、旁观工作、培训、短期互访、会议、联合小组、知识编码(包括文档化、代码评论等)、交互式记忆团队构成等(Blumenberg,2009;Kotlarsky 等,2014;Winkler 等,2015;Kudaravalli 等,2017)。

在接包方的心理契约中,知识共享是发包方的主要义务之一(Koh 等,2004;Prifling 等,2009;Kim 等,2013)。发包方的知识共享对于绩效有显著的正向影响,体现在以下几个方面。

第一,发包方向接包方共享知识有助于提升双方间的信息共享水平,促进对项目需求的理解。根据信息处理理论(IPV)的观点,外包任务的不确定性增加了 IT 外包关系的信息需求,伙伴之间应该对任务和关系不确定性进行信息响应(Barua 和 Mani,2014)。IT 外包项目的要求很难一次性明确,项目完成过程中需要与发包方进行频繁的沟通协商,有时候的项目所需技能和业务领域是全新的,这就需要经常性的沟通和信息共享(Kern 和 Willcocks,2000)。一些发包方认为接包方对其行业和经营流程的了解不够深,缺乏专业化的领域知识。正因为如此,发包方抱怨他们的外包项目难以获得更多的价值,更好的创新和洞察力(Lewin 等,2009;Aubert 等,2015;SU 等,2016)。发包方需要将项目需求信息、业务知识共享给接包方,这种情形下的知识共享以显性知识的单向共享为主(Loebbecke 等,2016)。接包方不断地从发包企业处获取项目需求信息和业务流程知识,并将这些外部知识与内部知识进行整合,能使其准确把握和满足发包企业对项目的需求,了解客户的特征,从而顺利完成外包项目,使交付的服务尽量与发包方的期望一致(Williams,2011;Deng 和 Mao,2012;Kim 等,2012)。

第二,发包方的知识共享有助于提高项目管理效率、降低成本。IT 外包较大的地理距离、文化差异、制度差异给项目的运作带来了困难(Nidhra 等,2013;Ghobadi 和 Mathiassen,2016)。如果没有有效的知识共享,就会给双方的协调带来困难,知识共享应该贯穿于外包项目运作的全过程(如计划、开发、交付、售后等)(Herbsleb 和 Moitra,2001)。Rustagi 和 Kirsch(2008)以及 Tiwana 和 Keil(2007)强调了有效的知识共享将有助于控制的顺利实施,控制是发现问题及时改正,促使个体朝着目标努力。及时准确的信息共享有助于信息的反馈和信息的处理,从而能够保证项目控制的绩效。

Xu 和 Yao(2013)从接包方视角,发现知识共享能够促进效率的提升。交易成本理论认为信息共享能够降低不确定性(Williamson,1985；Alaghehband等,2011),不确定性的减少将使交易成本和生产成本降低(Lado 等,1997)。Tarakci 和 Tang(2009)的研究证实了知识转移不仅能够降低工作成本,还能够缩短工作时间。效率和成本是 IT 外包项目绩效的关键要素,也是接包方面临的困难,知识共享带来的效率的提升、成本的降低都将使项目绩效得以提高。

第三,发包方的知识共享有助于提升接包方的能力。企业竞争力源于能力,能力的积累是个动态过程,能力是建立在获取知识基础上的(Kogut,1988；Hamel,1991)。通过获取知识提高能力,进而促进绩效提升。IT 外包的重要目的是相互利用对方的资源优势(王建军和赵金辉,2015),发包方与接包方之间的知识不仅互为补充,而且常常有着类似的知识基础,互补资源增强各自的能力(Ritala 和 Hurmelinna-Laukkanen,2013)。高质量、高效率的知识转移,有利于利用发包方的知识溢出效应,提升接包方的知识存量,再通过消化吸收和利用既能够提升接包方完成项目的能力,又能够提高其创新能力,从而提升接包企业绩效(Teo 和 Bhattacherjee,2014；刘伟和邸支艳,2016；陈果和齐二石,2017)。知识共享对于企业创新能力和动态能力的提升也得到了学者们的证实(陈晓红和雷井升,2009；李晓燕和毛基业,2010)。

第四,发包方的知识共享有助于增进双方间的信任、承诺、认同,提高关系质量。较高水平的知识共享发出了一种善意的正面的信号,增进了相互认同、提高关系质量(Koh 等,2004；Nielsen 和 Nielsen,2009；Kim 等,2013；Yang 等,2014)。Lee(2001)认为知识共享有助于提升外包中双方的信息共享水平,有利于培育共识,减少冲突,从而对伙伴关系质量和外包绩效有正向的影响,证实了在信息系统外包中显性知识共享和隐性知识的共享能对发包方和接包方之间的信任和合作带来积极影响,促进伙伴关系的发展,进而能促进外包的成功。很多外包合作关系是战略性的,期望能够共同创新出符合发包方战略方向的产品和服务,也希望提高承诺、投入更多专有资源,以保证长期利益(Whitley 和 Willcocks,2011；Mani 和 Barua,2015)。

综上分析,针对 IT 外包的独特特征,知识共享被认为是发包方的核心义务之一,知识共享在 IT 外包中发挥着关键的作用。发包方的知识共享有助于促进对项目需求的理解,有助于提高项目管理效率、降低成本,提升接包方能力,提高关系质量。因此,提出如下假设:

假设 1：发包方知识共享正向影响项目绩效。

3.2.2　发包方知识保护与项目绩效

本部分将论述发包方为何进行知识保护、采取哪些保护措施、结果如何。

知识共享和知识保护是同时存在于知识交换中的一对矛盾体（Solitander，2011；Estrada 等，2015）。在 IT 外包中，发包方常常会进行知识保护，这是出于以下原因：一是知识观认为知识构成了企业的独特竞争优势，但知识具有渗漏性（Liebeskind，1996）。渗漏性指的是有害的知识流动，特别是流向竞争对手的知识。Liebeskind（1996）认为企业的竞争优势在于能够防止知识经由"多孔边界"向外泄漏（Brown 和 Duguid，2001）。如果核心知识暴露则将导致核心竞争力被模仿（Grant，1996，2004；Dyer 和 Hatch，2006）。IT 外包需要密集的沟通和知识交流，伙伴之间在技术、市场等方面存在重叠，这使得企业合作时很容易无意识的泄露知识（Ritala 和 Tidström，2014）。竞争者也更有动机和能力来吸收对手有价值的知识，造成知识溢出的风险（Estrada 等，2015）。通过访谈，笔者发现接包方经常采用敏捷开发、配对编程等新的软件开发方式，这可能使发包方的知识无意识地流向接包方，有失去核心知识和能力的风险。知识流失经常发生在知识共享过程中，通过文档交换、人际交互来传递显性知识和隐性知识（McEvily 和 Marcus，2005；Frishammar 等，2015）。因而，Ghobadi 和 Mathiassen（2016）认为软件外包开发项目中知识共享充满了各种风险。发包方常常会采取较严格的知识保护措施以防止核心知识外泄，尤其是那些能带来核心竞争力的知识（如技术诀窍、管理诀窍）。二是风险观对机会主义的担忧（Williams，1993；Li 等，2008）。机会主义是指狡猾地追求个人利益，机会主义行为是指在信息不对称的情况下不如实完全地披露信息及损人利己的行为，用虚假的或非真实承诺谋取个人利益的行为（Williamson，1985）。组织担忧对方加入联盟的潜在动机及出现机会主义行为的可能，导致知识保护程度的加深（Khanna 等，1998）。Heiman 和 Nickerson（2004）则强调由于知识的透明度不断提高，由此引发更多的机会主义风险。IT 外包是知识密集型行业，而且项目通常是定制的，保护发包方知识是发包方外包决策的关键因素（Ang 和 Cummings，1997；Mayer，2006）。在 IT 外包的背景下，发包方需要保护其免受接包方的机会主义的影响，因为接包方可能会把以往合作过的 IT 项目中有价值的知识内化，以便为其他客户服务（Barthélemy 和 Quélin，2006；Ang 和 Cummings，1997；Mayer，2006）。Mathew 和 Chen（2013）发现了外包中的机会主义行为有两种：卸责行为、知识盗用，认为离岸软件外包中的知识溢出风险负向影响发包方的外包收益（如降低成本、提高能力、获取外部技能等）。

为了防止知识流失、减少接包方的机会主义,发包方采取如下知识保护机制:一类是基于知识产权和法律契约的正式手段,如版权、专利、商标、商业秘密,以及竞业禁止协议、长期雇佣合同、保密协议、长期合作协议等(Norman,2001;Manhart 和 Thalmann,2015;Bouncken 和 Fredrich,2016);另一类是非正式手段,包括人力资源管理手段、组织流程控制手段、知识隐藏手段等(Olander 等,2014;Manhart,2015;Bouncken 和 Fredrich,2016)。

从交易成本理论视角来看,知识保护的各种机制有助于提高合作绩效。根据交易成本理论,知识保护被看做是防止机会主义行为的治理机制。通过减少接包方的机会主义,与 IT 项目交易相关的成本和风险都将减少。先前的研究表明,通过详细规定合同条款,规定任务分工、产权、解决争议的程序和违规处罚等条款,买方可以有效地打击供应商的机会主义行为(Reuer 和 Ariño,2007;Faems 等,2008;Schepker 等,2014)。Jean等(2014)指出采用适当的知识保护能够使企业从跨企业创新中获得竞争优势。此外,通过建立规范的知识保护程序,明确了双方的目标、权利、义务和责任,增加公平感知和减少破坏性冲突而提高了合作质量(Barthélemy 和 Quélin,2006;Jean 等,2014;Poppo 和 Zhou,2014)。设计并实施完善的知识保护体系还能够规避制度风险,特别是在新兴市场里(Peng,2003)。在新兴市场中,法律机制、正式机制不完善,知识保护能够有效克服制度缺失的影响,知识保护对产品创新的正面影响超过其负面影响。

然而,交易成本理论过分强调了接包方在知识交换中的机会主义行为,而低估了对知识发展的需要(Madhok,1997;Colombo,2003)。知识保护有可能抑制知识共享,从而妨碍产品创新(Jean 等,2014)。过度的知识保护还可能制造冲突,使企业间合作关系受损,甚至早早终结(Simonin,1999)。

从接包方的角度看,发包方的知识保护不利于最终的项目绩效。这是因为:

第一,关于发包方知识保护与项目绩效的关系,心理契约理论提供了与交易成本理论相反的观点。最近,越来越多的研究开始关注心理契约在买方——供应商关系和 IT 项目中的重要性(Koh 等,2004;Hill 等,2009;Kim等,2013;Lioliou 等,2014)。与正式合同相比,心理契约的范围更广,涵盖了对于书面义务和不成文的隐含承诺的解释(Koh 等,2004;Robinson,1996;Morrison 和 Robinson,1997)。更重要的是,正是心理契约驱动着交易双方的行为,心理契约义务的履行程度解释了 IT 外包绩效较大的变异(Koh 等,2004)。虽然基于 TCE 的研究从发包方的视角强调知识保护的必要性(Ang 和 Cummings,1997;Barthélemy 和 Quélin,2006;Mayer,

2006)。但是,接包方对于知识保护活动的心理反应被严重忽视了。根据心理契约理论,心理契约的违背是项目合作绩效的主要障碍(Hill 等,2009)。在 IT 外包情景中,接包方的心理契约中往往将知识共享视为发包方的中心义务(Koh 等,2004)。接包方通常期望发包方分享知识而不是严格保护知识,因此,知识保护活动被接包方认为是发包方违背了心理契约中的义务,从而引发消极的情绪反应(如失望和愤怒),导致关系质量和合作绩效的损害(Robinson 和 Rousseau,1994;Morrison 和 Robinson,1997;Hill 等,2009,Kim 等,2013)。

第二,从竞合的角度看,发包方的知识保护不利于对整体利益的追求。根据竞合的观点,IT 外包合作双方应该有竞争性合作的心态,不能只顾及自身利益而忽视潜在的整体利益的提高。竞合双方应致力于将"蛋糕"做大,实现单个个体无法完成的目标。一方面,发包方的知识保护会使合作成本提高,发包方通过适当的结构降低机会主义行为和知识流失的风险,发包方采取正式的契约手段进行知识保护,或者非正式手段,如限制人员在合作企业间流动、定期更换合作中的联络人、控制信息流和限制人员接触、知识隐藏等都将使合作成本增加,有时甚至抵消了学习的收益(Jolly,1997)。有时候,发包方与接包方间的合作的收益被知识泄露造成的成本抵消。合作的收益被竞争的潜在成本所抵消,甚至得不偿失。Mathew 和 Chen(2013)建议发包方可以只提供目标代码给服务提供商用于开发软件的黑盒测试。但黑盒测试将大大增加测试成本,因为软件系统的组合复杂性很高。在这种情况下,为了充分控制信息流,以尽量减少敏感信息意外泄漏。知识保护势必增加监控成本,降低了外包的经济效益(Mathew 和 Chen,2013)。另一方面,知识保护不利于整体学习效果。Bouncken 和 Fredrich(2016)认为竞合的好处在于共享、整合竞争对手之间的不同知识能够发现新的机会、新收益。从知识资源观视角看,竞合提供了协同利用知识的机会,为了实现价值创造,竞争者进行紧密的联系以便集成地重组知识(Estrada 等,2015)。竞合对手之间的合作能够加强对市场的共同理解、对机会的共同把握,以及对技术的联合研发。但是,如果 IT 外包中发包方将知识保护赋予过高的权重,将使外包合作的整体利益受损,便不会有通过合作创新公共知识库的可能(Simonin,1999、2004;Norman 2001;Nielsen 和 Nielsen,2009;Yang 等,2014)。为了实现共同的合作目标,双方应当减少知识保护的程度从而提高整体利益而非个体利益(Yang 等,2014)。

第三,从知识观角度看,知识保护不仅降低了接包方获取知识的数量,也降低了知识获取的质量。Szulanski(2000)认为知识转移不是一个行为而是一个过程,知识发送方是知识转移的源头,知识发送方的分享意愿和传递信息的精确性是知识转移能否成功最为重要的因素(Simonin,2004)。
Deng 和 Mao(2012)认为发包方的支持对接包方获取知识有显著的正向作
用,有了发包方的支持,便会降低知识保护、主动提供接包方所需的知识。
如果发包方采取知识保护,意味着其分享意愿很低,其会采取诸如信息访问
限制、签订保密协议、限制人员接触、专利网络等常规手段,这些知识保护措
施会严重阻碍人员的沟通、理解,限制信息获取,从而严重影响知识获取的
数量。此外,知识保护无意中降低了知识的价值(Loebbecke 和 Angehrn,
2012)。知识保护使知识交换变成单向的,双方之间知识的互换才有助于最
终项目绩效。正如 Haas 和 Hansen(2007)、Ho 和 Ganesan(2013)所强调
的那样,高水平的知识交换不但指知识交换的数量,更在于所交换知识的质
量以及知识能否被成功运用。知识保护一方面降低了获取到知识的质量,
另一方面增加了知识利用的难度。因为知识是一个系统概念,各部分之间
相互联系,知识的理解需要放在具体的情景和上下文中。根据 Dyer 和
Hatch(2006)关于企业关系观的研究,本研究认为 IT 外包项目的关系嵌入
性较强。很多任务比较具体,与特定的情景密切相关,因而合作双方需要投
入大量的专用性投资(Whitten 等,2010)。然而,发包方采取一些非常规
的、隐蔽的知识保护手段,如隐藏知识价值、降低知识的可观察性、显性知识
隐性化及知识情景化、模糊化等(Manhart,2015),这将使得知识被发现、被
理解、被消化的难度增加,知识变得模棱两可,最终降低知识获取的质量
(Simonin,2004)。因此,发包方的知识保护使得知识价值降低,不仅会影响
项目的进度,还会影响项目的完成质量和成本。

第四,从关系交换视角看,发包方的知识保护有损于合作关系质量。因
为知识保护行为传递了一种负面的信号,会使双方产生冲突、矛盾、误解、不
信任,损害关系水平(Nielsen 和 Nielsen,2009;Yang 等,2014)。过分强调
知识保护有害于信任和团队合作,创新需要伙伴之间进行开放的经常性沟
通和交互(Nielsen 和 Nielsen,2009)。在 IT 外包合作中,如果知识缺口很
小,双方所拥有的知识水平基本相当。虽然较小的知识缺口有助于接包方
进行学习,但能够学习到的知识的数量和价值不高,此时如果发包方采取知
识保护则显得没有必要,而且反而会伤害了双方间的合作。Hoecht 和
Trott(2006)认为发现和证明接包方的知识盗用行为也是非常困难的,法律
补救措施也不足以弥补知识泄露造成的商业损害,反而使合作不愉快、得不
偿失。

综上分析,尽管交易成本理论支持知识保护,但基于接包方的立场,从
多个角度来看知识保护并不利于 IT 外包项目绩效。因此,提出如下假设:

假设 2:发包方知识保护负向影响项目绩效。

3.3 共同解决问题的中介效应

3.3.1 共同解决问题与项目绩效

在现有文献中,共同解决问题是关系治理的重要维度,是一种良好的互动机制,能够使发包方和接包方在一个相互信任、和谐共处的合作环境下实现联合协作(Claro 等,2010、2011)。IT 外包的特征决定了共同解决问题在IT 外包关系治理中尤为重要。首先,IT 外包本身的高复杂性、技术变化快速、市场环境动荡、需求不确定性等特征决定了不能忽视这一深度互动过程,发包方和接包方需要积极主动地设计各方如何一起工作的机制,一起公平地解决问题和冲突。正如 Lacity 和 Willcocks(2014)的发现,最成功的外包交易都寻求一起共同解决问题。共同解决问题在合作关系中发挥重要作用,尤其是面对外部网络不稳、环境动荡时(Claro 等,2011)。Williamson(1991)认为外包很容易受环境不确定性的影响,由于不能单方面做出适应性调整,外包关系的变化需要共同认知并达成一致意见(Sutcliffe 和 Zaheer,1998)。其次,IT 外包中的知识既涉及不同类型的知识(如技术知识、业务领域知识、文化知识等),又包含来自不同企业(尤其是跨文化)的显性或隐性知识。真正将知识整合运用于项目合作中是有困难的,高度依赖于发包方和接包方的共同创造(Willcocks 等,2004)。最后,外包业务从最初的非核心业务逐步转向一些核心业务,IT 外包战略需要从成本驱动、交易型关系转向创新驱动、战略合作关系(Aubert 等,2015;SU 等,2016)。价值创造通过彼此的交互而发生(Sveiby 和 Simons,2002)。共同解决问题有助于实现联合创新,以获得更多的价值,更好的创新和洞察力。

因此,共同解决问题是 IT 外包合作中重要的交互方式和互动过程,是实现企业合作绩效的重要环节。共同解决问题表征了发包方与接包方开展联合规划、共同应对难题和突发情况、共同承担责任、共同分享利益以及为维系关系做出适应性调整的行为(Claro 等,2003;Gulati 和 Sytch,2007;Claro 和 Claro,2010;Aarikka-Stenroos 和 Jaakkola,2012)。致力于共同解决问题的合作伙伴往往关注共同的成功,对长期关系和长远利益有较高的承诺(Gulati 和 Sytch,2007)。共同解决问题包含的内容维度有:联合规划、追求共同目标、共同解决难题、共同解决分歧和冲突、追求共同利益、分担风险等(Claro 和 Claro,2010),也包括不介意谁吃亏、责任担当、价值认同等情绪性的态度(Heide 和 Miner,1992)。Ho 和 Ganesan(2013)认为共同解决问题可以指长期伙伴关系战略,也可以指共同解决短期内偶发的某一问题。Cha 和 Kim(2016)认为 IT 外包中的共同解决问题是指致力于共同利益的联合决策、目标一致、共同创造知识等。综上分析,共同解决问题是十分必要和重要的,共同解决问题将促进 IT 外包项目绩效。共同解决问题降低了交易成本,达到了相互的期望,使彼此都感到满意(Claro 等,2003)。共同解决问题使关系风险(如冲突)降低,增加了价值共创的机会(Gulati 和 Sytch,2007)。

共同解决问题对接包方项目绩效的作用体现在以下方面:

第一,共同解决问题促进接包方项目的客观绩效,如需求满足程度、进度、成本等。上文已经分析了 IT 外包项目的特征,项目的需求常常较为复杂、多变,难以一次描述清楚。项目绩效的高低首先与客户需求和服务交付质量之间的匹配程度有关,共同解决问题的行动使接包方了解发包方的隐性需求,也使得接包方能够及时接收反馈(McEvily 和 Marcus,2005;Lee 和 Kim,1999;Bapna 等,2016)。共同解决问题行动通过诊断需求、生成解决方案、管控冲突和实施解决方案促进了相互适应,从而提高了供给和需求之间的匹配程度(Gopal 等,2011;Aarikka-Stenroos 和 Jaakkola,2012)。能够使合作伙伴及时澄清误解,减少信息不对称(McEvily 和 Marcus,2005;Narayanan 等,2011;Barua 和 Mani,2014)。IT 外包的过程是动态的交互,发包商与承接商间的交互非常频繁,与客户建立顺畅的沟通和信任机制有利于外包过程的顺利运作(Lee 和 Kim,1999)。合作双方经常进行高质量的沟通、交流、共同协商,这将有助于发包方对接包方的 IT 外包项目运营方面有深入的了解,也有助于接包方理解发包方的项目需求,消除认知偏差,促使双方之间的合作达到满意的效果(王建军和陈思羽,2016)。共同解决问题追求认同、价值观、态度、目标上的一致,这使得沟通和谈判中的冲突大大减少,避免了不必要的交易成本。即便有时候不可避免地出现冲突,但持续时间短,在经济上和情绪上都不那么有害(Gulati 和 Sytch,2007)。这源于致力于共同解决问题的接包方与发包方之间有一套较为成熟的共同解决问题的程序。

第二,共同解决问题有利于共同学习和创新,实现价值共创。IT 外包合作中涉及了很多方面的知识,知识领域广、形式多、变化快,并且新的外包趋势要求实现价值共创。共同解决问题不仅能够将多方面的知识组合在一起,发挥知识整合的作用,更能够协调一致地实现创新和价值共创。首先,跨越组织边界的外部知识网络通常是分散的,不那么好利用,需要将不同知识整合起来,知识吸收与共享需要集体的创造(Anderson 和 Parker,2013)。知识的共享、整合、利用和扩展能提高绩效(Kale 和 Singh,2007)。根据关系观关于知识利用的论述,如果不进行共同解决问题的活动,知识的价值将会衰减(Dyer 和 Singh,1998;Lavie 等,2012)。根据关系观,IT 外包中知识具有很强的关系嵌入性,联合创造知识必须建立在相互交流与学习上(Dagnino 和 Padula,2002)。Hoopes 和 Postrel(1999)认为不同企业或不同部门间在进行知识联合创造时要面临一些困难,如对知识的理解不一致、错误地使用媒介工具、缺乏统一认识等。共同学习只有在知识完整地被分享、被不同人员完全理解时才能达到最佳效果(Fang 和 Zou,2010)。Teichert(2013)意识到相同的心智模式对于联合创造知识的重要性,联合知识创造需要平衡伙伴的贡献、培育新的见解、合作伙伴之间目标一致。其次,协调、合作、团队工作是实现价值共创的重要前提(Mani 和 Barua,2015;Su 等,2016)。共同解决问题以伙伴关系观为指导,强调风险分担、收益共享,以及将接包方纳入客户的整体战略将使创新成为可能。共同解决问题对企业获得新知识和促进新知识应用都具有积极的作用,共同合作提供了有价值的学习机会(Solitander,2011)。联合知识创造需要通过相互学习,以便共同开发新知识、新能力或产品。合作伙伴不仅要自己学习,还要学会如何共同学习,学习如何利用这些相互依存的新知识(Lubatkin 等,2001)。较高程度的共同参与与协调,能够加强对市场的共同理解、发现新机会、实现对机会的共同把握(Bouncken 和 Fredrich,2016)。从而促进新产品开发速度加快,先于竞争对手面世(MeEvily 和 Mareus,2005;Gulati 和 Syteh,2007)。

第三,共同解决问题有助于建立满意的伙伴关系,促进长期合作绩效。共同解决问题是 IT 外包关系治理的核心要素之一,IT 外包关系治理比市场治理更有效(Dyer 和 Singh,1998;Lee 和 Kim,1999;Claro 等,2003)。关系治理能够显著提高绩效,因为它依靠信任、共担利益和风险、相互理解等重要的关系因素,而不是简单的交易哲学(Lee 和 Kim,1999)。发包方与接包方联合制定计划使相互的期望事先得到确立,共同解决问题为每个紧急情况达成双方都满意的解决方案(Claro 等,2003)。通过共同解决问题达到了相互的期望,有助于消除负面情绪(如冲突、愤怒、不安、不满等),促进正面的情绪反应,使彼此都感到满意(Claro 等,2003)。依赖性和联合参与度的增加,态度的趋同使沟通和谈判中的冲突大大减少,而结构一致性减少了一些摩擦,帮助伙伴双方避免不必要的交易成本(Gulati 和 Sytch,2007)。加深了双方的关系,增加了双方解决未来问题的决心,减小了误会发生的可能性,有助于形成亲密的、信任的伙伴关系(Solitander,2011)。伙伴关系具有创造价值的潜力,包括规模经济、风险防控(宋喜凤等,2013)。伙伴关系强调双方必须共享利益和共担风险。如果一方的利益是以另一方的利益为代价的话,那么就不能称之为伙伴关系(Lee 和 Kim,1999;Grover 等,

1996；Goo 等，2009）。共同解决问题使 IT 外包双方的关系更为牢固和持久，有利于长期合作绩效（Augier 和 Teece，2005）。共鸣和同感增加了关系维持的愿望，这种关系维持的愿望可以减少机会主义行为的动机，提高合作水平（Heide 和 Miner，1992）。基于团结和灵活性建立的长期合作关系，能保证 IT 外包交易的连续性（Mathew 和 Chen，2013），能够避免一些不必要的高风险可能造成的损害（Fridgen 和 Mueller，2011）。

综上分析，共同解决问题是应对 IT 外包挑战的重要手段，共同解决问题表征了发包方与接包方开展联合规划、共同应对难题和突发情况、风险分担、利益共享，以及为维系关系做出适应性调整的行为。共同解决问题不仅有利于完成项目任务，也有利于实现价值共创，促进长期合作绩效。因此，提出如下假设：

假设 3：共同解决问题正向影响项目绩效。

3.3.2　发包方知识共享与共同解决问题

根据 Jennings（1993）和 Uzzi（1996）所提的共同解决问题的认知框架，本研究认为共同解决问题的成功基于社会条件和信息条件的满足。Jennings（1993）的认知框架即信念——欲望——意向——（共同解决问题）行为。Uzzi（1996、1999）的"共同依赖——深度交互——提高共同解决问题——更高的信任——更有价值的信息共享"。上述两个认知框架给出了共同解决问题的基本逻辑。社会条件是指形成适合于共同解决问题的和谐氛围，信息条件是指为了明确如何表达承诺、达成共识的机制、如何开发共同解决方案等所必需的丰富信息。和谐互信的氛围使发包方与接包方能够进行联合行动和相互适应（Wu 和 Pangarkar，2010）。IT 外包中显性知识（如业务报告、手册、文档资料以及可以精确表述的数字、信息等）和隐性知识（如经验、诀窍，软件开发的方法和流程、软件专业知识，以及一些较难获得的技巧等）的共享不仅有助于提供丰富的信息，增强共同解决问题的能力，同时也提高了社会交互和互惠规范，增进了相互信任，更加有利于营造和谐的合作氛围（Ho 和 Ganesan，2013）。

第一，知识共享增进了信任关系，提高了双方参与共同解决问题的意愿，满足了共同解决问题的社会条件。在接包方的心理契约中，知识共享是发包方的义务之一。高质量的知识共享满足了接包方的心理期望，增强了信任和认同。共同解决问题是伙伴关系质量的核心要素之一（McEvily 和 Marcus，2005；Lee 和 Kim，1999；Luo 等，2015），共同解决问题一定是在相互信任、目标一致、价值认同的良好气氛下才能成功（Claro 等，2003；Gulati 和 Sytch，2007；Ghobadi 和 Mathiassen，2016）。信任、承诺、高度依赖、高效沟通等正向影响共同解决问题,这已经得到了证实(Spekman 等,1998;Claro 等,2003、2006;Gulati 和 Sytch,2007)。尤其是对于 IT 外包合作,激烈的竞争迫使接包方与发包方必须协调一致地快速应对外部环境的变化,如果缺乏共识和相互的信任则很难进行沟通协调(Ang,2008)。社会交换理论认为,人与人之间的互动是一种交换过程,这种交换包括正式的交换,还包括非正式的交换,如情感、认同、感激、乐趣等(Cropanzano 和 Mitchell,2005)。社会交换最核心的逻辑是报酬与代价的比较(Blau,1964)。如果双方都从交往中得到了期望的报酬,则会进一步加强双方的相互吸引。当不断的相互吸引使双方建立起稳定化的共同纽带时,便形成了某种社会群体。根据社会交换理论,知识共享有助于增进相互的了解、信任,减少误会和冲突。Ghobadi 和 Mathiassen(2016)认为,有效的知识共享不仅能够进行信息交流,还促进了感情交流。知识共享,尤其是隐性知识共享,隐性知识的学习需要社会化的过程,是指通过实践、指导、模仿和观察等手段学习吸收隐性知识(Nonaka 和 Takeuchi,1996)。隐性知识共享加深了人际互动,增进了理解(Blumenberg 等,2009)。发包方共享其产品、流程、技术知识,更有助于增进社会互动,形成良好的社会规范(Cheung 等,2011)。同时,由于知识共享传递了一种正面的善意的信号,接包方将其视为是发包方积极的意愿和愿景,使得合作双方更加认同,增强风险共担、利益共享的意识,提高整个合作过程的收益。相互了解和依赖、信任、风险共担等是共同解决问题能否取得成功的关键(Lee 等,1999)。信任能够激励双方进行联合规划和行动(Claro 等,2003)。Claro 等(2006)研究结果表明信任和专用性投资显著促进共同解决问题。Gulati 和 Sytch(2007)认为价值观、态度、目标上的认同促进了双方对共同解决问题的投入和共同解决问题的成功。知识共享还代表了较高的承诺水平(Chou 等,2015),当发包方能够提供高质量的知识共享时,发包方的专有性投资增加,接包方将其视为较高水平的承诺。高水平的承诺代表了关系维持的愿望,关系维持的愿望可以减少机会主义行为的动机,刺激了接包方共同解决问题的意愿和动机,提高了共同解决问题的水平(Heide 和 Miner,1992;Gulati 和 Sytch,2007)。

总之,发包方的知识共享水平越高,越能减少误会和冲突、增强善意的信任,也能增进社会互动、达成目标和价值观等方面的认同,形成了良好的社会规范。高水平的知识共享还代表了高水平的承诺,表明了关系维持的愿望。因此,高水平的知识共享满足了共同解决问题的社会条件,为共同解决问题提供了良好的合作氛围。

第二,发包方的知识共享满足了共同解决问题的信息需求。共同制定计划、共同解决难题、共同进行价值创造等需要高质量的信息,充分而又精确的信息有利于消除不确定性和模糊性(Daft 和 Lengel,1986)。当发包方及时、准确地共享接包方所需的知识时,将有助于提高共同解决问题的效率、增加需求一致性、达成双方满意的结果、缩短解决问题的时间、降低不必要的成本。在知识共享过程中通过不断的交互,提供互补的知识,接包方能够更准确地把握项目的目标、约束和需求以及客户特征,从而消除合作障碍,建立共同的参照框架使得共同解决问题的行动顺利进行(Blumenberg 等,2009;Williams,2011;Cha 和 Kim,2016)。敏捷开发、配对编程等新的软件开发方式是共同解决问题的重要形式,更需要及时的沟通和高效的知识共享。知识共享加强了双方的关系纽带,有利于达到双向适应(Ang,2008;Kim 等,2008)。及时、准确的知识共享有利于接包方和发包方一起更快、更有效地找出项目中的问题并共同解决这些问题。知识共享也有助于共同应对项目进行中产生的问题,联合进行持续性的改善。长期高水平的知识共享将在接包方与发包方之间形成稳定的合作范式,为共同解决问题提供了可靠的经验和办法(Wu 和 Pangarkar,2010)。例如,良好的文档处理过程、及时的文档化对提高 IT 外包项目效率和过程绩效有益。正像某项目经理所说"结构化的过程降低了冲突""完善的升级程序保证了有效及时的沟通"。

　　第三,知识共享有助于系统化思维,提升共同解决问题的效果。团队合作是创新的高效方式,创新促进绩效提高。知识共享有助于共同决策、相互学习、高效沟通以及创造知识(Deng 等,2013)。IT 外包较大的地理距离、文化差异、制度差异使得知识利用很困难,只有充分的共享、组合才能发挥出知识的全部价值(Lewin 等,2009;Aubert 等,2015;SU 等,2016)。双向知识共享能够充分利用互补的知识,协同地创造新知识,如产品联合研发(Loebbecke 等,2016)。近年来,外包已经从低成本活动发展到高附加值活动(Liu,2012)。很多跨国企业日益在全世界范围内重构其知识密集型流程,试图通过外包实现创新。跨组织以及跨国知识的共同进化能使本地供应商从低层次的技术组装者升级为高层次的技术产品设计者。例如,台湾的 IT 行业就是典型的例子,其现在已经发展成为全球数字经济时代不可或缺的力量(Jean 等,2010)。Mahapatra 等(2012)发现处在激烈竞争的市场中的企业更倾向通过合作来获取重要的资源。激烈的竞争产生不可预知需求—供应平衡的变化,使企业处于不利地位,如果应对不当甚至会被市场抛弃(Ang,2008;Li 等,2008)。竞争越激烈,对信息质量的要求就越高,只有高质量的信息才能消除各种不确定性(Luo,2003)。IT 外包行业中发包方和接包方都面临着激烈的竞争,为了应对激烈的竞争,应该提高信息获取的质量和效率,双方都必须及时地转移和吸收市场、技术、产品知识,以使共同解决问题的效果最大化。

综上分析,知识共享有利于营造相互信任的良好气氛,有利于满足共同解决问题的信息需求,更能使共同解决问题发挥最大的效果。因此,提出如下假设:

假设 4:发包方知识共享正向影响共同解决问题。

3.3.3 发包方知识保护与共同解决问题

发包方的知识共享是一种合作的态度,有利于共同解决问题。但是,发包方的知识保护表明了竞争和防备的心理,伤害了接包方的心理期望的感知,对共同解决问题是不利的。发包方的知识保护既不利于营造良好的协作氛围,也不利于使共同解决问题的效果最大化。

第一,根据心理契约理论,心理义务履行的违背会降低伙伴之间共同解决问题的意愿(Robinson,1996;Robinson 和 Rousseau,1994;Kingshott,2006;Faems 等,2008)。意愿、气氛、愿景、认同等是共同解决问题的前提条件,共同解决问题的行动需要双方同心同德、共同参与。发包方的知识保护可能导致心理契约失败,诱发接包方对心理契约违背的感知,从而降低接包方参与共同解决问题的意愿和态度。首先,发包方的知识保护导致心理契约履行的失败。在 IT 外包情景中,接包方往往将知识共享视为其发包方的中心义务(Koh 等,2004)。接包方通常期望发包方分享知识而不是严格保护知识,因此,知识保护活动被接包方认为是发包方违背了心理契约中的义务,从而引发消极的情绪反应,如失望、沮丧和愤怒等(Morrison 和 Robinson,1997;Lee 和 Choi,2011)。特别地,发包方的知识保护可能进一步挫伤接包方(Li 等,2010)。沮丧的接包方可能会对信息交换的响应减少,因为发包方的知识保护活动约束信息交流的机会,并增加了信息共享成本(Cullinane 和 Dundon,2006)。Ghobadi 和 D'Ambra(2011)根据社会依赖理论以及竞合观点,对无形资源的竞争负向影响人际关系和个体的合作意向。此外,为了回击发包方的知识保护行为,接包方可能故意不履行知识共享义务,也不愿意共同解决问题。其次,发包方的知识保护传递了不信任的信号,增加了接包方的心理契约违背。信任反映了一方对合作伙伴善意的信心,合作伙伴在判断他们是否被信任的基础上发展信任感知(Ring 和 Van de Ven,1994;Lado 等,2008)。信任的关系中,接包方和发包方拥有共同的信念,关心共同利益,致力于实现共同目标(Claro 等,2003)。信任也有助于减少信息收集和监测活动的投入,信任增加接包方的自主权(Poppo 等,2016)。因此,信任能够激励双方进行联合行动。但发包方的知识保护信号暗示了其不接受外包风险的脆弱性,因此,接包方可能觉得不被发包方信任,从而增加对发包方的负期望。

　　第二,发包方的知识保护也可能通过增加监控成本而限制了共同解决问题的实效(Jean 等,2014)。交易成本理论过分强调了知识泄露的机会主义行为,而低估了竞合参与方对知识发展的需要(Madhok,1997;Colombo,2003)。从知识观的角度而言,双方间的合作绩效依赖于公共知识库的多少,Nielsen(2009)认为如果在跨组织合作中只想着保护知识,那么学习和创新必将受阻。如果每个组织在合作中将知识保护赋予很高的权重,将使合作的整体利益受损,便不会有通过合作创新公共知识库的可能,Qian J 和Guo-Jie(2015)认为知识整合对于外包成功有正向影响,但是知识的黏滞性是一个挑战,制约着知识整合的作用。因为,一方面,学习过程需要一定的时间和努力以便进行隐性知识的外化和显性知识的文档化。另外,知识持有者被要求参与到观察—反思—实验—反馈的迭代中,以帮助学习者理解吸收知识。所以,知识保护对显性知识和隐性知识的获取都有负面影响(Le 和 Evangelista,2007)。

　　最后,从接包方的角度看,以交易成本理论为基础的治理逻辑是脆弱的。根据交易成本理论,发包方的知识保护活动增加了对接包方的计算性信任。知识保护活动使得发包方觉得分享信息更加安全,更愿意与接包方共同解决问题(Jean 等,2014;Poppo 和 Zhou,2014)。然而,这种观点是从发包方的视角出发而非接包方的视角,接包方与发包方的关心和兴趣是不一样的。从接包方的角度看,当发包方加强知识保护时,接包方获得了更强的不信任信号,这大大降低了接包方的积极期望。过度的知识保护可能难以避免地制造冲突,并使合作关系早早终结(Simonin,1999)。

　　综上分析,发包方知识保护被接包方认为是发包方违背了心理契约中的义务,增加了对合作的负面期望,不利于营造良好的社会条件;从实际效果来看,知识保护不利于整体学习,不利于发挥出共同解决问题的最大效果。因此,提出如下假设:

　　假设 5:发包方知识保护负向影响共同解决问题。

3.3.4　发包方知识共享和知识保护的交互与共同解决问题

　　在外包合作中知识共享与知识保护同时存在。笔者通过对 40 家接包企业的项目经理、企业高管的调研发现,发包方一方面为了项目的正常进行,会向接包方共享必要的知识(如必要的信息和数据、业务知识等);另一方面,由于担心核心知识泄露、被模仿导致竞争优势消失的风险,会对其认为的重要的独占性的知识进行严格的保护。很多发包方对关键的核心知识都会采取正式的和非正式的措施来进行保护,从而要么使接包方无法接触到想获取的重要知识,要么即使能接触到知识但也很难识别、理解、吸收(Manhart,2015)。事实上,合作与竞争间的矛盾是个体私有利益最大化还是共同利益最大化间的冲突(Khanna,1998)。Bouncken 和 Fredrich(2012)认为竞合是一把双刃剑。知识共享与知识保护间的竞合情况下,每个成员都有一个明确的自私的动机来作出选择,结果是个体从中受益而牺牲了团体利益,个体理性导致集体非理性(Dawes 和 Messick,2000)。这种知识竞合现象常常充满了挑战和不安定,当伙伴企业不能协调自己的利益目标与合作的共同目标时,将触发紧张和对立情绪,对共同解决问题产生负面影响(Bengtsson 和 Raza-Ullah,2016)。

知识共享与知识保护是两种不相容的机制,两者特征不同、作用不同、需求不同,致使作用相互抵消。因此,发包方同时进行知识共享和知识保护一方面不利于良好的关系,另一方面也不利于知识的利用。知识共享与知识保护的交互必将损害双方共同解决问题的意愿,降低共同解决问题的实际效果。

第一,情绪上的不相容,触发紧张和对立情绪,负向影响了共同解决问题的社会条件。发包方知识共享代表了合作与信任,传递了正面的情绪、期望;发包方知识保护则代表了竞争与猜疑,产生负面的情绪、期望。这种情绪上的不相容源自于竞合本质。竞合关系中的核心问题是合作与竞争的潜在冲突(Douma 等,2000)。合作是指伙伴企业向合作投资有价值的资源,并在一起工作。Ring 和 Van de Ven(1994)认为,合作战略便利了相互信任和心理契约的出现,保障了合作的成功。然而,竞争与合作之间的互动可能使它们此消彼长,所谓此消彼长是指竞争与合作可能相互替代,竞争行为削弱了合作倾向(Gnyawali 和 Park,2011;Dahl,2014)。竞合中这种固有的矛盾对立性触发了紧张的关系,催生矛盾冲突、不安与不满、心态失衡等(Raza-Ullah 等,2014)。这不利于追求共同的目标,比如福特和大众汽车的经理们不愿意共享市场信息和设计诀窍,双方都担心对方的机会主义行为,最终损害了他们试图共同战胜通用汽车的初衷。然而,共同解决问题需要接包方与发包方同心同德,共同参与。只有当各方相互理解,取得共识,并遵循相同的规则时,共同解决问题才能顺利进行(Ostrom,2009)。IT 外包的合作双方既追求个体利益又追求共同利益,比如发包方分享知识的同时也进行知识保护(Kale 等,2000)。这些矛盾的逻辑和行为负向影响了接包方的心理情绪,有时会让他们左右为难,有时会让他们感到不悦(Raza-Ullah 等,2014)。

另外,从心理契约理论的角度分析,心理契约违背和心理契约履行有不同程度的影响。心理契约违背的负面影响要超过心理契约履行的正面影响,心理契约违背是负面情绪和态度的决定性因素(Conway 等,2011)。

Guest(1998)则指出未履行义务的消极影响比未满足期望要严重。由于人们在交换关系中寻求均衡、公平,心理契约的破坏使人们产生不公平的感觉,认为自己对对方的义务下降(Robinson 等,1994)。心理契约破裂与违背最终导致负面行为、异常行为(Morrison 和 Robinson1997;Guest,1998)。因此,发包方知识保护的负面作用抵消了知识共享的作用,知识保护造成的心理契约违背的作用大于知识共享履行的心理感知。接包方由此产生的负面情绪反应到合作中,包括生气、沮丧、失望等(Conway 和 Briner,2002)、负面态度——信任降低(Robinson,1996;Van den Heuvel 等,2016)、承诺降低、忠诚度降低(Turnley 和 Feldman,1999)、怀疑猜忌等(Johnson 和 O'Leary-Kelly,2003)。这些负面情绪导致了关系的不和谐,从而降低了共同解决问题的意愿和合作氛围。

第二,知识利用上的不相容。知识共享有助于共同解决问题,而知识保护则降低了知识共享的作用,知识保护使知识不能发挥组合效应。知识保护有可能抑制知识共享,从而妨碍共同解决问题的效果,因为 IT 外包中共同解决问题需要发挥多方面知识的组合优势(Jean 等,2014)。一方面,发包方的知识共享有助于在共同解决问题时发挥知识的组合效用。根据知识基础观,在 IT 外包中,交付商业价值本质上是一系列基于知识的活动。外包项目中一个重要方面就是将不同领域的专业知识有效共享并集成起来以确保项目成功(Chang 和 Gurbaxani,2012;Su,2013)。知识吸收利用的过程包括发现、获取、同化、转换、整合、利用等(Nonaka 和 Takeuchi,1995)。知识的学习需要有一个完整的图景,知识是不可分的(Lane 等,2001)。根据王众托院士的观点——隐性知识和显性知识在某些情况下会相互融合,难以区分。IT 外包产业涉及 IT 技术、业务、跨企业、跨地区的知识,比其他行业都要广,比如软件开发中既涉及经验诀窍等隐性知识,又涉及开发流程、标准等显性知识,软件项目开发管理中既涉及各种保存的文档等显性知识,又包含对于项目掌控、资源调配等隐性知识。因此,知识共享尤其是隐性知识共享有助于知识的组合利用。知识的组合利用除了保证了共同解决问题方案的提出和实施,还能提供更多额外的价值。Bouncken 和 Fredrich(2016)认为共享、整合竞争对手之间的不同知识能够发现新的机会。发包方与接包方之间的合作能够加强对市场的共同理解、对机会的共同把握,以及对技术的联合研发。

另一方面,为了防止核心知识泄露、盗取,发包方采取多种措施进行知识保护。知识保护程度越高获取知识就变得越难,知识保护增加了知识转移的成本,使共同解决问题的成本升高、效率下降(Jain 和 Thietart,2013;Yang 等,2014)。发包方的知识保护的存在削弱了知识共享的作用,使知识不能发挥最大效用。由于知识的不可分性,过分的知识保护使知识很难在共同解决问题行动中发挥协同作用(Winkler 等,2015;Kudaravalli 等,2017)。知识保护将知识进行了分割,难以利用。根据关系观,知识具有很强的关系嵌入性,非特定关系的企业很难理解知识的真正意思和用途(Dyer 和 Hatch,2006)。Simonin(1999)指出知识保护提高了因果模糊性,Augier 和 Teece(2005)认为知识即使被竞争对手偷取,也很难理解、模仿、复制。例如,并不能认为隐性知识比显性知识更有用,隐性知识与显性知识结合在一起才更加有效,隐性知识构成了开发和解释显性知识所必需的背景基础(Blumenberg 等,2009)。在访谈中,一位接包方的项目经理也说"发包方给我们共享的知识常常是业务需求、开发框架等方面的知识,而涉及核心知识的基本不会告诉我们"。由此不难看出,核心知识的保护对共同解决问题效果的不利影响将超过一般性知识共享。

综上分析,发包方知识共享与保护的同时存在既触发了不利于共同解决问题的负面情绪,又限制了知识价值的利用。发包方同时进行知识共享和知识保护,一方面不利于良好的关系,另一方面也不利于知识的利用。知识共享与知识保护的交互必将损害双方共同解决问题的意愿,降低共同解决问题的实际效果。因此,提出如下假设:

假设 6:发包方知识共享与知识保护的交互负向影响共同解决问题。

3.4 契约图式的调节效应

3.4.1 交易契约图式的调节效应

根据心理契约理论,心理契约是关于彼此责任、义务的心理期望,心理契约具有主观性、不确定性、动态性等特征(Rousseau,1995)。心理契约在执行中存在履行和未履行两种情况,Morrison 和 Robinson(1997)认为心理契约履行与否会产生认知评价与情感反应。心理契约履行是积极的心理感知,心理上感到满意;心理契约未履行是消极的心理感知,产生心理契约破坏和违背的感觉,增加了负面情绪,可能引发不利的行为。如前文中图 2-4 所示,从心理契约的履行与否,到心理满意或违背,再到最终激发的行为,需要经过一个较为复杂的比较、解释过程,包括心理契约履行与否——比较——破坏与否——归因——解释——满意或违背——行为(Morrison 和 Robinson1997;Restubog 等,2013;Peng 等,2016)。例如,Restubog 等(2013)的实证研究结果证实,心理契约破裂感知通过心理契约违背影响异常行为,工作场所的家庭主义能够减弱心理契约破裂感知的作用。Peng 等

(2016)研究发现,对于喜欢外部归因的人比内部归因的人,心理契约违背的负面作用更强。

关于契约的认知图式表示一种心智模型,其构成了参与方对合作关系中相互义务和期望的理解和解释(Sherman 和 Morley,2015;Harmon 等,2015)。具有不同契约认知图式的合作伙伴对于对方应履行义务的期望是不同的,关于对方知识竞合动机的解释也不同(Hill 等,2009;Cullinane 和 Dundon,2006)。契约认知图式的差异往往来源于以前的经验、意识形态、价值观、文化和制度(Robinson 和 Morrison,2000;DiMaggio,1997;Thomas 等,2016;Sherman 和 Morley,2015;Morrison 和 Robinson,1997)。契约认知图式以心理契约的形式表现,同时也构成了合作双方的心理契约(Rousseau,2001)。因此,交易契约图式和关系契约图式对"心理契约履行与否——满意或违背——行为"这一过程产生着影响。既影响心理契约是否履行的感知,又影响心理契约履行与否的比较过程,还影响心理契约违背感知的程度,最后也影响交易双方采取何种行为。

在 IT 外包的背景下,交易契约图式反映了接包方对发包方知识共享和保护的态度和解释。具体来说,交易契约图式将企业间合作视为法律合同正式确定的经济交易(Harmon 等,2015;Lioliou 等,2014;Millward 和 Hopkins,1998)。持有交易契约图式的接包方并不期望与发包方保持持久的关系,而是认为合作是完全依赖于合同的短期经济交易,履行法律义务是为了获取报酬(Cullinane 和 Dundon,2006;Millward 和 Hopkins,1998;Rousseau 和 Parks,1993;Rousseau,2001)。因此,具有这种认知图式的接包方倾向于接受知识保护是发包方理应采取的正当方式,发包方的知识共享行为则会超过接包方的心理期望。接包方对于发包方的知识竞合行为的反应受到接包方契约图式的调节,笔者认为,交易契约图式削弱了发包方知识保护对共同解决问题的负向影响,但增强了发包方知识共享的正向作用。

首先,交易契约影响了接包方对发包方心理契约义务履行与否的感知。交易契约图式降低了知识保护活动造成的心理契约失败,增加了知识共享活动的心理满意度。持有交易契约图式的接包方将外包交易视为短期、有限参与的经济交易,其义务由正式合同条款确定(Morrison 和 Robinson,1997;Millward 和 Hopkins,1998)。完全依靠合同的短期经济交易行为,付出努力以获得经济报酬。基于这种观念,接包方将正式合同或其他保障措施视为被双方采用的必要控制手段,保护自己免受对方可能施加的任何负面影响,可以通过书面或非书面的协议来澄清双方的义务和行动(Mayer,2006;Harmon 等,2015)。接包方虽然将知识共享视作相互的义务,但其认为发包方有权保护他们的知识(Harmon 等,2015)。因此,当发包方增加知识保护时,交易契约图式减少了接包方对发包方的义务履行失败的感知。相反,发包方的知识共享行为则超过了接包方的心理预期,接包方会认为发包方很好地履行了义务。

其次,交易契约图式可以降低接包方对发包方心理契约违背的感知。虽然知识保护发出不信任的信号,但是,它可能不会激发持有交易契约图式的接包方的负面感知。持有交易型契约图式的接包方倾向于接受合作伙伴可以采取必要措施使知识免遭泄漏,以保护合作伙伴的正当权益(Yang 等,2014;Harmon 等,2015)。在交易契约图式中,知识保护活动被接包方和发包方均认为是合理的,这种认知一致性减少了对心理契约违背的感知(Hill 等,2009;Morrison 和 Robinson,1997)。因此,当发包方限制对接包方的知识溢出或阻止接包方获取其关键知识时,接包方往往把发包方的知识保护行为解释为合法的正常行为,而不是将其视为有意的、消极的不信任信号。另一方面,持有交易契约图式的接包方认为发包方进行必要的知识共享也是其义务,但是接包方的心理期望并不高。如果发包方进行高水平的知识共享,接包方的心理期望能够得到满足,往往会体验到满足感,愿意共同解决问题(Rousseau,1995)。发包方的知识共享行为使接包方对发包方的好感增加,使接包方认为发包方是可靠的交易伙伴。这不仅有助于供应商提供更好的服务,更能使合作顺利进行,避免不必要的冲突(Kingshott,2006)。

最后,交易契约图式影响了接包方可能采取的行为。在持有交易契约图式的接包方看来,发包方知识保护造成的心理契约违背并不那么强烈,采取消极行为的意愿也不强,并不会太抵制共同解决问题的行动。这是因为心理契约违背的结果是不确定的,采取何种态度和行动取决于双方的知觉和处世哲学(Morrison 和 Robinson,1997)。交易契约图式偏向于短期交易,这可能会使接包方对于违反心理契约的情绪反应不那么敏感,因为接包方对这种关系的参与和投入更少(Rousseau 和 Parks,1993;Morrison 和 Robinson,1997)。而另一方面,当发包方进行高水平的知识共享时,接包方能感知到发包方更高水平的承诺,相互依赖增加,从而刺激了接包方采取更为积极的行为。接包方更加愿意投入共同解决问题的联合行动,为发包方提供更高水平的服务交付,以便赢得更多的合同和后续的合作(Goo 等,2009;Ghobadi 和 D'Ambra,2011)。

综上分析,持有交易契约图式的接包方认为发包方知识保护是合理的正当行为,心理契约的失败感知、违背感知降低,采取过激行为的动机也降低;如果发包方进行高水平的知识共享则超出了接包方的心理期望,更愿意加大对合作关系的承诺,更加致力于共同解决问题的行动。因此,提出如下假设:

假设 7a：接包方的交易契约图式削弱了知识保护对共同解决问题的负向作用。

假设 7b：接包方的交易契约图式加强了知识共享对共同解决问题的正向作用。

3.4.2　关系契约图式的调节效应

不同于交易型契约图式，关系契约图式会加强发包方的知识保护对共同解决问题的负向影响，削弱发包方知识共享对共同解决问题的正向影响。因为持有关系契约的接包方将发包方知识共享赋予很高的权重，而知识保护行为预示着消极的心理感知。

首先，关系契约图式增加了知识保护引起的心理契约失败的感知，减少了知识共享引起的心理满足感知。关系契约图式将企业间交易看作协作关系，这种关系建立在资源共享，涉及隐性、非书面义务的社会交换基础上（Millward 和 Hopkins，1998；Morrison 和 Robinson，1997）。特别是在诸如 IT 外包项目的复杂任务环境中，具有这种认知图式的接包方倾向于通过协调来应对外包项目需求的模糊性和动态性（Lioliou 等，2014）。这种情况下，接包方认为与发包方的关系应该是善意的，双方都应该共同努力来面对风险和不确定的情况（Harmon 等，2015）。鉴于知识交流是 IT 外包项目的不可或缺的部分，具有关系契约图式的接包方希望与发包方进行频繁沟通和高度参与，共同解决问题并应对突发事件，发包方有义务在任务情况分享接包方所需的知识（Koh 等，2004；Lioliou 等，2014）。因此，当发包方的知识保护增加时，接包方将会感知到更强的发包方被期望的义务的不一致性，这种认知不一致将触发心理契约违背（Morrison 和 Robinson，1997）。因此，当发包方的知识保护增加时，接包方可能会感受到更多的竞争和敌意，感受到更少的合作善意。接包方更不愿交换信息，也不愿意共同解决合作过程中的问题。相反，持有关系型契约图式的接包方将知识共享行为看作发包方应尽的义务，经过接包方的心理比较发现并未超出其期望，因而激励力量不强（Vroom，1964）。

其次，持有关系契约图式的接包方对与发包方间的互信抱有很高的期望，因为这种类型的接包方更重视开放的沟通、强有力的承诺，需要相互之间的信任（Lioliou 等，2014）。Van den Heuvel 等（2016）发现，心理契约违背可能会使雇员或雇主立即感觉到对方的不信任。当发包方加强知识保护，创造知识流动障碍时，接包方会将这些行为解释为违反契约精神，表明了对他们的不信任（Harmon 等，2015）。结果是，负面情绪（如沮丧、失望、愤怒）加剧了心理契约的违背（Morrison 和 Robinson，1997；Suazo 等，

2009)。这种心理契约违背可能激发接包方更高水平的消极归因(Restubog 等,2013)。因为IT外包的知识产权(如专利、著作权等)的保护难度大、成本高。人际交往中知识会无意识地被共享、现代的通信技术使共享变得容易和普遍,这也使知识保护难度增加。比如那些代表着企业核心竞争力的知识,企业自身都很难说清楚其内在流程和逻辑,更不用说试图模仿的竞争对手。相反,越是容易模仿的竞争优势越没有多大的价值,在接包方看来没必要进行保护(Augier和Teece 2005)。发包方采取的知识保护手段,如限制人员接触、监控信息流动、知识隐藏等更加伤害接包方,进而破坏了接包方对发包方的信任,增加了接包方的心理契约违背(Cullinane和Dundon,2006)。和谐互信的氛围为发包方与接包方参与共同解决问题提供了社会条件基础,使双方更愿意参与到共同解决问题的联合行动中(Wu和Pangarkar,2010;Ho和Ganesan,2013)。信任反映了一方对合作伙伴善意的信心,合作伙伴在判断他们是否被信任的基础上发展信任感知(Ring和Van de Ven,1994;Lado等,2008)。信任的关系中,接包方和发包方拥有共同的信念,关心共同利益,致力于实现共同目标(Claro等,2003)。信任也有助于减少信息收集和监测活动的投入,增加接包方的自主权,激励双方进行联合行动(Poppo等,2016)。但发包方的知识保护行为传递了不信任的信号,为了回击发包方的知识保护行为,接包方可能表现出卸责行为,更不愿意共同解决问题。另一方面,持有关系契约的接包方将知识共享视为双方的核心义务,是双方都必须遵守的。在发包方进行高水平的知识共享时,接包方将其解释为合理的正当行为。心理契约违背的负面影响要超过心理契约履行的正面影响(Conway等,2011),未履行义务的消极影响比未满足期望要严重(Guest,1998)。可以认为发包方的知识保护行为造成的负面情绪更大,而知识共享给接包方带来的满足感则没有那么强烈。

最后,关系契约图式影响接包方的行为。在持有关系契约图式的接包方看来,发包方知识保护造成的心理契约违背更加强烈,采取消极行为的意愿更强,将会抵制共同解决问题的行动。这是因为心理契约违背的结果取决于双方的知觉和处世哲学(Morrison和Robinson,1997)。关系契约图式偏向于长期交易,将外包合作关系视为战略性伙伴关系,这可能会使接包方对于违反心理契约的情绪反应更为敏感,因为接包方对这种关系更加重视,参与和投入更多。而另一方面,当发包方进行知识共享时,接包方将其视作合理的正当行为,持有关系契约图式的接包方认为社会交换是公平的(Adams和Freedman,1976)。对于关系契约图式的接包方而言,发包方的知识共享引起的心理满足感下降,给接包方的激励也相应减少(Ding和Huang,2010)。因此,关系契约图式削弱了发包方的知识共享对共同解决问题的正向作用。

综上分析,持有关系契约的接包方将发包方知识共享视作发包方应尽的义务,而知识保护加剧了心理契约的违背感知。因此,提出如下假设:

假设 8a:接包方的关系契约图式加强了知识保护对共同解决问题的负向作用。

假设 8b:接包方的关系契约图式削弱了知识共享对共同解决问题的正向作用。

3.5　知识环境的调节效应

知识环境是影响接包方心理契约的外部因素,知识环境的优劣影响了接包方对发包方知识共享与保护的心理认知。

心理契约是一种主观心理约定,约定的核心成分是双方隐含的相互责任、义务和期望。心理契约的本质是一种心理期望,它会随着工作的社会环境以及个体心态的变化而发生改变(Kotter,1973)。心理契约的形成除了受心智模式、价值观、信仰等内在因素的影响外,也受外部环境的影响(Rousseau,1995;Smithson 和 Lewis,2003)。组织是一个开放系统,随着市场越来越开放,企业边界变得越来越模糊,企业与外部环境的交互更加明显,环境对组织的潜在影响越来越大(Hofer,1975)。越来越多的学者研究了外部环境对组织的具体影响(如 Atinc,2014;Qian 等,2013;Shepherd 和 Rudd,2014;Heavey 和 Simsek,2013)。服务外包中越来越重视外部环境的作用,如市场竞争程度、市场不确定性、技术动荡性、行业增长速度、公众对外包的认知等,这些外部环境变量影响外包治理以及外包绩效(Lacity 等,2016)。但 IT 外包属于知识密集型行业,项目组经常进行外部搜索、从外部知识环境中获取帮助。对于 IT 服务外包企业而言,知识环境正在成为重要的环境维度之一。与竞争、技术、需求不确定等环境特征不同,知识环境给 IT 外包企业带来的是丰富的知识资源、信息和链接。尤其是移动互联、云计算、WEB 2.0、自媒体等新一代信息技术的普及让知识环境呈现出大数据的特征,大量的、有价值的、多样化的信息和知识涌现出来(LaValle 等,2011;Wamba 等,2015)。IT 服务外包企业可以从知识环境中提取大量免费的信息和知识,如开源社区中的大量开源程序包、知识问答等,还可以获得社区、顾客、其他团体等多种来源的关键知识和新技术(Afuah 和 Tucci,2012;Hashem 等,2015)。这些都大大降低了资源获取的难度,提高了资源的多样性(Morgan 和 Finnegan,2014)。因此,以大数据为特征的知识环境对 IT 服务外包企业有重要的潜在影响。知识环境除了影响着接包方知识学习的方式外,还对其心理契约有深刻的影响,影响了接包方对发包方知识共享与知识保护的看法。

当外部知识环境好时,接包方可以从知识环境中获取大量的、多样化的、有价值的信息和知识。根据心理契约理论,如果发包方仍然进行严格的知识保护,接包方感知到心理契约的失败和违背将增强。首先,这会让接包方更加反感发包方知识保护,此时知识保护所传递的不信任信号使接包方感知得更加强烈(Suazo等,2009)。发包方的知识保护行为是指保护其认为有价值的知识(稀缺、独特、难以模仿、关键核心竞争力),但发包方严格保护的知识是否有价值、是否稀缺则不一定(Powell,1990)。如果是一些并不具有独占性的知识被保护,但接包方却能在良好的外部知识环境中轻松获得,反而会使接包方感觉到不悦。接包方甚至将发包方知识保护视作有意为之,这种情况下契约违背的感知变得更加强烈,从而加大了接包方的不满情绪,比如失望、悲痛、愤怒等负面情绪反应。其次,大数据环境下,知识保护是困难的。IT产品和服务中知识的内隐性使知识产权难以被编码,难以通过正式的知识产权方法,如专利、版权等进行定义和保护(Srikanth等,2015)。另外,IT外包知识涉及的范围很广,使用某一种知识保护措施可能无法全面保护知识(Olander等,2014)。再加上智能移动设备的大量普及给知识保护带来了挑战(Thalmann等,2014)。在此情形下,发包方如果想保护知识,势必要采取更多更为严格的知识保护措施,从而加强了接包方对发包方知识保护行动的感知。根据Morrison和Robinson(1997)的观点,接包方认为发包方未履行共同的义务,感知到心理契约的违背更强。如Harmon等(2015)所发现,当契约违背被认为是故意的行为时,合作伙伴的负面反应将更强烈,对于信任为基础的合作关系的破坏性更大,破坏了共同解决问题的合作基础。最后,心理契约的违背结果是不确定的,采取何种态度和行动来处理某种违约行为取决于双方的知觉和处世哲学(Rousseau,1995)。当发包方进行知识保护时,接包方依然可以从外部知识环境中获取所需的知识,此时项目的完成更多地依靠接包方的自主攻关,而不是共同解决问题。

从另一方面看,当外部知识环境较好时,如果发包方能够共享知识,接包方会感知到更多的善意。根据心理契约理论,如果一方的心理期望能够得到满足,他们会体验到满足感(Rousseau,1995)。如果发现自己的投入—产出比高于自己所应得的或是相同地位人所得的,甚至会产生内疚感,故而设法采取补偿行为,愿意加大对关系的承诺和资源投入,以保持心理平衡(Huppertz等,1978)。发包方共享知识的质量、效率越高,接包方越能感知到发包方致力于共同解决问题的意愿和投入,感知到更高的承诺。此时的接包方也愿意给予积极的回报,更加主动、坦诚地与发包方分担风险、利益共享,从而促进共同解决问题。知识共享也丰富了共同知识库,再借助外部知识环境,能够共同解决更多难题、创造更多的价值(Wamba 等,2015;Hazen 等,2014)。

综上分析,提出如下假设:

假设 9a:知识环境加强了知识保护对共同解决问题的负向作用。

假设 9b:知识环境加强了知识共享对共同解决问题的正向作用。

3.6　本章小结

以竞合理论和心理契约理论为主要理论依据,并以知识管理和 IT 外包研究文献为补充,本章提出了本书的概念模型,分析了 IT 外包中发包方知识竞合如何影响接包方的最终项目绩效。以竞合观点,将发包方知识共享与知识保护同时纳入研究框架;根据 IT 外包特征,并结合 IT 外包研究文献,提出共同解决问题为中介变量;根据心理契约理论,从内外两方面研究两种契约图式、知识环境的调节作用。

根据研究框架提出了研究假设,首先分析了发包方知识共享和知识保护对接包方项目绩效的影响,其次阐述了共同解决问题的中介作用,再次分析了两种契约图式——交易契约图式和关系契约图式的调节作用,最后是关于外部知识环境的调节作用。

本书共提出 12 个假设,归纳如表 3-1 所示。

表 3-1　本书所提研究假设

序号	假设内容
假设 1	发包方知识共享正向影响项目绩效
假设 2	发包方知识保护负向影响项目绩效
假设 3	共同解决问题正向影响项目绩效
假设 4	发包方知识共享正向影响共同解决问题
假设 5	发包方知识保护负向影响共同解决问题
假设 6	发包方知识共享与知识保护的交互负向影响共同解决问题
假设 7a	接包方的交易契约图式削弱了知识保护对共同解决问题的负向作用
假设 7b	接包方的交易契约图式加强了知识共享对共同解决问题的正向作用
假设 8a	接包方的关系契约图式加强了知识保护对共同解决问题的负向作用
假设 8b	接包方的关系契约图式削弱了知识共享对共同解决问题的正向作用
假设 9a	知识环境加强了知识保护对共同解决问题的负向作用
假设 9b	知识环境加强了知识共享对共同解决问题的正向作用

第4章 研究方法

4.1 样本与数据收集

4.1.1 问卷设计

本研究采用问卷调研的实证研究方法,调研分三个阶段进行:设计问卷、选择样本、收集数据。为了保证问卷的信度并兼顾研究需要,问卷主要参考了英文文献中成熟的量表,并根据研究需要重新设计了小部分的题项。如外部知识环境、交易契约图式和关系契约图式还没有成熟统一的量表,本书整合现有文献并结合实地访谈,按照新变量测量的规范程序设计了部分题项。

在文献总结以及专家咨询的基础上,设计了调研问卷的英文版;然后请一位定居国外的华裔管理学教授把问卷翻译成中文,并与四位长期从事IT外包的专家(含2位企业高层和2位研究者)进行了讨论,专家认为如果问卷易于理解、用词精炼、内容与受试者相关并对其有一定的益处,那么受试者会乐于填写问卷,因此,研究小组对用词、格式进行了修改,以使不同受试者能够有清楚的、一致的理解。然后请另外一位在美国工作的华人教授把中文问卷再翻译回英文,并与原先的英文对比,以此来保证中文题项的确切涵义不失真。

问卷设计完成后调研小组选取了10位项目经理进行了预调研,预调研的目的是:一是确保问卷更加适合我国IT外包行业的特点,确保问卷所提问题能揭示现实情况;二是能够尽量消除大规模调查之前问卷语言、语气表述等方面的漏洞。10位项目经理分别来自于5家外包企业,调查人员首先对其进行了1小时左右的访谈,然后讲解问卷的目的和每个题项,受访者利用40分钟左右时间填写问卷各项内容。受访者将疑问和建议反馈给调研小组,根据预调研的反馈对问卷进行了必要的修改、确定了问卷的最终版。10位项目经理的预调研数据被排除在最终的正式调研数据之外。

4.1.2 调研对象选取

由于本书研究的问题是发包方知识共享与知识保护行为对接包方绩效

的影响,以及接包方对发包方知识共享与保护行为如何反应,所以选取中国接包企业为调研对象。中国已经成为世界上最大的接包国之一,拥有外包企业众多,业态完整,符合本书研究情景。

调研的对象将从中国服务外包示范城市中进行选择。目前,北京、西安、大连、成都、深圳等21个城市为中国服务外包示范市。经过几年的发展,示范城市的各项主要统计指标占到全国总量的75%以上,示范城市已经成为中国IT外包的主要承接地。这些示范城市的服务外包特色对比如表4-1所示。

表4-1 主要示范城市发展特色对比表

序号	城市	主要特色	发展重点
1	北京	综合条件优越,总部经济,人才优势,国际交流中心。综合成本高昂	软件与信息服务外包、金融服务外包、技术研发外包、商务服务外包、物流服务外包、生物医药外包、设计创意外包
2	上海	政府效能,区位优势,国际化程度高;综合成本过于高昂	软件开发外包、研发设计外包、物流外包和金融后台服务外包等领域
3	大连	产业集聚度高,对日外包优势明显;企业创新能力不强	嵌入式软件开发与服务、金融、保险、通信、人力资源服务、后台支持服务、制造领域的外包业务
4	无锡	制造业基础雄厚,区域位置优越,政策扶持得力	信息技术外包、业务流程外包、动漫创意外包,商贸物流、金融服务、科技咨询等现代服务外包
5	深圳	开放程度高,产业集聚度高,IT产业基础雄厚	嵌入式软件开发,集成电路设计服务外包业务,制造业、金融业、物流等外包业务
6	成都	人才、成本、城市的比较优势	重点发展数字游戏动漫、信息安全技术以及通讯、软件、新一代移动通讯
7	南京	区位优势、开放城市、人才优势;国际交往多	ITO产业、工程设计、动漫制作、研发服务、知识产权、律师及医疗服务、远程教育等BPO
8	西安	综合成本低,国际名城,人才优势,独特的产业基础支撑;企业规模小	嵌入式软件、行业应用软件、数字内容软件,积极开展业务流程外包、异地数据容灾备份、软件人才教育培训等服务

序号	城市	主要特色	发展重点
9	杭州	金融外包之城,区位优势突出,政府效率高,环境优越,利于集聚发展;商务成本比较高	软件设计、网络与数字增值业务服务和电信等为核心的ITO;培育人力资源培训和金融服务等具有一定特色的产业为BPO的发展方向
10	苏州	政策扶持得力,制造业基础雄厚,城市文化多元化	研发设计、动漫创意、金融、生物医药研发、物流/供应链管理等外包业务

本研究选择了西安、大连、成都、深圳等四个国家级服务外包示范城市进行调研,选择这四地的原因在于:四个城市均为我国发展IT服务外包较早的地区,经验丰富,企业众多,能够较好地代表行业特征;四个城市的IT外包国际化程度较高,承担了大量的外包业务,比较适合于本课题的研究;四个城市在区位上差异明显,能够避免由经济发展不平衡带来的系统误差。根据四个城市服务外包协会提供的企业列表,首先按照研究需要剔除了业务类型不是IT外包的企业,人数过少或者企业建立时间太短的也从列表中剔除;然后调研小组分别给列表中的企业进行联系,联系不上的从列表中剔除;最终,选取了200家以从事IT外包为主的企业作为样本进行问卷发放。其中,西安、大连、成都、深圳的样本分别占比46.18%、20.5%、17.21%、16.11%。

本研究以项目为研究单位,问卷调研以项目层面为主,因为IT外包合同是以项目的形式实施的,一个项目团队对于项目的运作有着较大的自主权,另外即便是同一个公司,每一个具体的项目在业务类型、发包方、合作方式等方面也是显著不同的,因而,以项目作为研究单位是合适的,这也是多数研究IT外包的学者采取的惯用方式,学者们认为每一个IT外包项目可以视为独立的研究单元——即使这些项目存在同一个企业内,也可以从一个企业选取不同的项目作为调研样本。项目经理(或称作项目组长)对项目有很大的控制权和自主权,对于项目全过程的认识最为清楚。因此,本研究将项目经理作为调研对象,让每个人针对其最近交付的IT外包项目的相关情况填写。同时,为了避免同源误差,每一个项目团队还要求一位成员来填写关于项目绩效等方面的问题。

4.1.3 调研过程描述

根据各地外包协会提供的企业样本,本研究随机选择了200家企业,其中最终愿意接受调研的有 68 家,每一家公司根据要求挑选出合适的项目经理及项目成员。

　　为了提高问卷的可靠性,本调研采用了面对面填写问卷的方式以避免误解、应付差事等因素带来的不确定性。课题组首先联系公司的中高层管理者,先将调研的意图解释清楚,然后由其安排富有经验的项目经理参与调研,根据约定的时间,两名课题组成员亲自到企业,尽可能地将项目经理召集在一个统一的地方(如会议室、休息室等),便于向其解释调研目的以及注意事项,并随时回答项目经理关于填写问卷时遇到的疑问。为了保证收集问卷数据的真实,打消受试者后顾之忧,调研人员承诺保密和报告反馈。在调研过程中出现了一个令研究者欣慰的事情,很多项目经理在填写问卷后告诉调研人员问卷中的题项设计得很好,在填写问卷的时候他们也在反思、对照,很有收获,这从一个侧面也能证明本次问卷调研是受欢迎的,从而能够保证数据的质量。

　　问卷调研从 2014 年到 2015 年,最终于 2015 年 4 月份完成数据的收集。最终收回问卷 305 份,剔除掉关键信息填写不完整和回答雷同较多的无效问卷 21 份,有效问卷共有 284 份。

4.1.4　调研数据的基本特征

　　样本基本特征如表所示。从表 4-2 可以看出,样本企业较为成熟(≤5 的仅占 13.2%),其余均为成立超过 5 年的企业;规模上符合 IT 外包企业的特征,即以中小企业为主(企业规模小于 500 人的,>90%);所调研的项目发包国别符合我国 IT 服务外包实情:日本(34.9%)、美国(20.1%)、欧盟(2.5%)、中国(36.6%)、其他(5.9%);业务类型几乎涵盖了软件开发的各个方面;而项目经理有着较深的行业背景(≤5 的仅占 17.2%),学历以本科及硕士为主(90.6%)。通过样本的特征描述可以发现本研究所收集的样本数据完全符合研究需要。

表 4-2　样本特征

特征	频率/%	特征	频率/%
(一)企业特征			
1.企业年龄		2.企业规模	
≤5	13.2	≤50	34.2
6~10	34.2	51~100	15.8
11~15	31.6	101~200	23.7

续表

特征	频率/%	特征	频率/%
16～20	7.9	201～500	18.4
≥21	13.2	≥501	7.9
(二)项目特征			
1.项目发包国类别		2.业务类型	
日本	34.9	定制开发	61.1
美国	20.1	系统设计	21.1
欧盟	2.5	模块开发	28.9
中国	36.6	Coding	25.6
其他	5.9	测试	31.7
		维护/托管	17.2
		其他	1.7
(三)项目经理特征			
1.行业经历		2.企业经历	
≤5	17.2	≤5	61.7
6～10	57.8	6～10	29.4
11～15	20.0	11～15	7.2
≥16	5.0	≥16	1.7
3.学历			
大专及以下	9.4		
本科	77.3		
硕士	13.3		

备注:1.发包国类别中"其他"指澳大利亚、马来西亚、墨西哥、新加坡、新西兰等。

2.项目经理"行业经历"指在 IT 外包行业工作时间,"企业经历"指在本企业的工作时间。

4.1.5　样本的可靠性检验

对于调研方法,有两个通常会出现的问题可能会对样本的可靠性造成影响,一是未回应偏差,二是共同方法偏差。

根据 Armstrong 和 Overton(1977)的建议,在 200 家企业中最终愿意接受调研的有 68 家,本调研的有效问卷回收率为 34％。为了检验未回收误差对抽样有效性的威胁,笔者采用 T 检验对回收样本和未回收样本的企业规模、企业年龄进行了对比,T 检验的结果显示(p 值均大于 0.1),回收样本和未回收样本在企业规模和企业年龄方面不存在显著差异,说明未回收偏差不会造成严重威胁。

共同方法偏差来源于所收集的自变量和因变量都是由相同的被访问者填写。本研究在调研过程中采用不同的访问者填写,每个项目由项目经理和一名项目成员完成,因变量"项目绩效"的各指标分值由两份问卷的平均值求得。同时,为了避免认知差异带来的误差,调研人员在收回同一家企业的两份问卷后,对存在较大差异的问卷进行确认,并纠正由于认知差异所引起的偏差。另外,本研究对项目经理版问卷、成员版问卷均进行了回应者间差异检验,检验结果表明绝大部分指标不存在不同回应者差异。因此,本研究所收集的样本数据中共同方法偏差不是一个严重问题,对后续检验不造成威胁。

4.2 变量的度量

4.2.1 度量指标选择的原则

研究中涉及变量度量指标设计,这是实证研究中最关键的问题之一。很大程度上,度量指标设计好坏决定统计分析结果是否可靠、有效。

1. 度量指标设计过程

变量的度量指标设计,遵循程序如下:

①检索文献,查找前人使用过,被证明是有效的度量指标(Mumford 等,1996)。

②若无法找到恰当的指标,可依据现有文献对该因素的讨论,总结出该因素主要的特征,以此作为度量的指标。

③不改变问题原意,对来源于英文文献的那些度量指标,一定程度上调整翻译陈述方式,以便符合中国人的阅读习惯。

④多数英文论文主要反映了外国情况,因为它们是结合外国环境分析的。而中国实际环境区别于外国,鉴于此,尽可能挑选针对中国环境进行研究的外文论文,从中发现、选取调研的问题。若找不到与中国环境相匹配的问题,便修改外国环境中的度量指标,使指标符合中国环境。

遵循 Dillman(1978)的总体设计方法,笔者设计新变量的构造。对每个变量,首先,根据已有文献,构造出初始因素集(Mumford 等,1996)。然后,进行第一次预调研数据的收集。用预调研数据对初始度量指标分析探索性因子,从而确定这些指标所度量的结构变量。那些在统计上与各个结构变量相关的因素被保留下来,并利用新的预调研数据进行前后数据的对比检验。最后,进行第三轮预测试以检验所提取的指标是否能够较好地描述结构变量的内涵。

2. 本研究中新变量的构造过程

在本研究中,涉及的新变量有交易契约图式和关系契约图式两种契约图式,以及外部知识环境。根据心理契约理论,Rousseau 和 Parks(1993)将心理契约分为两类,即交易型心理契约与关系型心理契约。交易型心理契约以双方在短期财务指标上达成一致为目的,是以经济交换为基础的心理契约关系。关系型心理契约更多关注基于社会和情感因素交换基础上的信任、义务,而较少考虑纯粹财务上的问题,是以情感交换为基础的心理契约关系。在此基础上,根据认知理论(Sherman 和 Morley,2015),并结合外包特点和对外包从业人员的调查访谈,初步确定使用契约认知图式来描述个体对合作关系的认知态度。关于契约的认知图式表示一种心智模型,其构成了参与方对合作关系中相互义务和期望的理解和解释(Sherman 和 Morley,2015;Harmon 等,2015)。根据现有文献,IT 外包治理中基于契约的正式治理和基于关系的非正式治理都占有相当的比例。通过深度访谈,笔者也发现有一部分管理者更加关注合同,倾向于契约治理;而另一部分则将合同视作建立关系的基础和仪式,更加注重合作中的协调和非正式控制,通过互惠、相互适应、信任、合作、社会规范等将关系机制促进高水平的协调和控制。由此为本书提出交易契约图式和关系契约图式打下基础,也有助于在现有研究基础上提炼出两种心理契约图式的操作化定义。根据文献(Lioliou 等,2014;Harmon 等,2015)开发了交易契约图式和关系契约图式的测量指标,通过三轮预调研最终确定了测量量表。

随着大数据时代的到来,外部知识环境越来越丰富,对企业运作的影响也越来越大。然而,关于知识环境的实证研究还比较缺乏,还没有成熟的量表可用。当前 IT 外包企业面临的知识环境呈现出大数据特征,笔者根据大数据特征重新构建了知识环境的测量量表。大数据呈现出数量大、速度快和多样化的特征(舍恩伯格和库克耶,2013)。根据现有文献中关于大数据概念的描述,参考 Wamba 等(2015)、Hazen 等(2014)的研究,本书用数量大、速度快和多样化三个组成指标来测量知识环境,根据现有文献关于相关概念的描述进行了操作化定义,通过三轮预调研最终确定了测量量表。

4.2.2 变量的定义与度量指标

通过查阅文献、专家讨论、深度访谈等方式,本研究开发了基于李克特 1～5 级量表来测量变量,问卷应试者通过自己的感知来做出回答。本研究中的变量测量尽量采用 IT 外包中已有的量表,如果没有则采用经典文献中的测量,同时根据 IT 外包背景进行适当的修改。

(1)发包方知识保护。发包方知识保护是指发包方为了防止知识泄露和被窃而采取一系列措施(Norman,2001;Simonin,2004;Yang 等,2014),根据 Norman(2001)、Simonin(2004)的研究,并结合 IT 外包背景,本研究采用 5 个指标来测量知识保护:①发包方通过采取各种措施防止核心技术外泄;②发包方通过采取各种措施防止我们获取他们的重要知识;③发包方通过分解任务包来降低知识外溢;④发包方采取各种措施避免我们与核心技术人员接触;⑤发包方尽可能少的向我们转移知识。

(2)发包方知识共享。发包方知识共享是指发包方为了合作需要,将信息、数据、经验、诀窍等转移给接包方,包括显性知识共享和隐性知识共享(Lee 等,1999、2001)。显性知识共享的测量有 4 个指标:①发包方向我们提供了很多业务方面的报告;②发包方向我们提供了业务手册;③发包方向我们提供了很多有用的文档资料;④发包方向我们提供了较多数字、信息。隐性知识共享的测量有 4 个指标:①发包方与我们共享了软件开发的经验、诀窍;②发包方帮我们改进了软件开发的方法和流程;③发包方与我们共享了开发软件专业知识;④发包方与我们共享了较难获得的技巧。

(3)交易契约图式。交易契约图式用于表示一种契约的认知图式,是一种心智模式,属于心理契约理论的范畴(Cullinane 和 Dundon,2006;Millward 和 Hopkins,1998;Rousseau 和 Parks,1993;Rousseau,2001)。交易契约图式将合作解释为通过法律合同正式定义的经济交易(Lioliou 等,2014;Millward 和 Hopkins,1998),持有交易契约图式的企业往往更加依赖正式的法律合同来详细和严格地规定每项义务(Harmon 等,2015)。持有交易契约图式的企业认为法律合同的条款应该严格执行,以控制每个合作伙伴的行为。我们根据现有文献和深度访谈开发了交易契约图式的测量量表。采用 5 个指标来测量交易契约图式,以评估接包方将合作视为是通过法律合同和其他正式措施确定法定义务的交易的程度(Lioliou 等,2014;Harmon 等,2015)。合作过程中,我们公司认为:①合同是协调双方合作过程的最有力的工具;②签订合同需要谨慎的考虑各种可能;③签订合同需要专门聘请律师作为顾问;④很有必要认真分析合同条款;⑤总体来看,合同对项目合作是非常重要的。

(4)关系契约图式。关系契约图式将合作关系解释为相互履行义务和资源共享的互惠交换,关系契约图式视合作是一种长期的、开放的关系,对于实现共同的任务目标有相互的义务(Millward 和 Hopkins,1998;Rousseau 和 Parks,1993)。依赖关系范式而不是法律规则来界定彼此的义务,合同执行时的灵活性被认为比刚性更重要。签订合同被认为只是标志着达成合作的仪式,签订合同只是履行必要的法律程序,而不是控制合作伙伴行为的手段,沟通和协调比合同更重要(Harmon 等,2015)。本研究开发了 4 个指标来测量关系契约图式,以评估接包方将合作视为通过法律合同合法化的关系过程的程度(Lioliou 等,2014;Harmon 等,2015):合作过程中,我们公司认为:①沟通和协调比合同更重要;②签订合同只是标志着达成合作的仪式;③签订合同只是履行必要的法律程序;④合同的作用只是帮我们确立合作关系。

(5)知识环境。对于 IT 外包企业而言,知识环境是指外部可以获得的丰富的知识资源,良好的知识环境能够给项目提供大量多样化、低成本和较新的知识资源。随着大数据时代的到来,外部知识环境呈现出数量大、速度快和多样化的特征。目前尚没有可以直接使用的测量量表,本研究根据现有文献中关于大数据概念的描述,参考 Wamba 等(2015)、Hazen 等(2014)的研究,开发了 3 个指标来测量"数量大"这一维度:①外部环境中可获取的数据和信息越来越多;②数据和信息量的单位存储量越来越大;③很容易获取实时知识和信息。"速度快"这一维度的测量有如下 3 个指标:①数据和信息数量增加越来越快;②与任何事物相关的信息传播速度很快;③知识和信息更新速度加快。"多样化"的测量包括 3 个指标:①很容易获取来源于不同公司、地区和国家的知识和信息;②数据和知识有文字、语音、图表、图片、视频等多种形式;③数据和知识内容涉及心理、企业、社会、自然等多个方面。

(6)共同解决问题。共同解决问题可以指长期伙伴关系战略,也可以指共同解决短期内偶发的某一问题(Ho 和 Ganesan,2013)。它是发包方与接包方之间的深度交互协同、相互依赖、责任共担(Claro 和 Claro,2010;Ho 和 Ganesan,2013)。根据 Heide 和 Miner(1992),Ho 和 Ganesan(2013),MeEvily 和 Mareus(2005),Gulati 和 Syteh(2007),共同解决问题由 5 个指标来测量:①我们总是共同应对项目进行中产生的问题;②在共同解决问题时我们不介意谁收益谁吃亏;③我们致力于提高整个合作过程(合作关系)的收益;④我们为解决问题共同承担责任;⑤我们之间经常联合进行持续性的改善。

(7)项目绩效。项目绩效是指接包企业所承接的外包项目完成情况,包括交付的及时性、质量和达标程度等(Dey 等,2010)。参照文献(Mao 等,2008;Langer 等,2014),本研究采用 5 个指标来测量接包企业的项目绩效:①我们交付的服务非常符合发包方的期望;②我们按合同规定进度及时交付;③本项目成本控制在预算范围内;④我们提供的服务的质量很高;⑤客户对本项目非常满意。

(8)控制变量。研究选取了企业年龄、接包企业规模、发包企业规模、合作历史、知识缺口、项目需求不确定性作为控制变量。企业年龄用企业成立年限的自然对数转换值来测量,合作历史用双方合作时间的自然对数来测量。接包企业规模和发包企业规模则根据埃森哲、IDC 等国际著名咨询公司的标准来分类,用 1、2、3、4 分别代表小公司、中等公司、大公司、特大型公司,知识缺口、项目需求不确定性则用李克特 1~5 级量表测量。

①知识缺口。知识缺口是指知识转移发送方与接收方在知识的广度和深度上的差异(Cummings 和 Teng,2003),根据知识缺口的概念并参照 Tiwana(2004)关于外包中知识类型的研究,本研究采用 3 个指标来测量知识缺口:与发包方在以下方面的差距:a. 软件设计技术水平;b. 软件开发技术水平;c. 软件测试能力水平。

②项目需求不确定性。项目需求不确定性是指项目需求是否能够一次性地清晰的表述(Barthélemy 和 Quélin2006;Chua 等,2012;Barua 和 Mani,2014)。本研究根据现有文献和访谈情况,设计了两个指标来测量项目需求不确定性:a. 系统的要求很难一次性明确而需反复定义;b. 项目完成过程中需要与发包方频繁交流。

4.3　模型的统计分析方法介绍

本研究验证前文理论模型提出的 IT 外包中知识竞合对项目绩效的影响,发现所关注的变量之间的关系。首先,使用 SPSS 统计软件对所有潜变量进行因子降维分析,以检验所采用的指标是否具有收敛效度。然后,对所有自变量、因变量进行相关分析,以初步发现变量之间的关系,并把这些相关关系与可解释方差百分比(AVE)的平方根进行比较,以检验各个变量的区别效度。最后,本研究采用最优尺度回归方法对自变量与因变量之间的关系进行回归分析,用以对前文所提出的理论假设进行验证。

1. 最优尺度回归分析方法

在采用 SPSS 进行线性回归分析时,要求因变量为数值型。实际上,由于对同一个自变量的回归系数是恒定值,例如 x 从 1 上升到 2 和从 100 上升到 101 被假设为对 y 数值的影响均为 b,这实际上也就限定了自变量的测量方式也应当是等距的。但是,现实问题中大量的数据为分类资料,例如收入级别在问卷中被收集为高、中、低、极低 4 档,如果将其编码为 4、3、2、1,直接作为自变量纳入分析,则实际上是假设这 4 档间的差距完全相等,或者说它们对因变量的数值影响程度是均匀上升/下降的。这显然是一个过于理想和简单的假设,有可能导致错误的分析结论。

另一方面,对于无序多分类变量,如民族,它们之间则根本不存在数量上的高低之分,不可能为其给出一个单独的回归系数估计值,来表示该类变量每上升一个单位时因变量数量的变化趋势。对于上述分类变量,统计上标准的做法是采用哑变量进行拟合,然后根据分析结果考虑对结果进行简化。但是,哑变量分析的操作比较麻烦,而且对分析者的统计知识要求也较高。当研究问题中绝大多数变量都是分类变量时,这种分析思路实际上是很难实现的。

因此,标准的线性回归分析是通过自变量的组合,使因变量的残差平方和达到最小。当自变量为多分类(k 类)情形时,需要将该变量设置为 $k-1$ 个二分类的哑变量或对比变量。因此,就该变量而言,估计的参数不是 1 个,而是 $k-1$ 个。如果研究者希望对每个分类变量只估计一个参数,即不作哑变量或对比变量转换,那么由于类别的赋值不同,就会产生不同的参数估计,从而使得同一种变量之间的比较极为困难。

最优尺度回归分析(Optimal scaling regression analysis),也叫最优标度回归分析,可以满足每个分类变量或等级变量只估计 1 个参数的需要,而又能方便地进行同一变量中不同类别间的比较。最优尺度变换专门用于解决在统计建模时如何对分类变量进行量化的问题(张文彤,2004)。最优尺度回归也称定类回归,它通过给定类资料的不同类别赋值最终计算出优化的回归方程。

本研究采取最优尺度回归的方法对所提假设进行检验。

2. 中介效应的检验方法

Baron 和 Kenny(1986)建议使用三个步骤来检验中介效应是否存在。

如果 X 为自变量,M 为中介变量,Y 为因变量。则简单的中介作用如图 4-1 所示,即 X 通过 M 影响 Y(间接效应 $a \cdot b$),X 也可以直接对 Y 产生影响(直接效应 c')。对于中介效应的检验,本书采用了 Baron 和 Kenny(1986)的方法来检验这种效应。

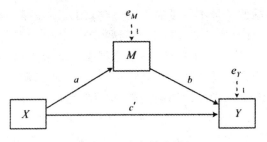

图 4-1　中介效应图

中介效应检验的具体步骤分为三步：

第一步，检验自变量 X 和因变量 Y 之间是否存在显著的直接相关关系；如果存在，则进入第二步。

第二步，检验中介变量 M 和自变量 X 以及中介变量 M 与因变量 Y 是否存在显著的直接相关关系；如果存在则进行第三步。

第三步，将中介变量 M 加入前面的回归方程中，如果把 M 加入方程后，X 和 Y 之间的相关关系不再显著，或显著性减弱了，则说明 X 也可以通过中介变量 M 影响因变量 Y，说明中介效应成立。

3. 调节效应的检验方法

调节效应的检验一般有两个步骤，如图 4-2 所示。

首先，检验自变量 X 和因变量 Y 之间是否存在直接并且显著的关系；如果存在，则进入下一步。

然后，将 X 和调节变量 C 相乘，构成一个新的变量 Z，代入前面的回归方程，检验 Z 和 Y 之间是否存在显著的直接相关关系，如果存在，则说明调节效应成立。需要说明的是，在进行调节效应检验时需要对变量进行中心化处理。

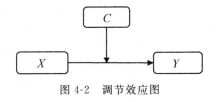

图 4-2　调节效应图

4.4　本章小结

本研究采用实证研究方法，本章首先介绍了样本与数据收集过程，包括问卷设计、调研对象选取、调研过程等，在数据收集完成之后分析了调研数据的基本特征,检验了样本的可靠性。其次,阐述了变量的测量,研究中变量度量指标的设计是实证研究的关键问题之一,该部分首先介绍了度量指标设计应遵循的程序和相关原则,特别是根据本研究所需描述了新变量的构造过程;随后本章描述了基于李克特1~5级量表来测量变量的量表,给出了发包方知识保护、发包方知识共享、交易契约图式、关系契约图式、知识环境、共同解决问题、项目绩效等自变量和因变量的测量指标,根据研究需要选取了企业年龄、接包企业规模、发包企业规模、合作历史、知识缺口、项目需求不确定性等控制变量并给出相关的测量指标。最后,本章还研究了相关的模型统计方法,详细描述了最优尺度回归分析方法的特点和使用步骤,分别介绍了中介效应、调节效应的检验方法。本章内容起到承上启下的作用,对接下来第5章中模型检验奠定了基础。

第 5 章　实证检验结果

　　承接第 4 章研究方法的介绍,在外包样本与数据收集、本研究各主要变量的度量指标设计、模型统计分析方法之后,本章将着重讨论实证检验的结果。首先是描述性统计分析,以检验样本数据是否满足本研究需要;其次是变量的信度、效度检验,旨在检验变量是否被科学、准确地定义测量,以确保所测变量真实地反映了现实情况;最后是通过多层分步回归方法检验所提的模型和假设,包括发包方知识共享、发包方知识保护对 IT 外包项目绩效的直接作用,共同解决问题在发包方知识共享、保护与项目绩效关系间的中介作用,以及契约图式和知识环境的调节作用。

5.1　描述性统计分析

　　描述性统计分析主要展示样本数据的基本特征,以查看其是否满足实证研究对样本的要求,是否能够很好地支持实证检验的进行。表 5-1 的描述性统计分析展示了各个变量的均值、标准差,以及相关系数。各变量的均值和标准差数据表明本研究所选的 284 个样本数据分布是合理的。相关系数列表的主要功能在于考察任意两个变量是否"过于相同",一般认为当任意两个变量间的相关系数大于 0.6 时,这两个变量是过于相似的,应考虑合并为一个变量。由于相关系数往往反映了两个变量间基于多种途径的综合作用,故而相关系数的正负及显著性只可以作为最终模型分析结果的一个参考。

　　表 5-1 给出的结果显示,指标设计的区分度较好。由均值和标准差反映的数据分布情况也符合正态分布,这为下一步模型检验和数据分析提供了良好的条件。此外,知识共享、知识保护与共同解决问题、项目绩效的相关系数是显著的,这也初步表明了数据对所提假设的支持。描述性统计分析结果表明,所选择的 284 个外包项目样本能够支持本研究。

表 5-1 描述性统计分析和相关系数表（N=284）

	Mean	S.D	1	2	3	4	5	6	7	8	9	10	11	12	13
1. 企业年龄	2.240	0.689	N/A												
2. 合作历史	1.268	0.896	0.375**	N/A											
3. 企业规模	2.039	0.690	0.277**	0.169**	N/A										
4. 发包方规模	2.804	0.920	0.017	0.216**	0.326**	N/A									
5. 知识缺口	2.855	0.510	-0.093	-0.151*	0.057	-0.033	0.820								
6. 项目需求不确定	3.745	0.793	-0.070	-0.020	-0.163**	-0.050	-0.021	0.863							
7. 关系契约图式	3.387	0.723	-0.145*	-0.002	-0.053	-0.124*	0.399	0.274**	0.781						
8. 交易契约图式	3.598	0.662	-0.101	-0.162**	0.123*	0.054	0.078	-0.006	-0.120*	0.752					
9. 知识环境	3.575	0.610	-0.079	-0.032	-0.095	-0.061	0.003	0.147*	0.132*	0.330**	0.871				
10. 发包方知识保护	3.110	0.869	-0.174**	-0.058	0.068	0.027	0.209**	-0.052	-0.040	0.337**	-0.018	0.834			
11. 发包方知识共享	3.343	0.765	-0.173**	-0.063	0.049	0.089	0.075	-0.125*	0.162**	0.178**	0.258**	0.143*	0.828		
12. 共同解决问题	3.713	0.551	-0.091	0.044	0.084	0.033	0.082	0.006	0.361**	0.184**	0.320**	-0.109*	0.419**	0.864	
13. 项目绩效	4.025	0.461	-0.014	0.212**	0.101	0.038	-0.014	0.113	0.102	0.184**	0.278**	-0.048	0.175**	0.318**	0.780

注：*表示在 0.05 水平显著（2-tailed），**表示在 0.01 水平显著（2-tailed）。N/A 表示非主要变量。
斜对角线上为 AVE 的开方值。

5.2　变量的信度与效度检验

5.2.1　信度检验

在验证模型之前,需要对研究中涉及的各要素的可靠性进行分析,统计学上用 Cronbach α 表示。Cronbach α 系数又称内部一致性系数。由下式求得:

$$\alpha = \frac{k \cdot \overline{\text{cov}}/\overline{\text{var}}}{1 + (k-1)\overline{\text{cov}}/\overline{\text{var}}}$$

式中,k 为指标的数量;$\overline{\text{cov}}$ 为指标间的平均协方差;$\overline{\text{var}}$ 为指标的平均方差。如果指标标准化为同方差的话,则上式简化为:

$$\alpha = \frac{k \cdot \bar{r}}{1 + (k-1)\bar{r}}$$

式中,$\bar{r}$ 为指标间的平均相关量,即所有指标两两间积矩相关系数的均数。Cronbach α 系数是应用最广的评价信度指标。它取值在 0 到 1 之间,其值越大,信度越高。根据 Nunnally(1978)的建议,本研究采用 Alpha 系数进行信度检验,检验结果如表 5-2 和表 5-3 所示。一般说来,衡量同一要素的全部指标的 Alpha 系数超过 0.7 就是合适的,而对于尚未验证过的变量尺度,其 Alpha 系数大于 0.6 即可。结果显示,变量的 Alpha 系数都大于 0.6,说明问卷具有良好的信度,达到研究要求。

表 5-2　变量测量及信度效度检验

变量	测量指标	载荷	信度和效度指标
知识缺口	与发包方在以下方面的差距: ①软件设计技术水平 ②软件开发技术水平 ③软件测试能力水平 ④软件开发流程 ⑤项目管理能力 ⑥软件文档管理 ⑦开发流程管理水平	0.800 0.827 0.803 0.863 0.828 0.779 0.834	Alpha＝0.918; AVE＝0.672
项目需求 不确定	①系统的要求很难一次性明确而需反复定义 ②项目完成过程中需要与发包方频繁交流	0.863 0.863	Alpha＝0.657; AVE＝0.744
关系契约 图式	合作过程中,我们公司认为: ①沟通和协调比合同更重要 ②签订合同只是标志着达成合作的仪式 ③签订合同只是履行必要的法律程序 ④合同的作用只是帮我们确立合作关系	0.712 0.860 0.828 0.713	Alpha＝0.783; AVE＝0.610

续表

变量	测量指标	载荷	信度和效度指标
交易契约图式	①合同是协调双方合作过程的最有力的工具	0.679	Alpha＝0.802；AVE＝0.566
	②签订合同需要谨慎的考虑各种可能	0.747	
	③签订合同需要专门聘请律师作为顾问	0.733	
	④很有必要认真分析合同条款	0.839	
	⑤总体来看,合同对项目合作是非常重要的	0.756	
知识环境	与业务相关的外部信息和知识环境：		
	①数量大	0.920	Alpha＝0.838；AVE＝0.759
	②速度快	0.907	
	③多样化	0.779	
知识保护	①发包方通过采取各种措施防止核心技术外泄	0.737	Alpha＝0.889；AVE＝0.695
	②发包方通过采取各种措施防止我们获取他们的重要知识	0.868	
	③发包方通过分解任务包来降低知识外溢	0.857	
	④发包方采取各种措施避免我们与核心技术人员接触	0.852	
	⑤发包方尽可能少的向我们转移知识	0.848	
知识共享	①发包方向我们提供了很多业务方面的报告	0.728	Alpha＝0.909；AVE＝0.686
	②发包方向我们提供了业务手册	0.758	
	③发包方向我们提供了很多有用的文档资料	0.752	
	④发包方向我们提供了较多数字、信息	0.786	
	⑤发包方与我们共享了软件开发的经验、诀窍	0.830	
	⑥发包方帮我们改进了软件开发的方法和流程	0.777	
	⑦发包方与我们共享了开发软件专业知识	0.822	
	⑧发包方与我们共享了较难获得的技巧	0.802	
共同解决问题	①我们总是共同应对项目进行中产生的问题	0.790	Alpha＝0.833；AVE＝0.602
	②在共同解决问题时我们不介意谁收益谁吃亏	0.749	
	③我们致力于提高整个合作过程(合作关系)的收益	0.777	
	④我们为解决问题共同承担责任	0.814	
	⑤我们之间经常联合进行持续性的改善	0.746	
项目绩效	①我们交付的服务非常符合发包方的期望	0.842	Alpha＝0.831；AVE＝0.608
	②我们按合同规定进度及时交付	0.827	
	③本项目成本控制在预算范围内	0.702	
	④我们提供的服务的质量很高	0.700	
	⑤客户对本项目非常满意	0.822	

表 5-3　二阶变量的测量及信度效度检验

变量	测量指标	载荷	信度和效度指标
数量大	与业务相关的外部知识环境： ①外部环境中可获取的数据和信息越来越多 ②数据和信息量的单位存储量越来越大 ③很容易获取实时知识和信息	0.849 0.838 0.781	Alpha＝0.761； AVE＝0.679
速度快	①数据和信息数量增加越来越快 ②与任何事物相关的信息传播速度很快 ③知识和信息更新速度加快	0.872 0.868 0.854	Alpha＝0.831； AVE＝0.748
多样化	①很容易获取来源于不同公司、地区和国家的知识和信息 ②数据和知识有文字、语音、图片、视频等多种形式 ③可以从报纸、网络、广播、社交软件获取信息和知识	0.761 0.843 0.750	Alpha＝0.717； AVE＝0.644

5.2.2　效度检验

1.内容效度

内容效度,是指变量在多大程度上真实准确地反映了所测事物的本质和范围(Churchill,1979)。对内容效度的评判不是依靠数字测量的,而是一种主观的判断。本研究主要采取了下列方式保证本书所有变量的内容效度：①在调研问卷首页说明了调研目的和意义,对每部分问题进行了详尽的说明,并承诺不涉及公司机密,对所有数据进行严格保密,保证只用于研究；②将研究报告反馈给参与调研的外包企业,以使其获取有用的信息；③调研之前邀请了 4 位长期从事 IT 外包的专家(含 2 位企业高层和 2 位教授)进行了讨论,征求他们对变量测量是否清晰明确,对相关测量指标的用词、格式进行了修改,以使不同受试者能够有清楚的、一致的理解。

2.结构效度

变量的结构效度的检验不但要验证某个指标是否显著的依附于所度量的因子变量(收敛效度),而且要确保该指标并没有度量其他的因子变量(区别效度)。

如果一群指标测量了一个共同的变量,那么就说明这些指标存在收敛效度。在收敛效度方面,表 5-2 和表 5-3 中各个指标的因子载荷除一个为0.679 外,其余的都大于或 0.7,AVE 除一个为 0.566 外其他都大于 0.6。根据 Fornell 和 Larcker 提出的标准,本研究测量的收敛效度较好。平均提取方差是计算潜在变量的观察变数对该潜在变数的平均变异解释力，Fornell和 Larcker(1981)建议其值须大于 0.50。平均提取方差大于 0.50 表明结构变量整体上相比较于误差项，提取了更多的原始变量信息。依表 5-2 和表 5-3，从总体上来说，本研究所涉及的变量的平均提取方差满足了要求，变量的收敛效度较好。

变量的区别效度表明了不同结构变量的测量具有独特性。区别效度可以通过每个结构变量的平均提取方差(结构变量的内部方差)是否大于结构变量之间相关系数的平方(结构变量之间的方差)来判断(Segars,1997)。为检验变量的区别效度，将 AVE 开方值与相关系数进行了比较，表 5-2 对角线上的数字表示 AVE 的开方值，该数值均大于所在行和所在列的相关系数，表明本书所涉及的各个变量之间有较好的区别效度。本研究还进行了验证性因子分析(CFA)，结果表明，测量模型适合数据(Chi-square/df ＝ 1.633，RMSEA＝0.059，CFI＝0.94，NNFI＝0.93，NFI＝0.86，IFI＝0.94)。

上述结果表明，变量的信度和效度达到了有效性标准。因此，可以使用以上要素及变量进行进一步的多元回归分析。

5.3 假设检验结果

5.3.1 知识共享、知识保护与绩效的直接效应检验

本书采用分步回归的分析方法，检验结果如表 5-4 所示。首先，企业年龄、合作历史、企业规模、发包方规模、知识缺口、项目需求不确定性等控制变量和契约图式、知识环境等调节变量放入模型 1，检验上述变量对项目绩效的影响。此步骤便于观察在回归模型中加入研究变量之后 R 值的变化。在此基础上，为了验证知识保护、知识共享对项目绩效的影响关系，将其分别放入模型 2 和模型 3 中。模型 2 结果显示，发包方知识保护的回归系数显著为负(-0.216，$p<0.001$)，模型 3 的结果显示，知识共享的回归系数显著为正(0.189，$p<0.001$)。为了验证模型的稳定性，将知识共享与知识保护同时放入模型 6 中，其结果依然显著。说明发包方的知识保护将会显著地阻碍项目绩效，而发包方知识共享则会显著地促进项目绩效。因此，假设 1 和 2 得到支持。

5.3.2 共同解决问题的中介效应检验

根据 Baron 和 Kenny(1986)中介效应的检验步骤，用表 5-4 中的模型 4、5、6、7 和表 5-5 中的模型 2、3、4 来检验共同解决问题的中介效应。检验中介效应的第一步是自变量(知识共享、知识保护)与因变量(接包方项目绩

表 5-4　回归分析结果(因变量:项目绩效,N=284)

因变量:项目绩效

变量	模型 1	模型 2	模型 3	模型 4	模型 5	模型 6	模型 7
企业年龄	-0.180***	-0.177***	-0.183***	-0.179***	-0.175***	-0.176***	-0.152***
合作历史	0.415***	0.403***	0.419***	0.432***	0.415***	0.400***	0.390***
企业规模	0.184***	0.157***	0.199***	0.176***	0.135**	0.171***	0.103*
发包方规模	-0.079⁺	-0.080⁺	-0.124**	-0.112*	-0.088	-0.099*	-0.055
知识缺口	-0.160*	-0.141*	-0.158*	-0.141*	-0.132*	-0.138*	-0.077
项目需求不确定性	0.041	0.050	0.069	0.079	0.059	0.064	0.028
关系契约图式	0.023	-0.069	-0.078	-0.146***	-0.151***	-0.072	-0.117***
交易契约图式	0.168***	0.174***	0.136***	0.144***	0.172***	0.153***	0.103*
知识环境	0.211***	0.213***	0.179***	0.132**	0.172***	0.178***	0.096*
知识共享			$H1$:0.189***	0.124**	0.172***	0.154***	0.094*
知识保护		$H2$:-0.216***			-0.168***	-0.197***	-0.157***
共同解决问题				0.263***	0.257***		$H3$:0.234***
F-value	4.020***	4.033***	3.340***	3.903***	4.757***	3.592***	3.958***
R Square	0.290	0.327	0.319	0.371	0.384	0.343	0.390
A.D R Square	0.218	0.246	0.224	0.276	0.303	0.248	0.291

注:⁺表示在 0.1 水平下显著;*表示在 0.05 水平下显著;**表示在 0.01 水平下显著;***表示在 0.001 水平下显著。

效)之间有显著关系,这在上文假设1和假设2的检验中已经得到了支持,即发包方知识共享与接包方的项目绩效显著正相关,发包方知识保护与项目绩效显著负相关。

第二步,中介变量与因变量之间有显著关系,并且自变量与中介变量之间有显著关系。表5-5中的模型3的结果显示知识共享与共同解决问题显著正相关($0.367,p<0.001$),假设4得到支持。表5-5中的模型2的结果显示知识保护与共同解决问题显著负相关($-0.319,p<0.001$),假设5得到支持。表5-5中的模型4的结果显示知识共享与知识保护的交互项系数显著为负($-0.182,p<0.001$),假设6得到支持。

接下来是中介效应检验的第三步。首先,将知识共享和共同解决问题同时放入表5-4中的模型4中,结果显示知识共享显著为正($0.124,p<0.05$),共同解决问题的系数显著为正($0.263,p<0.001$)。对比表5-4中的模型3,可以发现知识共享的系数明显减小,显著性降低,这表明在加入中介变量共同解决问题之后知识共享对项目绩效的影响减弱。然后,将知识保护和共同解决问题同时放入表5-4中的模型5中,结果显示知识保护显著为负($-0.168,p<0.001$),共同解决问题的系数显著为正($0.257,p<0.001$)。对比表5-4中的模型2,可以发现知识保护的系数明显减小,这表明在加入中介变量共同解决问题之后知识保护对项目绩效的影响减弱。为了验证模型的稳定性,又做了表5-4中的模型6和模型7。其结果显示,当加入中介变量共同解决问题之后知识保护的系数依然显著,但系数变小,而知识共享的系数变小且显著性明显降低。通过分析上述结果,发现共同解决问题对项目绩效的影响都非常显著($p<0.001$),且系数较大,共同解决问题对项目绩效有显著的正向影响,再次表明了数据对假设3有较强的支持。

由于Baron和Kenny(1986)三步法的不足,本书还按照Hayes(2013)的方法,使用Bootstrapping方法来检验间接效应的显著性是否足以支持中介效应的存在。结果表明,以共同解决问题为中介,发包方知识保护、知识共享对项目绩效的间接影响均在5%水平上显著。

上述检验过程证实了共同解决问题的中介效应的存在,尤其是在知识共享与项目绩效之间的中介效应更强。

5.3.3 契约图式、知识环境的调节效应

为了检验两种契约图式和知识环境的调节作用,本书按照调节效应的检验步骤进行了分析,在进行回归分析前对交互项变量进行了均值中心化处理。结果如表5-5所示。在模型5中加入了调节变量(关系契约和交易契约图式)及其与知识共享、知识保护的交互项。结果显示;交易契约图式

表 5-5　回归分析结果（因变量：共同解决问题，N=284）

变量	因变量：共同解决问题						
	模型 1	模型 2	模型 3	模型 4	模型 5	模型 6	模型 7
企业年龄	-0.136**	0.076	-0.099*	-0.050	-0.058	-0.042	-0.05
合作历史	0.057	0.037	0.063	0.033	0.052	0.030	0.046
企业规模	0.171***	0.164**	0.146**	0.179***	0.129***	0.159***	0.123***
发包方规模	-0.124**	-0.119**	-0.118**	-0.148***	-0.155***	-0.137***	-0.15***
知识缺口	-0.141***	-0.114***	-0.123***	-0.082*	-0.079*	-0.099**	-0.088**
项目需求不确定性	-0.096*	0.073	-0.090*	0.081+	0.083*	0.091*	0.088*
关系契约图式	0.309***	0.265***	0.284***	0.238***	0.199***	0.225***	0.196***
交易契约图式	0.316***	0.265***	0.352***	0.337***	0.383***	0.352***	0.396***
知识环境	0.288***	0.187***	0.289***	0.184***	0.174***	0.15***	0.139***
知识保护			H5:-0.319***	-0.303***	-0.297***	-0.155**	-0.151**
知识共享		H4:0.367***		0.349***	0.358***	0.313***	0.328***
知识保护*知识共享				H6:-0.182***	-0.199***	-0.195***	-0.192***
知识环境*知识共享						H9a:-0.204***	-0.189***
知识环境*知识保护						H9b:0.135***	0.121**
知识保护*交易契约图式					H7a:0.063		0.043
知识共享*交易契约图式					H7b:0.192***		0.168***
知识保护*关系契约图式					H8a:-0.158***		-0.158***
知识共享*关系契约图式					H8b:-0.087*		-0.101*
F-value	6.189***	6.280***	6.400***	7.259***	7.012***	6.392***	6.769***
R Square	0.407	0.468	0.482	0.569	0.620	0.585	0.629
A.D R Square	0.342	0.394	0.407	0.491	0.531	0.494	0.536

注：+表示在 0.1 水平下显著；*表示在 0.05 水平下显著；**表示在 0.01 水平下显著；***表示在 0.001 水平下显著。

和知识保护的交互项的回归系数为正但不显著(0.063),交易契约图式和知识共享的交互项的回归系数显著为正(0.192,$p<0.001$),假设7a未得到支持,假设7b得到支持。关系契约图式与知识保护的交互项的回归系数显著为负(-0.158,$p<0.001$),关系契约图式与知识共享的交互项的回归系数显著为负(-0.087,$p<0.05$)。因此,假设8a和假设8b得到支持。

在模型6中加入了调节变量知识环境及其与知识共享、知识保护的交互项,在进行回归分析前对交互项变量进行了均值中心化处理。结果显示,知识环境和知识保护的交互项的回归系数显著为负(-0.204,$p<0.001$),知识环境和知识共享的交互项的回归系数显著为正(0.135,$p<0.001$),假设9a和假设9b得到支持。

为了验证模型的稳定性,将两种契约图式、知识环境与自变量的交互项同时放入模型7中,结果显示各交互项的回归系数与模型5和模型6相比并无明显差异,说明了模型较为稳定,结果是可靠的。

为了更清晰表明调节作用,将契约图式、知识环境的调节效应检验结果绘制如图5-1所示。

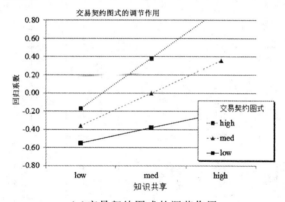

(a)交易契约图式的调节作用

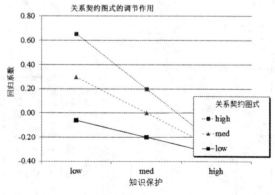

(b)关系契约图式的调节作用1

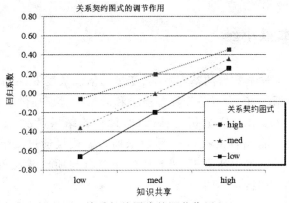

（c）关系契约图式的调节作用 2

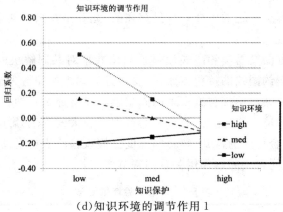

（d）知识环境的调节作用 1

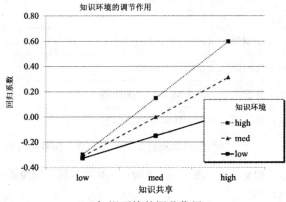

（e）知识环境的调节作用 2

图 5-1　检验结果

5.4 本章小结

本章报告了样本数据的基本特征、变量的信度效度等,结果表明本书所选择的样本数据较好,为下一步模型检验和假设的验证提供了良好的条件。本章重点报告了实证研究分析的结果,假设检验结果显示12个假设中有11个假设获得了显著性支持,1个假设未通过。假设通过的情况汇总详见表5-6。总体看来,本书所提IT外包中知识竞合与项目绩效间关系的模型成立,检验结果表明:

(1)发包方的知识保护显著地阻碍项目绩效,而发包方知识共享则显著地促进项目绩效。

(2)共同解决问题的中介效应是存在的,尤其是在知识共享与项目绩效之间的中介效应更强。

(3)接包方的交易契约图式加强了知识共享对共同解决问题的正向作用,对于关系契约图式的接包方而言,发包方的知识保护行为造成的负面情绪更大,而知识共享给接包方带来的满足感则没有那么强烈。

(4)知识环境对接包方的心理契约产生了较大的影响,影响着接包方对发包方知识竞合行为的认知、解释和态度。假设检验支持了其对知识保护、知识共享与共同解决问题作用关系的调节作用。

表 5-6 假设检验结果汇总

序号	假设内容	检验结果
假设 1	发包方知识共享正向影响项目绩效	支持
假设 2	发包方知识保护负向影响项目绩效	支持
假设 3	共同解决问题正向影响项目绩效	支持
假设 4	发包方知识共享正向影响共同解决问题	支持
假设 5	发包方知识保护负向影响共同解决问题	支持
假设 6	发包方知识共享与知识保护的交互负向影响共同解决问题	支持
假设 7a	接包方的交易契约图式削弱了知识保护对共同解决问题的负向作用	不支持
假设 7b	接包方的交易契约图式加强了知识共享对共同解决问题的正向作用	支持

续表

序号	假设内容	检验结果
假设 8a	接包方的关系契约图式加强了知识保护对共同解决问题的负向作用	支持
假设 8b	接包方的关系契约图式削弱了知识共享对共同解决问题的正向作用	支持
假设 9a	知识环境加强了知识保护对共同解决问题的负向作用	支持
假设 9b	知识环境加强了知识共享对共同解决问题的正向作用	支持

第 6 章   结果讨论

针对外包合作中存在的知识竞合现象,即知识共享与知识保护同时存在于合作中,本书基于竞合理论、知识管理理论、心理契约理论,将发包方的知识保护和知识共享同时纳入研究中,从接包方的视角研究发包方知识共享与保护对接包方项目绩效的影响。为了理清发包方知识共享与保护对项目绩效的作用机理,本研究考虑了共同解决问题的中介作用,以及接包方的契约图式与外部知识环境的调节作用。研究提出了 12 个假设,采用 284 个来自于接包方的外包项目数据进行了检验。假设检验结果显示 12 个假设中有 11 个假设获得了显著性支持,1 个假设未通过。本章将对实证检验结果进行进一步的讨论,并给出本书研究成果的理论启示和实践启示。

6.1   对研究结果的讨论

6.1.1   知识竞合与项目绩效

假设 1 证实了发包方知识共享正向影响项目绩效,表明发包方知识共享有利于接包方完成项目。IT 服务外包项目具有知识密集型特点,也具有较高的复杂性和不确定性。外包项目中一个重要方面就是将不同领域的专业知识集成起来以发挥互补知识的优势,知识共享是实现外包合作优势的核心机制之一(Lee,2001;Koh 等,2004;Williams,2011;Chang 和 Gurbaxani,2012)。IT 外包中的知识共享包括显性知识共享和隐性知识共享(Lee 等,1999、2001、2008)。发包方的知识共享助于提升双方间的信息共享水平,促进对项目需求的理解(Williams,2011;Deng 和 Mao,2012;Kim 等,2012);发包方的知识共享有助于提高项目管理效率、降低成本。IT 外包较大的地理距离、文化差异、制度差异给项目的运作带来了困难,高水平的知识共享将有助于控制的顺利实施,提高了项目效率(Rustagi 和 Kirsch,2008;Tiwana 和 Keil,2007);信息共享能够降低不确定性(Williamson,1985;Alaghehband 等,2011),不确定性的减少将使得交易成本和生产成本降低,还能够缩短工作时间(Lado 等,1997;Tarakci 和 Tang,2009)。高质量、高效率的知识转移,通过消化吸收和利用既能够提升接包方完成项目的能力,又能够提高其创新能力,从而提升接包企业绩效(Teo 和 Bhattacherjee,2014;刘伟,邸支艳,2016;陈果,齐二石,2017)。发包方的知识共享有助于促进相互理解、培育共识、减少冲突,从而增进双方间的信任、承诺、认同,提高关系质量(Lee,2001;Mani 和 Barua,2015)。总之,知识共享被认为是发包方的核心义务之一,知识共享在 IT 外包中发挥着关键的作用。发包方的知识共享有助于促进对项目需求的理解,有助于提高项目管理效率、降低成本,提升接包方能力,提高关系质量。假设 1 得到了实证检验的支持,发包方的知识共享促进了接包方项目绩效的提高。本书的研究结果与现有文献一致,支持了 IT 外包中知识共享是重要的合作机制(如 Lee 等,1999、2001、2008;Williams,2011;Chang,Gurbaxani,2012;Deng 和 Mao,2012;Kim 等,2012;Teo 和 Bhattacherjee,2014)。

假设 2 假定发包方知识保护负向影响项目绩效,研究结果支持该假设,假设 2 成立。知识保护和知识共享是同时存在于知识交换中的一对矛盾体(Solitander,2011;Estrada 等,2015)。在 IT 外包中,考虑到核心知识泄露会损害核心优势,也为了防范接包方的机会主义行为,发包方常常会进行知识保护(Barthélemy 和 Quélin,2006;Ang 和 Cummings,1997;Mayer,2006)。然而,笔者认为知识保护对于接包方完成项目是不利的。在接包方的心理契约中往往将知识共享视为发包方的中心义务(Koh 等,2004)。接包方通常期望发包方分享知识而不是严格保护知识,因此,知识保护活动被接包方认为是发包方违背了心理契约中的义务,从而引发消极的情绪反应(如失望和愤怒),导致关系质量和合作绩效的损害(Robinson 和 Rousseau,1994;Morrison 和 Robinson,1997;Hill 等,2009,Kim 等,2013)。从竞合的角度看,竞合的目的是为了发挥各自的知识优势,实现共同利益的增加。但是,发包方的知识保护降低了知识获取的数量和质量,不利于对所有知识的全面把握,也不利于对整体利益的追求(Yang 等,2014;Estrada 等,2015;Bouncken 和 Fredrich,2016)。本书提出的假设是基于接包方视角的,假设 2 得到了实证检验的支持,说明发包方的知识保护阻碍了接包方的项目绩效,这与发包方视角的研究结论相反(如 Barthélemy 和 Quélin,2006;Mayer,2006;Fang 等,2011;Jean 等,2014)。IT 外包被认为是利用知识优势、重组价值、实现价值共创的有效途径。发包方过分关注自己的知识保护并不利于实现外包的战略意义,发包方知识保护阻碍了项目绩效,项目绩效的降低对发包方也是不利的,最终可能导致外包战略的失败。本书的研究结论初步表明,发包方面对知识交换采取竞合态度,即一方面进行知识共享,另一方面又对其认为的重要知识进行严格保护,这可能是导致外包项目高失败率的原因之一。

6.1.2　共同解决问题的中介

假设 3、4、5、6 用来检验共同解决问题的中介作用,研究结果表明共同解决问题是一个较强的中介变量。共同解决问题正向影响项目绩效,发包方知识共享正向影响共同解决问题,发包方知识保护负向影响共同解决问题,发包方知识共享与知识保护的交互负向影响共同解决问题。

共同解决问题是关系治理的重要维度,是一种良好的互动机制,能够使发包方和接包方在一个相互信任、和谐共处的合作环境下实现联合协作(Claro 等,2010、2011)。IT 外包的特征决定了共同解决问题在 IT 外包关系治理中尤为重要(Lacity 和 Willcocks,2014)。共同解决问题一方面有利于应对 IT 外包企业所面临的环境动荡、技术变化、市场不确定性等,另一方面共同解决问题有助于整合利用 IT 外包中涉及的多领域、多类型的知识,也有利于实现联合创新,并促进长期合作(Lee 和 Kim,1999;Grover 等,1996;Goo 等,2009;Gopal 等,2011;Aarikka-Stenroos 和 Jaakkola,2012;Anderson 和 Parker,2013;Fang 和 Zou,2010;Mani 和 Barua,2015;Solitander,2011;Augier 和 Teece 2005;Mathew 和 Chen,2013)。实证检验结果支持了假设 3,共同解决问题显著地促进项目绩效。IT 外包知识密集型特征,以及项目需求不确定、技术变化快、外部环境动荡等原因使关系治理机制中的重要维度——共同解决问题显得尤为重要。然而,IT 外包中关系治理的其他维度,如信任、承诺、知识共享、冲突管理等受到的关注较多,而共同解决问题却没有得到足够的重视(Lacity 等,2016;Zhong 和 Myers,2016)。笔者认为,共同解决问题作为合作关系中重要的交互方式和互动过程,不仅对合作的客观绩效有重要影响,更影响合作的情绪反应。

假设 4 假定发包方知识共享正向影响共同解决问题,检验结果支持了该假设。根据 Jennings(1993)和 Uzzi(1996)所提的共同解决问题的认知框架,笔者认为共同解决问题的成功基于社会条件和信息条件的满足。社会条件是指形成适合于共同解决问题的和谐氛围,信息条件是指为了明确如何表达承诺、达成共识的机制和如何开发共同解决方案等所必需的丰富信息。和谐互信的氛围使发包方与接包方能够进行联合行动和相互适应(Wu 和 Pangarkar,2010)。发包方的显性和隐性共享不仅有助于提供丰富的信息,增强共同解决问题的能力,同时也提高了社会交互和互惠规范,增进了相互信任,更加有利于营造和谐的合作氛围(Ho 和 Ganesan,2013)。刺激了接包方共同解决问题的意愿和动机,提高了共同解决问题的水平(Heide

和 Miner,1992;Gulati 和 Sytch,2007)。共同制定计划、共同解决难题、共同进行价值创造等需要高质量的信息,充分而又精确的信息有利于消除不确定性和模糊性(Daft 和 Lengel,1986)。发包方的知识共享满足了共同解决问题的信息需求。知识共享还有助于系统化思维,提升共同解决问题的效果(Deng 等,2013;Aubert 等,2015;Loebbecke 等,2016)。假设 4 得到了实证检验结果的支持,发包方知识共享与共同解决问题显著正相关。本书发现知识共享对于项目绩效的直接作用在中介变量共同解决问题存在的情况下大大降低,这与以往相关研究结论有所不同,以往研究认为外包中的显性知识共享和隐性知识共享显著影响项目绩效(如 Lee 等,1999、2001、2008;Deng 和 Mao,2012;Teo 和 Bhattacherjee,2014)。但本书的结论表明在考虑中介变量的情况下,知识共享对项目绩效的直接影响并不明显。在我们实地调研访谈所观察到的现象印证了上述结论,项目经理和成员们谈到知识共享时认为发包方知识共享通常是一些关于浅层次的知识,而真正有用的关键的核心知识通常被发包方保护起来。为了解决知识不足的问题,项目组通常通过内部学习、外部搜索等手段予以解决,这样,知识共享对于项目绩效的实际作用不大。但是,知识共享依然是一个重要的因素,因为其通过共同解决问题的中介而最终促进项目绩效。

假设 5 假定发包方知识保护负向影响共同解决问题,检验结果支持了该假设。因为,发包方的知识保护表明了竞争和防备的心理,伤害了接包方的心理期望的感知,对共同解决问题是不利的。发包方的知识保护损害了共同解决问题的社会条件和信息条件,既不利于营造良好的协作氛围,也不利于使共同解决问题的效果最大化。发包方的知识保护可能导致心理契约失败,诱发接包方对心理契约违背的感知,从而降低接包方参与共同解决问题的意愿和态度(Robinson 和 Rousseau,1994;Kingshott,2006;Faems 等,2008;Lee 和 Choi,2011;Li 等,2010)。发包方的知识保护也可能通过增加监控成本而限制了共同解决问题的实效(Jean 等,2014)。假设 5 得到实证检验的支持,表明发包方知识共享显著地妨碍共同解决问题,既影响了接包方参与共同解决问题的意愿,也妨碍了共同解决问题的效果。本书的研究结论与交易成本理论的观点相反,支持了心理契约理论以及关系交换相关的观点。从接包方的角度看,以交易成本理论为基础的治理逻辑是脆弱的。根据交易成本理论,知识保护活动使得发包方觉得分享信息更加安全,更愿意与接包方共同解决问题(Jean 等,2014;Poppo 和 Zhou,2014)。然而,这种观点是从发包方的视角出发而非接包方的视角。从接包方的角度看,当发包方加强知识保护时,接包方获得了更强的不信任信号,这大大降低了接包方的积极期望。

假设 6 考虑了发包方知识保护与知识共享的交互对共同解决问题的影响,认为两者的交互负向影响共同解决问题,该假设得到了数据支持。知识共享与知识保护以竞合的形式存在,但是竞合是一把双刃剑(Bouncken 和 Fredrich,2012)。知识共享与知识保护是两种不相容的机制,两者特征不同、作用不同、需求不同,致使作用相互抵消。首先是情绪上的不相容触发紧张和对立情绪,负向影响了共同解决问题的社会条件(Raza-Ullah 等,2014)。从心理契约理论的角度分析,心理契约违背和心理契约履行有不同程度的影响。心理契约违背的负面影响要超过心理契约履行的正面影响(Conway 等,2011)。因此,发包方知识保护的负面作用抵消了知识共享的作用,知识保护造成的心理契约违背的作用大于知识共享履行的心理感知。另一方面知识利用上的不相容。知识共享有助于共同解决问题,而知识保护则降低了知识共享的作用,知识保护使知识不能发挥组合效应,不利于知识的利用(Jain 和 Thietart,2013;Yang 等,2014)。假设 6 得到了实证检验结果的支持,表明知识共享与知识保护的交互必将损害双方共同解决问题的意愿,降低共同解决问题的实际效果。本书的结论弥补了研究中只关注知识共享与保护的某一方面的不足,本书的研究结论支持了心理契约理论中关于"心理契约违背的负面作用大于义务履行的正面作用"的观点(Conway 等,2011)。同时,也支持了竞合的相关观点,竞合关系中的固有矛盾性使得竞合的管理充满了风险和挑战,发包方知识共享和保护使双方关系变得紧张微妙,需要小心翼翼地对待(Czakon 和 Rogalski,2014;Mattsson 和 Tidstrom,2015;Ritala 等,2015)。

6.1.3　契约图式的调节

关于契约的认知图式表示一种心智模型,其构成了参与方对合作关系中相互义务和期望的理解和解释。在皮亚杰认知发展理论中,图式是指一个有组织、可重复的行为模式或心理结构,是个体对世界的知觉、理解和思考的方式。有两类契约认知图式:交易与关系(Cullinane 和 Dundon,2006;Millward 和 Hopkins,1998;Rousseau 和 Parks,1993;Rousseau,2001)。具有不同契约认知图式的合作伙伴对于对方应履行义务的期望是不同的,关于对方知识竞合动机的解释也不同(Hill 等,2009;Cullinane 和 Dundon,2006)。

假设 7a、7b 用来描述接包方的交易契约图式的调节作用,本研究假定接包方的交易契约图式削弱了知识保护对共同解决问题的负向作用,加强了知识共享对共同解决问题的正向作用。关于契约的认知图式表示一种心智模型,其构成了参与方对合作关系中相互义务和期望的理解和解释

(Sherman 和 Morley,2015;Harmon 等,2015)。具有不同契约认知图式的合作伙伴对于对方应履行义务的期望是不同的,关于对方知识竞合动机的解释也不同(Hill 等,2009;Cullinane 和 Dundon,2006)。交易契约图式将企业间合作视为法律合同正式确定的经济交易(Harmon 等,2015;Lioliou 等,2014;Millward 和 Hopkins,1998)。持有交易契约图式的接包方并不期望与发包方保持持久的关系,而是认为合作是完全依赖于合同的短期经济交易,履行法律义务是为了获取报酬(Cullinane 和 Dundon,2006;Millward 和 Hopkins,1998;Rousseau 和 Parks,1993;Rousseau,2001)。因此,持有交易契约图式的接包方认为发包方知识保护是合理的正当行为,心理契约的失败感知、违背感知降低,采取过激行为的动机也降低;如果发包方进行高水平的知识共享则超出了接包方的心理期望,更愿意加大对合作关系的承诺,更加致力于共同解决问题的行动。实证检验结果支持了假设 7b,但假设 7a 未通过验证,表明接包方的交易契约图式加强了知识共享对共同解决问题的正向作用,对于持有交易契约图式的接包方,对发包方知识共享的满足感更高,增进了信任和承诺,更愿意投入共同解决问题。假设 7a 未通过检验,原因可能有,尽管接包方持有交易契约图式时将发包方的知识保护行为看作正当的,但由于知识保护给予其心理契约违背的感知太强,感受到的不信任程度过高,从而也不会增加其对于合作关系的承诺和投入。这也说明了发包方知识保护的负面作用难以被缓和。

　　假设 8a、8b 用来描述接包方的关系契约图式的调节作用,本研究假定接包方的关系契约图式加强了知识保护对共同解决问题的负向作用,削弱了知识共享对共同解决问题的正向作用。不同于交易型契约图式,持有关系契约的接包方将发包方知识共享赋予很高的权重,而知识保护行为预示着消极的心理感知(Koh 等,2004;Lioliou 等,2014;Harmon 等,2015)。持有关系契约的接包方将发包方知识共享看作发包方应尽的义务,而知识保护加剧了心理契约的违背感知。当发包方的知识保护增加时,接包方将会感知到更强的发包方被期望的义务的不一致性,这种认知不一致将触发心理契约履行失败的感知(Morrison 和 Robinson,1997)。当发包方加强知识保护,接包方会将这些行为解释为发包方对他们的不信任(Harmon 等,2015)。发包方知识保护造成的心理契约违背更加强烈,采取更加消极的行为,将会抵制共同解决问题的行动。因此,发包方知识保护加剧了心理契约履行失败的感知,恶化了心理契约违背的负面情绪,进而使接包方采取更为消极的行为。相反地,持有关系契约图式的接包方对与发包方间的互信抱有很高的期望,接包方更重视开放的沟通、高质量的知识共享(Lioliou 等,2014)。持有关系契约的接包方将知识共享视为双方的核心义务,是双方都必须遵守的。在发包方进行高水平的知识共享时,接包方将其解释为合理的正当行为。经过接包方的心理比较发现并未超出其期望,因而激励力量不强(Vroom,1964)。假设8a和8b均得到了实证检验结果的支持,可以认为对于关系契约图式的接包方而言,发包方的知识保护行为造成的负面情绪更大,而知识共享给接包方带来的满足感则没有那么强烈。

通过发现两种契约图式的调节作用,本书的结论有助于解决理论冲突,调和了交易成本理论与心理契约理论关于知识保护、共享作用的争议。本书的研究结果表明,发包方的知识保护和共享对共同解决问题的影响取决于接包方如何解释,即心理契约图式(Sherman和Morley,2015;Harmon等,2015)。交易成本理论认为,知识的保护可以减少而知识共享增加合作伙伴的机会主义,但是忽视了接包方如何解释外包的知识保护和共享活动。笔者发现,当接包方把合同解释为进行计算型交易的必要法律保障时,发包方的知识共享行为被视为额外的期望,带来更为积极的心理契约结果(Koh等,2004;Prifling等,2009;Kim等,2013)。此外,持有关系型契约图式的接包方对发包方的知识共享有着积极的期望,如果发包方进行知识保护而不共享知识就会被看作心理契约的违背,严重损害共同解决问题(Cullinane和Dundon,2006;Harmon等,2015)。

6.1.4　知识环境的调节

假设9a、9b用以检验知识环境的调节作用,本研究假定知识环境加强了知识保护对共同解决问题的负向作用,加强了知识共享对共同解决问题的正向作用。随着大数据时代的来临,知识环境对企业个体和组织的影响越来越大。当外部知识环境好时,接包方可以从知识环境中获取大量的、多样化的、有价值的信息和知识。发包方的知识保护难度较大,发包方如果想保护知识,势必要采取更多更为严格的知识保护措施,从而加强了接包方对发包方知识保护行动的感知(Suazo等,2009)。根据Morrison和Robinson(1997)的观点,接包方认为发包方未履行共同的义务,感知到心理契约的违背更强。如Harmon等(2015)所发现,当契约违背被认为是故意的行为时,合作伙伴的负面反应将更强烈,对于信任为基础的合作关系的破坏性更大,破坏了共同解决问题的合作基础。从另一方面看,当外部知识环境较好时,如果发包方能够共享知识,接包方会感知到更多的善意(Rousseau,1995)。发包方共享知识的质量、效率越高,接包方越能感知到发包方致力于共同解决问题的意愿和投入,感知到更高的承诺。此时的接包方也愿意给予积极的回报,更加主动、坦诚地与发包方分担风险、利益共享,从而促进共同解决问题。知识共享也丰富了共同知识库,再借助外部知识环境,能够共同解决更多难题、创造更多的价值（Wamba 等，2015；Hazen 等，2014）。本书的实证检验结果支持了假设 9a、9b，表明知识环境对接包方的心理契约产生了较大的影响，知识环境作为外部因素影响了接包方的心理契约，影响着接包方对发包方知识竞合行为的认知、解释和态度。本研究发现了其对知识保护、知识共享与共同解决问题作用关系的调节作用。与以往制度理论方面的研究常常将市场竞争、法律环境、技术动态性等作为环境变量不同，于 IT 服务外包这一技术和知识密集型行业而言，在大数据时代来临之后，知识环境的这一环境变量的作用更加明显，补充了制度理论中关于环境变量的研究维度。本书的研究结论也支持了大数据越来越重要的观点（McAfee 和 Brynjolfsson，2012；舍恩伯格和库克耶，2013）。

6.2　本研究的理论启示

IT 外包已成为降低成本、利用知识优势、重组价值的有效途径，知识共享是实现这些合作优势的核心机制。但是，知识共享有其"黑暗面"。因为 IT 外包发包方面临着知识泄漏的危险，发包方常常采取措施防止核心知识泄露。这就出现了知识共享与知识保护共存的现象，在发包方既进行知识共享又实施知识保护的情况下，我们还不清楚知识共享与保护这一竞合关系对项目绩效有何影响，也不清楚其通过什么中介因素影响项目绩效，更不清楚是否有关系治理的其他因素（如心理契约等）使上述关系复杂化。如何管理 IT 外包中的知识竞合关系是不得不正视的问题。比如，为什么外包的失败率那么高？为什么进行了知识共享却得不到好的绩效？发包方为什么要进行知识保护？为什么知识保护对有些项目绩效影响很大而对另一些却影响较小？为何对于知识保护会有不同的认知？本书的研究目标就是以竞合的视角将发包方的知识共享和知识保护行为整合在一个研究框架中，从而提供全面的理论分析和更有实践价值的经验证据。

本研究认为，现有文献仅从发包方的角度研究知识竞合，而忽视了接包方对发包方知识共享与保护行为的反应，以及通过什么中介过程最终作用于项目绩效，接包方的反应受到哪些情景变量的影响。首先，以往研究忽略了外包的竞合特征，很少同时研究知识共享和知识保护对绩效的影响。其次，有关知识共享的研究取得了较为一致的结论，但是，关于知识保护对外包绩效的影响却存在争议，还没有统一的共识。再次，关于 IT 外包合作中知识竞合通过什么环节最终影响接包方的项目绩效这一内在机理研究不够深入。最后，目前关于竞合现象的实证研究急需补充，学者也呼吁提供不同情景下的实证证据，提供更为丰富的信息。

针对现有研究中的不足,本书探讨了 IT 外包中发包方的知识保护和知识共享对接包方项目绩效的影响,发现了共同解决问题在知识共享、保护与项目绩效间的中介作用,关系契约图式、交易契约图式以及外部知识环境具有调节效应。12 个研究假设中的 11 个获得了数据的支持,这对我们理解发包方同时进行知识共享与保护对外包项目绩效的影响提供了重要的启示,促进了我们对 IT 外包知识管理、竞合行为、心理契约等重要学术问题的理解和把握,有助于我们对 IT 外包中的知识竞合现象有一个完整的理解,尤其是从双向互动的角度,站在接包方的立场来看待发包方的知识共享与保护的后果,为 IT 外包中知识管理的研究提供了有益的补充和拓展;研究发现了接包方的契约图式、知识环境的调节作用,有助于我们区分不同的情况下知识竞合对项目绩效的不同作用,也为企业实践提供更加具体和有针对性的意见和建议;本研究还弥补了相关研究缺乏实证支持的不足,在 IT 外包背景下检验并发展了竞合、心理契约的相关理论模型。因此,对于研究者而言,本书从竞合双向性视角为 IT 外包关系治理、知识管理等研究提供了较为全面的分析框架,对未来的相关研究提供了启示。本书还开发并检验了契约图式、知识环境的调节作用,为未来相关问题的实证研究提供了启示。

6.3 本研究的实践启示

如何进行知识管理是 IT 外包管理者们关心的重要问题,有效的知识共享促进绩效的提升。然而,知识共享并不顺利,这是因为知识(尤其是核心知识)被认为是企业核心竞争优势的来源,发包方进行知识共享的同时也对其核心知识严格保护。这种知识竞合现象使得 IT 外包知识管理变得复杂,困扰着企业人员。本书的研究结果探明了发包方知识竞合如何影响接包方的项目绩效,明晰了内在机理,指出了情景条件,有助于发包方和接包方对知识共享和知识保护有更加全面的认识。

首先,本研究结果表明,发包方应该谨慎对待知识保护与共享的决定,应该做好知识共享与保护的平衡。IT 外包中存在较高的失败率,本书认为知识竞合管理不当是原因之一。虽然现有的知识保护文献强调了知识共享的风险,建议企业应该保护核心知识避免泄漏。但本研究发现,发包方的知识保护降低了接包方参与共同解决问题的意愿,也不利于发挥共同解决问题的作用,从而最终损害了项目绩效。而发包方的知识共享显著地促进了共同解决问题和项目绩效。因此,竞合理论和心理契约理论都强调了知识交换的双向性,即知识交换是双方的行为,不能仅以自己的立场来进行知识共享与保护的决策,也不能只考虑个体利益而忽视共同利益的创造,发包方做出知识竞合决定时应考虑接包方的反应。发包方可以通过一些补救措施去除知识保护的消极反应,实现项目的协同绩效。发包方也可以采取更多的隐蔽手段来保护知识,以便避免接包方感知到核心知识保护。从共同创造价值的角度考虑,发包方应该提高其知识共享,并采取积极的措施使接包方感知到其知识共享。

其次,本研究发现,共同解决问题是一个较强的中介变量,揭示了发包方的知识竞合行为经由共同解决问题而最终影响接包方的项目绩效。共同解决问题显著地正向影响接包方的项目绩效,发包方知识共享正向影响共同解决问题,但知识保护显著负向影响共同解决问题,知识共享与知识保护的交互也显著负向影响共同解决问题。上述结论表明了共同解决问题是促进项目绩效的重要手段,而知识共享对共同解决问题有利,知识保护则不利于共同解决问题。针对IT外包知识密集,复杂性、不确定性、动态性等特征,以及IT外包从成本驱动转向价值共创的新趋势,共同解决问题将是应对IT外包合作的重要手段。近年来,IT外包发生了很大的变化,已经从成本节约转向价值创造,接包方应更加重视共同解决问题这一互动方式。如果双方能够创造条件致力于共同解决问题,知识的价值将能被充分的挖掘,知识共享直接作用于项目绩效的程度有限,项目团队应该认识到共同解决问题在知识共享与项目绩效间的中介效应,重视通过共同解决问题来使知识共享作用充分发挥。共同解决问题的实践也有助于应对环境的动荡、技术的更新等,更能为客户创造更多的价值,实现价值共创、合作共赢。通过与发包方协调一致地开展共同解决问题的行动,接包方还能够不断提升自己的服务交付能力,从而保证项目的成功,减少项目失败率(如时间延期、成本超出、目标冲突等)。要提高共同解决问题的水平,良好的合作氛围和规范的程序是必不可少的。一方面,接包方需要与发包方通过不断的交互建立信任、相互尊重,致力于营造风险共担、利益共享、目标一致的良好合作氛围。另一方面,双方之间也需要建立一套规范化的共同解决问题的程序。在服务外包全球化背景下制度和文化差异对服务外包有着深刻的影响,企业应该正视与合作伙伴间的制度和文化差异,引入桥梁工程师等沟通渠道实现高水平的共同解决问题。

最后,本书发现了契约图式和知识环境的调节作用,启示发包方应在做出知识保护决策之前评估接包方的契约图式和知识环境。本研究发现接包方所持的交易型、关系型契约图式对知识保护和共享持有不同的解释,接包方所处的知识环境的好坏也影响其对发包方行为的认知与反应。本书研究表明,接包方的心理契约图式发挥了调节作用,是不容忽视的情景条件。本书从关系治理的角度给出如何选择接包方的建议。以往选择接包方时主要考虑的是接包方的能力,如 Feeny 等(2005)提出从三个方面评估选择接包方,即交付能力、变革能力(质量、成本及功能的显著改进)、关系管理能力。Cha 和 Kim(2016)建议选择接包方时重点考虑管理能力、技术水平、人员素质、服务质量、关系管理能力、外部评价(社会信誉)、领域知识等。但本书的研究启示管理人员,选择接包方时不仅要考察其能力,也不能忽视其契约认知图式,企业首先应该确定接包方的契约图式是交易型还是关系型。例如,当发包方的知识独占性极强,必须进行保护时,企业应该选择高水平的交易契约图式而不是关系型契约式的接包方,这样可以降低知识保护对共同解决问题的负面影响。交易契约图式的接包方将严格遵守合同,视发包方的知识保护为正当合理的,知识保护对该类型接包方的负面作用较少。此外,当接包方所处的知识环境较好时,如很多知识都可以从知识环境中获取,发包方则应该减少知识保护的程度,因为这样既没有必要,更会诱发接包方的心理契约失败,使其感受到共同合作愿景的下降,最终损害项目绩效。

第7章　研究结论与展望

7.1　主要研究结论

本书以竞合理论和心理契约理论为主要理论依据,针对 IT 外包中的知识竞合问题,将知识共享与知识保护这一矛盾体纳入研究框架。本书考虑了知识竞合的双向性,即发包方知识竞合行为对接包方产生影响,或者说接包方对于发包方的知识竞合行为如何反应。基于此,以竞合观点,将发包方知识共享与知识保护同时纳入研究框架;根据 IT 外包特征和现有文献,提出共同解决问题为中介变量;根据心理契约理论,从内外两方面研究契约认知图式、知识环境的调节作用。研究提出了 12 个假设,采用 284 个外包项目数据进行了检验。其中,11 个假设获得了显著性支持,1 个假设未获得支持。

(1)发包方知识共享与知识保护对接包方的项目绩效有着不同的影响。发包方知识共享与接包方项目绩效正相关,发包方的知识共享从多个方面促进了接包方的项目绩效,如有助于促进项目需求的理解、提高项目管理效率、降低成本、提升接包方能力、提高合作关系质量等。发包方知识保护行为与接包方项目绩效负相关,发包方的知识保护可能引发接包方消极的情绪反应(如失望和愤怒),导致关系质量和合作绩效的损害;发包方的知识保护也不利于对整体利益的追求,难以使合作收益最大化;发包方知识保护不仅降低了接包方获取知识的数量,也降低了知识获取的质量。总之,知识共享体现了以共同利益为主的合作思想,有益于合作;而知识保护体现的是以个体利益为主的竞争性思维,不利于合作。

(2)研究发现共同解决问题作为一种重要的社会互动方式,在知识竞合与项目绩效间有显著的中介作用。共同解决问题显著地正向影响接包方的项目绩效,发包方知识共享正向影响共同解决问题,但是,知识保护负向影响共同解决问题,知识共享与知识保护的交互也负向影响共同解决问题。针对 IT 外包知识密集、交流频繁的特征,以及 IT 外包从成本驱动转向价值共创的新趋势,共同解决问题将是应对 IT 外包合作的重要手段。共同解决问题表征了发包方与接包方开展联合规划、共同应对难题和突发情况、风险分担、利益共享。共同解决问题不仅有利于完成项目任务,也有利于实现价值共创,促进长期合作绩效。知识共享不仅提供了共同解决问题所必要的知识,更重要的是知识共享有利于形成信任、承诺、认同、依赖的良好关系,这是共同解决问题取得成功的必备条件。但是,发包方的知识保护则传递了更多的负面信号,不利于良好关系的建立,因而阻碍了共同解决问题。

(3)发包方知识共享与知识保护的作用受到接包方契约图式的调节,不同的契约图式发挥了不一样的作用。具有不同契约图式的接包方对知识共享与知识保护有不同的解释,从而影响共同解决问题的动机和效果,调节了发包方知识共享与知识保护对共同解决问题的影响关系。交易契约图式将外包合作看成是短期的完全依赖于合同的经济行为,持有该图式的接包方将发包方的知识共享视为额外的期望,将发包方的知识保护解释为发包方可以采取的正当行为。因而,接包方的交易契约图式加强了知识共享对共同解决问题的正向作用,但对知识保护的调节作用不显著。关系契约图式则将外包合作关系视作长期的以良好关系、协调适应为基础的合作,持有该图式的接包方认为发包方知识共享是必须履行的义务,不应采取知识保护行为,知识保护行为只会造成更大程度的心理契约违背,更加不利于共同解决问题。因而,关系契约图式加强了知识保护对共同解决问题的负向作用,削弱了知识共享对共同解决问题的正向作用。

(4)知识环境是影响心理契约的外部因素,影响着接包方对发包方知识保护和共享的认知和态度,调节了发包方知识共享、保护与共同解决问题间的关系。知识环境加强了发包方知识保护对共同解决问题的负向作用,同时也加强了发包方知识共享对共同解决问题的正向作用。当知识环境好的时候,接包方可以更便捷地获取大量的、多样化的、有价值的信息和知识。根据心理契约理论,如果发包方仍然进行严格的知识保护,接包方感知到心理契约的失败和违背将增强,从而加强了知识保护对共同解决问题的负向作用。相反地,如果发包方能够共享知识,将超出接包方的心理期望,使接包方感知到更多的善意,也更愿意给予积极的回报,继而使知识共享在共同解决问题过程中发挥更大的作用,加强了知识共享对共同解决问题的正向作用。

7.2　本书的创新点

与以往研究相比,本书的创新性主要体现在以下 4 个方面:

(1)从竞合角度,揭示了发包方知识共享与知识保护对接包方项目绩效的不同影响,克服了以往研究只片面关注知识保护或知识共享的不足。尽管在外包合作过程中,发包方往往在分享知识的同时也致力于保护自身的核心知识,然而现有的研究多是将两者单独研究,并且针对知识共享的研究更多,知识保护对于外包项目绩效的研究还较为缺乏。知识竞合的研究只关注了自身的策略选择而忽视了对方的反应,只关注如何保证个体利益而忽视了共同利益最大化。这不符合竞合的核心思想,竞合是为了发挥协同优势,共同做大蛋糕。本书从竞合的视角,同时研究服务外包合作中的知识共享和知识保护。证实了发包方知识共享正向影响接包方项目绩效,发包方知识保护负向影响接包方项目绩效。知识共享正向影响项目绩效的观点已经得到普遍认可,但是,知识保护负向影响项目绩效的观点挑战了现有关于知识保护的研究。现有的研究认为知识保护是有益的而且理所当然的,研究也集中在如何保护知识上。但是,这些研究是基于知识发送方的视角,而没有从全局的视角考虑知识保护可能的负面影响。

(2)研究发现了共同解决问题在知识共享、知识保护与项目绩效关系间的中介作用,进一步揭示了发包方知识竞合影响接包方项目绩效的内在机理。共同解决问题作为关系治理的重要维度之一,是应对企业间合作的复杂性、灵活性、不确定性和不一致性的一种重要的社会互动方式,对于 IT 外包的成功尤为重要,但 IT 外包文献中关于共同解决问题的研究较为缺乏。本书通过分析 IT 外包合作中知识的利用过程,认为知识共享、知识保护将通过共同解决问题这一互动过程的中介作用而最终影响项目绩效。研究结论支持了本书的假设,共同解决问题是一个显著的中介变量。其中,知识保护显著降低共同解决问题的研究结论补充并丰富了现有文献中关于知识保护结果的研究,现有文献过度强调知识保护的正面作用,而忽略了知识保护有可能破坏双方的合作基础。另外,本书研究发现知识共享对于项目绩效的直接正向作用在中介变量共同解决问题存在时显著降低,表明知识共享对于项目绩效并没有直接的作用。这与以往相关研究结论有所不同,以往研究认为外包中的知识共享直接影响项目绩效,而忽视了知识共享发挥作用的过程机理。本研究发现共同解决问题在知识共享和项目绩效之间有较强的中介效应,该发现加强了人们对知识共享对项目绩效作用过程的理解。在实地调研访谈所观察到的现象印证了上述结论,项目经理和成员们谈到知识共享时认为知识共享通常是一些关于浅层次的知识,而真正有用的关键的核心知识通常被发包方保护起来。为了解决知识不足的问题,项目组通常通过内部学习、外部搜索等手段予以解决,这样,知识共享对于项目绩效的实际作用不大。但是,知识共享依然是一个重要的因素,因为其显著地影响共同解决问题,而共同解决问题显著地促进项目绩效。

（3）引入契约图式这一调节变量，发现了交易契约图式、关系契约图式起到了不同的调节作用，缓和了交易成本理论和心理契约理论关于知识竞合如何影响共同解决问题的争议。交易成本理论和心理契约理论关于知识竞合的观点对比鲜明。基于交易成本理论的研究认为交易中存在机会主义行为，没有知识保护措施保障的知识共享活动会使发包方丢失核心知识以及核心竞争力。知识保护通过详细规定合同条款及相关控制措施，买方可以有效地打击供应商的机会主义行为，并通过增加公平感、安全感、减少破坏性冲突而培育了良好的合作氛围，进而提高合作绩效。心理契约理论更看重交易双方之间的互惠义务，在 IT 外包情景中，接包方往往将知识共享视为发包方的中心义务。因此，知识保护活动被接包方认为是发包方违背了心理契约中的义务，从而引发消极的情绪反应（如失望和愤怒），心理契约违背将导致关系质量和合作绩效的损害。本书认为发包方的知识共享和保护是否影响共同解决问题和最终项目绩效，实际上取决于接包方的认知、比较、解释和反应。本书开发了两种契约认知图式，发现了具有不同契约认知图式的接包方对于发包方应履行义务的期望是不同的，关于发包方知识竞合行为的解释不同。当接包方持交易契约图式时，认为知识保护是发包方的正当行为，知识共享超出了心理契约义务的期望，交易契约图式加强了知识共享对共同解决问题的正向作用。当接包方持关系契约图式时，认为知识保护是发包方对自己不信任、承诺降低的信号，容易造成心理契约的违背。相反，认为知识共享是发包方应尽的义务。因此，关系契约图式加强了知识保护对共同解决问题的负向作用，削弱了知识共享对共同解决问题的正向作用。上述结论揭示了契约图式的调节作用，指出了知识竞合行为产生作用的边界条件，既缓和了关于知识竞合的理论争议，又丰富了心理契约理论在 IT 外包背景中的应用。

（4）本研究引入知识环境这一全新的环境变量，发现了其对知识保护、知识共享与共同解决问题作用关系的调节作用。对于 IT 服务外包这一技术和知识密集型行业而言，知识环境的作用更加明显。尤其是随着大数据时代的来临，知识环境对企业个体和组织的影响越来越大，然而现实中很多外包企业还没有认识到知识环境的作用。本书从心理契约的视角探讨知识环境的调节作用，知识环境作为外部因素影响接包方心理契约的内容，影响着接包方对发包方知识竞合行为的认知、解释和态度。本书设计并开发了知识环境的测量指标，发现知识环境调节了发包方知识竞合对共同解决问题的作用。知识环境加强了发包方知识共享对共同解决问题的正向作用，同时也加强了发包方知识保护对共同解决问题的负向作用。上述结论加强了在新的背景下对知识竞合结果的理解，弥补了相关研究的不足。一方面，本书发现知识环境是影响接包方心理契约的一个外在因素,补充了关于心理契约的影响因素的研究;另一方面,以往制度理论方面的研究常将市场竞争、法律环境、技术动态性等作为环境变量,本研究表明知识环境正在成为一个新的环境变量,从而补充了关于组织环境方面的研究。

7.3 研究的不足与展望

针对 IT 服务外包中知识共享与知识保护的竞合方面的研究不足,本书进行了研究,取得了一些成果。但是,也存在一些不足。

首先,本研究的数据采集来自于一个国家,从发包方和接包方同时采集数据可能提供更多的视角,提供更为丰富的信息。本研究所获取的数据尽管符合研究需要,但是,调研的对象锁定在中国接包方,未来可以对国外发包方进行调研,从发包方的视角为该研究提供更为完整的诠释。如发包国不同引起的文化差异的影响,从而更好地界定理论适用的边界。

其次,知识竞合可以从知识类型分为隐性知识竞合和显性知识竞合,从知识共享和保护方法可以分为正式措施和非正式措施。不同类型的知识、不同形式的知识共享和知识保护手段可能会产生不同的影响,本书由于精力所限未在此方面进行深入细致的研究。

最后,以动态的视角研究 IT 外包中知识竞合的变化,比如知识竞合行为对外包关系稳定性的影响,对信任建设的影响等。IT 外包中知识竞合行为不是固定不变的,会随着合作的深入或者双方权力平衡的改变等而发生变化。

知识竞合是 IT 外包中常见的现象,但是目前的研究却忽视了这一问题。同时,竞合现象具有复杂性、动态性、多维性等特征,笔者希望未来的研究能从更多方面提供理论贡献,使 IT 外包中知识竞合问题的研究更加完整、更加立体。未来值得研究的方面包括:

首先,知识竞合可以从知识类型分为隐性知识竞合和显性知识竞合,从知识共享和保护方法可以分为正式措施和非正式措施。不同类型的知识竞合、不同的知识竞合策略如何影响共同解决问题和项目绩效有待研究,接包方对于不同的知识竞合的反应有何异同也值得深入研究。

其次,本书以共同解决问题为中介变量,未来研究可以考虑是否还有别的中介变量。关系治理的其他维度,如信任、冲突、承诺作为中介变量。另外,从创新的角度,研究创新类型、组织学习方式等的中介作用。

再次,本书基于心理契约理论视角发现了契约图式、外部知识环境的调节作用,建议根据其他理论视角研究知识竞合的边界条件。如借用网络理论,研究网络结构特征、企业在网络中的位置等是否改变发包方知识竞合行为对绩效的影响。从外包交易的类型方面还可考虑发包国、项目类型等的调节作用,以及在服务外包全球化背景下制度和文化差异的影响。由于 IT 外包中知识共享是双向的,也可以从发包方视角,研究接包方的知识共享、保护行为对发包方外包战略选择、执行结果等的影响。

最后,本书证实了心理契约在 IT 外包中发挥重要作用,发现了心理契约具有调节效应。但是,心理契约既包括个体层面又包括团队层面和企业层面,不同层次的心理契约内容是否相同、作用是否一样都值得研究。建议未来可以开展分层研究,收集更多的数据,呈现更多的细节。

参考文献

[1] Aarikka-Stenroos L, Jaakkola E. Value co-creation in knowledge intensive business services: A dyadic perspective on the joint problem solving process[J]. Industrial Marketing Management, 2012, 41(1): 15-26.

[2] Adams J S, Freedman S. Equity theory revisited: Comments and annotated bibliography[J]. Advances in experimental social psychology, 1976, 9: 43-90.

[3] Afuah A, Tucci C L. Crowdsourcing as a solution to distant search[J]. Academy of Management Review, 2012, 37(3): 355-375.

[4] Afuah A. How Much Do Your Co-Opetitors' Capabilities Matter in the Face of Technological Change? [J]. Strategic Management Journal, 2000: 387-404.

[5] Alaghehband F K, Rivard S, Wu S, et al. An assessment of the use of transaction cost theory in information technology outsourcing[J]. The Journal of Strategic Information Systems, 2011, 20(2): 125-138.

[6] Al-Salti Z, Hackney R. Factors impacting knowledge transfer success in information systems outsourcing[J]. Journal of Enterprise Information Management, 2011, 24(5): 455-468.

[7] Alvarez-Suescun E. Combining transaction cost and resource-based insights to explain IT implementation outsourcing[J]. Information Systems Frontiers, 2010, 12(5): 631-645.

[8] Anderson E G, Parker G G. Integration of global knowledge networks[J]. Production and Operations Management, 2013, 22(6): 1446-1463.

[9] Ang S, Cummings L L. Strategic response to institutional influences on information systems outsourcing[J]. Organization science, 1997, 8(3): 235-256.

[10] Aragón-Correa J A, Sharma S. A contingent resource-based view of proactive corporate environmental strategy[J]. Academy of management review, 2003, 28(1): 71-88.

[11] Argote L, Ingram P. Knowledge transfer: A basis for competitive advantage in firms[J]. Organizational behavior and human decision processes, 2000, 82(1): 150-169.

[12] Atinc G, Ocal Y. The moderating effect of organizational environment on Post-IPO corporate governance changes and firm performance relationship[J]. Journal of Leadership and Organizational Studies, 2014, 21(3): 286-298.

[13] Aubert B A, Kishore R, Iriyama A. Exploring and managing the "innovation through outsourcing" paradox[J]. The Journal of Strategic Information Systems, 2015, 24(4): 255-269.

[14] Aubert B A, Rivard S, Patry M. A transaction cost model of IT outsourcing [J]. Information & management, 2004, 41(7): 921-932.

[15] Bapna R, Gupta A, Ray G, et al. Research Note—IT Outsourcing and the Impact of Advisors on Clients and Vendors[J]. Information Systems Research, 2016, 27(3): 636-647.

[16] Barney J B. Resource-based theories of competitive advantage: A ten-year retro-spective on the resource-based view[J]. Journal of management, 2001, 27(6): 643-650.

[17] Barney J B. Firm resources and sustained competitive advantage[J]. Journal of management, 1991, 17(1): 99-120.

[18] Baron R M, Kenny D A. The moderator—mediator variable distinction in so-cial psychological research: Conceptual, strategic, and statistical considerations[J]. Journal of personality and social psychology, 1986, 51(6): 1173-1182.

[19] Barthélemy J, Quélin B V. Complexity of outsourcing contracts and ex post transaction costs: an empirical investigation[J]. Journal of Management Studies, 2006, 43(8): 1775-1797.

[20] Barua A, Mani D. Augmenting conflict resolution with informational re-sponse: A holistic view of governance choice in business process outsourcing[J]. Journal of Management Information Systems, 2014, 31(3): 72-105.

[21] Bengtsson M, Johansson M. Managing coopetition to create opportunities for small firms[J]. International Small Business Journal, 2014, 32(4): 401-427.

[22] Bengtsson M, Kock S. "Coopetition" in business Networks—to cooperate and compete simultaneously[J]. Industrial marketing management, 2000, 29(5): 411-426.

[23] Bengtsson M, Kock S. Cooperation and competition in relationships between competitors in business networks[J]. Journal of Business and Industrial Marketing, 1999, 14(3):178-194(17).

[24] Bengtsson M, Raza-Ullah T. A systematic review of research on coopetition: Toward a multilevel understanding[J]. Industrial Marketing Management, 2016, 57: 23-39.

[25] Bharadwaj S S, Saxena K B C, Halemane M D. Building a successful relation-ship in business process outsourcing: an exploratory study[J]. European Journal of In-formation Systems, 2010, 19(2): 168-180.

[26] Blau P M. Exchange and power in social life[M]. Wiley, New York, 1964.

[27] Blumenberg S, Wagner H T, Beimborn D. Knowledge transfer processes in IT outsourcing relationships and their impact on shared knowledge and outsourcing per-formance[J]. International Journal of Information Management, 2009, 29(5): 342-352.

[28] Bouncken R B, Fredrich V. Coopetition: performance implications and management antecedents[J]. International Journal of Innovation Management, 2012, 16 (05): 1250028.

[29] Bouncken R B, Fredrich V. *Joint Knowledge Creation and* Protection in Coopetitive Business Model[C]. Academy of Management Proceedings. Academy of Management, 2016, 2016(1): 17093.

[30] Bouncken R B, Gast J, Kraus S, et al. Coopetition: a systematic review, synthesis, and future research directions[J]. Review of Managerial Science, 2015, 9(3): 577-601.

[31] Bouncken R B, Kraus S. Innovation in knowledge-intensive industries: The double-edged sword of coopetition[J]. Journal of Business Research, 2013, 66(10): 2060-2070.

[32] Bourgeois L J. Strategy and environment: A conceptual integration[J]. Academy of management Review, 1980, 5(1): 25-39.

[33] Brown J S, Duguid P. Knowledge and organization: A social-practice perspective[J]. Organization science, 2001, 12(2): 198-213.

[34] Cao L, Mohan K, Ramesh B, et al. Evolution of governance: achieving ambidexterity in IT outsourcing[J]. Journal of Management Information Systems, 2013, 30 (3): 115-140.

[35] Cao Z, Lumineau F. Revisiting the interplay between contractual and relational governance: A qualitative and meta-analytic investigation[J]. Journal of Operations Management, 2015, 33: 15-42.

[36] Cha H S, Pingry D E, Thatcher M E. Managing the knowledge supply chain: an organizational learning model of information technology offshore outsourcing[J]. Mis Quarterly, 2008: 281-306.

[37] Cha K J, Kim Y S. Critical success factors for mutual collaboration with suppliers in IT outsourcing industry: a case study of a top IT outsourcing company in Korea [J]. Enterprise Information Systems, 2016: 1-20.

[38] Chang Y B, Gurbaxani V. Information technology outsourcing, knowledge transfer, and firm productivity: an empirical analysis[J]. MIS quarterly, 2012, 36(4): 1043-1053.

[39] Chen Y, Bharadwaj A, Goh KY. An Empirical Analysis Of Intellectual Property Rights Sharing In Software Development Outsourcing[J]. MIS Quarterly, 2017, 41 (1): 131-161.

[40] Chen Y, Bharadwaj A. An empirical analysis of contract structures in IT outsourcing[J]. Information Systems Research, 2009, 20(4): 484-506.

[41] Cheung M S, Myers M B, Mentzer J T. The value of relational learning in global buyer-supplier exchanges: a dyadic perspective and test of the pie-sharing premise

[J]. Strategic Management Journal, 2011, 32(10): 1061-1082.

[42] Chiu C, Hsu M, Wang E T G. Understanding knowledge sharing in virtual communities: An integration of social capital and social cognitive theories[J]. Decision Support Systems, 2006, 42(3):1872-1888.

[43] Chou S W, Techatassanasoontorn A A, Hung I H. Understanding commitment in business process outsourcing relationships[J]. Information & Management, 2015, 52(1): 30-43.

[44] Chua A L, Pan S L. Knowledge transfer and organizational learning in IS offshore sourcing[J]. Omega, 2008, 36(2): 267-281.

[45] Chua C E H, Lim W K, Soh C, et al. Enacting clan control in complex IT projects: A social capital perspective[J]. MIS Quarterly, 2012, 36(2): 577-600.

[46] Claro D P, Claro P B O. Collaborative buyer—supplier relationships and downstream information in marketing channels[J]. Industrial Marketing Management, 2010, 39(2): 221-228.

[47] Cohen W M, Levinthal D A. Absorptive capacity: a new perspective on learning and innovation[J]. Administrative science quarterly, 1990,35(1): 128-152.

[48] Colombo M G. Alliance form: a test of the contractual and competence perspectives [J]. Strategic Management Journal, 2003, 24: 1209-1229.

[49] Conway N, Guest D, Trenberth L. Testing the differential effects of changes in psychological contract breach and fulfillment[J]. Journal of Vocational Behavior, 2011, 79(1): 267-276.

[50] Conway N, Kiefer T, Hartley J, et al. Doing more with less? Employee reactions to psychological contract breach via target similarity or spillover during public sector organizational change[J]. British Journal of Management, 2014, 25(4): 737-754.

[51] Cropanzano R, Mitchell M S. Social exchange theory: An interdisciplinary review[J]. Journal of management, 2005, 31(6): 874-900.

[52] Cullinane N, Dundon T. The psychological contract: A critical review[J]. International Journal of Management Reviews, 2006, 8(2): 113-129.

[53] Cummings J L, Teng B S. Transferring R&D knowledge: the key factors affecting knowledge transfer success[J]. Journal of Engineering and technology management, 2003, 20(1): 39-68.

[54] Czakon W, Rogalski M. Coopetition typology revisited—a behavioural approach[J]. International Journal of Business Environment, 2014, 6(1): 28-46.

[55] Czakon W. Emerging coopetition: an empirical investigation of coopetition as inter-organizational relationship instability[M]. In S. Yami, S. Castaldo, & F. Le Roy (Eds.), Coopetition Winning Strategies for the 21st Century, 2010: 58-73.

[56] Daft R L, Lengel R H. Organizational information requirements, media richness and structural design[J]. Management science, 1986, 32(5): 554-571.

[57] Dagnino G B, Rocco B. Co-opetition Strategy: Theory, experiments and cases. Routledge, 2009.

[58] Dahl J. Conceptualizing coopetition as a process: An outline of change in cooperative and competitive interactions[J]. Industrial Marketing Management, 2014, 43(2): 272-279.

[59] Das T K, Teng B S. Instabilities of strategic alliances: An internal tensions perspective[J]. Organization science, 2000, 11(1): 77-101.

[60] De Faria P, Sofka W. Knowledge protection strategies of multinational firms—A cross-country comparison[J]. Research Policy, 2010, 39(7): 956-968.

[61] Deng C P, Mao J Y, Wang G S. An empirical study on the source of vendors' relational performance in offshore information systems outsourcing[J]. International Journal of Information Management, 2013, 33(1): 10-19.

[62] Deng C P, Mao J Y. Knowledge Transfer to Vendors in Offshore Information Systems Outsourcing: Antecedents and Effects on Performance[J]. Journal of Global Information Management(JGIM), 2012, 20(3): 1-22.

[63] Dibbern J, Goles T, Hirschheim R, et al. Information systems outsourcing: a survey and analysis of the literature[J]. ACM Sigmis Database, 2004, 35(4): 6-102.

[64] Dibbern J, Winkler J, Heinzl A. Explaining variations in client extra costs between software projects offshored to India[J]. MIS quarterly, 2008, 32(2): 333-366.

[65] Dillman D A. Mail and telephone surveys: The total design method[M]. New York: Wiley, 1978.

[66] DiMaggio P. Culture and cognition[J]. Annual Review of Sociology, 1997, 23(1): 263-287.

[67] Ding X H, Huang R H. Effects of knowledge spillover on inter-organizational resource sharing decision in collaborative knowledge creation[J]. European Journal of Operational Research, 2010, 201(3):949-959.

[68] Dobrzykowski D D, Tran O, Tarafdar M. Value co-creation and resource based perspectives for strategic sourcing[J]. Strategic Outsourcing: An International Journal, 2010, 3(2): 106-127.

[69] Dowling M J, Roering W D, Carlin B. A, et al. Multifaceted relationships under coopetition description and theory[J]. Journal of management inquiry, 1996, 5(2): 155-167.

[70] Dyer J H, Chu W. The role of trustworthiness in reducing transaction costs and improving performance: Empirical evidence from the United States, Japan, and Korea[J]. Organization science, 2003, 14(1): 57-68.

[71] Dyer J H, Hatch N W. Relation-specific capabilities and barriers to knowledge transfers: creating advantage through network relationships[J]. Strategic management journal, 2006, 27(8): 701-719.

[72] Dyer J H, Nobeoka K. Creating and managing a high-performance knowledge-sharing network: the Toyota case[J]. Strategic management journal, 2000: 345-367.

[73] Dyer J H, Singh H. The Relational View: Cooperative Strategy and Sources of Interorganizational Competitive Advantage[J]. Academy of Management Review, 1998, 23(4):660-679.

[74] Dyer J H. Effective interfirm collaboration: how firms minimize transaction costs and maximize transaction value[J]. Strategic management journal, 1997: 535-556.

[75] Edguer E, Pervan G. Success factors and measures for public sector IS/IT co-sourcing contracts[J]. Australasian Journal of Information Systems, 2004, 11(2).

[76] Eisenhardt K M. Agency theory: An assessment and review[J]. Academy of management review, 1989, 14(1): 57-74.

[77] Estrada I, Faems D, Faria P D. Coopetition and product innovation performance: The role of internal knowledge sharing mechanisms and formal knowledge protection mechanisms[J]. Industrial Marketing Management, 2015, 53:56-65.

[78] Faems D, Janssens M, Madhok A, et al. Toward an integrative perspective on alliance governance: Connecting contract design, trust dynamics, and contract application[J]. Academy of management journal, 2008, 51(6): 1053-1078.

[79] Fang S R, Fang S C, Chou C H, et al. Relationship learning and innovation: The role of relationship-specific memory[J]. Industrial Marketing Management, 2011, 40(5): 743-753.

[80] Feeny D, Lacity M, Willcocks L P. Taking the measure of outsourcing providers[J]. MIT Sloan management review, 2005, 46(3): 41-48.

[81] Fernandez A S, Le Roy F, Gnyawali D R. Sources and management of tension in co-opetition case evidence from telecommunications satellites manufacturing in Europe [J]. Industrial Marketing Management, 2014, 43(2): 222-235.

[82] Fitoussi D, Gurbaxani V. IT Outsourcing Contracts and Performance Measurement[J]. Information Systems Research, 2012, 23(1):129-143.

[83] Fornell C, Larcker D F. Evaluating structural equation models with unobservable variables and measurement error[J]. Journal of marketing research, 1981: 39-50.

[84] Fridgen G, Mueller H V. An approach for portfolio selection in multi-vendor IT outsourcing[C]. ICIS 2011 Proceedings. 8.

[85] Frishammar J, Ericsson K, Patel P C. The dark side of knowledge transfer: Exploring knowledge leakage in joint R&D projects[J]. Technovation, 2015, 41: 75-88.

[86] Gast J, Filser M, Gundolf K, et al. Coopetition research: Towards a better understanding of past trends and future directions[J]. International Journal of Entrepreneurship & Small Business, 2015, 24(4):492-521.

[87] Gefen D, Wyss S, Lichtenstein Y. Business familiarity as risk mitigation in software development outsourcing contracts[J]. Mis Quarterly, 2008, 32(3):531-551.

[88] George J F, Carlson J R, Valacich J S. Media selection as a strategic component of communication[J]. MIS Quarterly, 2014, 37(4): 1233-1251.

[89] Ghobadi S, D'Ambra J. Coopetitive knowledge sharing: an analytical review of literature[J]. Electronic Journal of Knowledge Management, 2011, 9(4): 307-317.

[90] Ghobadi S, D'Ambra J. Coopetitive relationships in cross-functional software development teams: How to model and measure? [J]. Journal of Systems and Software, 2012, 85(5): 1096-1104.

[91] Ghobadi S, D'Ambra J. Modeling high-quality knowledge sharing in cross-functional software development teams[J]. Information Processing& Management, 2013, 49(1): 138-157.

[92] Ghobadi S, D'Ambra J. Knowledge sharing in cross-functional teams: a coopetitive model[J]. Journal of Knowledge Management, 2012, 16(2): 285-301.

[93] Ghobadi S, Mathiassen L. Perceived barriers to effective knowledge sharing in agile software teams[J]. Information Systems Journal, 2016, 26(2): 95-125.

[94] Gnyawali D R, Madhavan R, He J, et al. The competition—cooperation paradox in inter-firm relationships: A conceptual framework[J]. Industrial Marketing Management, 2016, 53: 7-18.

[95] Gnyawali D R, Madhavan R. Cooperative networks and competitive dynamics: A structural embeddedness perspective[J]. Academy of Management review, 2001, 26(3): 431-445.

[96] Gnyawali D R, Park B J R. Co-opetition between giants: Collaboration with competitors for technological innovation[J]. Research Policy, 2011, 40(5): 650-663.

[97] Goo J, Huang C D. Facilitating relational governance through service level agreements in IT outsourcing: An application of the commitment—trust theory[J]. Decision Support Systems, 2008, 46(1): 216-232.

[98] Goo J, Kishore R, Nam K, et al. An investigation of factors that influence the duration of IT outsourcing relationships[J]. Decision Support Systems, 2007, 42(4): 2107-2125.

[99] Goo J, Kishore R, Rao H R, et al. The role of service level agreements in relational management of information technology outsourcing: an empirical study[J]. Mis Quarterly, 2009: 119-145.

[100] Gopal A, Espinosa J A, Gosain S, et al. Coordination and performance in global software service delivery: The vendor's perspective[J]. IEEE Transactions on Engineering Management, 2011, 58(4): 772-785.

[101] Gopal A, Koka B R. The asymmetric benefits of relational flexibility: evidence from software development outsourcing [J]. Mis Quarterly, 2012, 36(2): 553-576.

[102] Gopal A, Koka B R. The role of contracts on quality and returns to quality in offshore software development outsourcing[J]. Decision Sciences, 2010, 41(3): 491-516.

[103] Grant R M. Prospering in dynamically-competitive environments: Organiza-

tional capability as knowledge integration[J]. Organization science, 1996, 7 (4): 375-387.

[104] Grant R M. Toward a knowledge-based theory of the firm[J]. Strategic management journal, 1996, 17(S2): 109-122.

[105] Grover V, Cheon M J, Teng J T C. The effect of service quality and partnership on the outsourcing of information systems functions[J]. Journal of Management Information Systems, 1996, 12(4): 89-116.

[106] Guest D E. Is the psychological contract worth taking seriously? [J]. Journal of organizational behavior, 1998: 649-664.

[107] Gulati R, Sytch M. Dependence asymmetry and joint dependence in interorganizational relationships: Effects of embeddedness on a manufacturer's performance in procurement relationships[J]. Administrative science quarterly, 2007, 52(1): 32-69.

[108] Haas M R, Hansen M T. Different knowledge, different benefits: toward a productivity perspective on knowledge sharing in organizations[J]. Strategic Management Journal, 2007, 28(11): 1133-1153.

[109] Hamel G, Doz Y L, Prahalad C K. Collaborate with your competitors and win[J]. Harvard business review, 1989, 67(1): 133-139.

[110] Hamel G. Competition for competence and interpartner learning within international strategic alliances[J]. Strategic Management Journal, 1991, 12(S1):83-103.

[111] Han H S, Lee J N, Seo Y W. Analyzing the impact of a firm's capability on outsourcing success: A process perspective[J]. Information & Management, 2008, 45 (1): 31-42.

[112] Handley S M, Angst C M. The impact of culture on the relationship between governance and opportunism in outsourcing relationships[J]. Strategic Management Journal, 2015, 36(9): 1412-1434.

[113] Handley S M, Benton W C. The influence of task-and location-specific complexity on the control and coordination costs in global outsourcing relationships[J]. Journal of Operations Management, 2013, 31(3): 109-128.

[114] Harmon D J, Kim P H, Mayer K J. Breaking the letter vs. spirit of the law: How the interpretation of contract violations affects trust and the management of relationships[J]. Strategic Management Journal, 2015, 36(4): 497-517.

[115] Hashem IAT, Yaqoob I, Anuar N B, et al. The rise of "big data" on cloud computing: Review and open research issues[J]. Information Systems, 2015, 47: 98-115.

[116] Hayes A F. Introduction to mediation, moderation, and conditional process analysis: A regression-based approach[M]. Guilford Press, 2013.

[117] Hazen B T, Boone C A, Ezell J D, et al. Data quality for data science, predictive analytics, and big data in supply chain management: An introduction to the prob-

lem and suggestions for research and applications[J]. International Journal of Production Economics, 2014, 154: 72-80.

[118] Heavey C, Simsek Z. Top management compositional effects on corporate entrepreneurship: The moderating role of perceived technological uncertainty[J]. Journal of Product Innovation Management, 2013, 30(5): 837-855.

[119] Heide J B, Miner A S. The shadow of the future: Effects of anticipated interaction and frequency of contact on buyer-seller cooperation[J]. Academy of management journal, 1992, 35(2): 265-291.

[120] Hendrikse G, Hippmann P, Windsperger J. Trust, transaction costs and contractual incompleteness in franchising[J]. Small Business Economics, 2015, 44(4): 867-888.

[121] Hernandez E, Sanders W G, Tuschke A. Network defense: Pruning, grafting, and closing to prevent leakage of strategic knowledge to rivals[J]. Academy of Management Journal, 2015, 58(4): 1233-1260.

[122] Herriot P, Manning W E G, Kidd JM. The content of the psychological contract[J]. British Journal of management, 1997, 8(2): 151-162.

[123] Hill J A, Eckerd S, Wilson D, et al. The effect of unethical behavior on trust in a buyer—supplier relationship: The mediating role of psychological contract violation[J]. Journal of Operations Management, 2009, 27(4): 281-293.

[124] Hirschheim R, Heinzl A, Dibbern J. Information Systems Outsourcing: enduring themes, emergent patterns and future directions[M]. Springer Science & Business Media, 2013.

[125] Hitt M A, Dacin M T, Levitas E, et al. Partner Selection in Emerging and Developed Market Contexts: Resource-Based and Organizational Learning Perspectives [J]. Academy of Management journal, 2000, 43(3): 449-467.

[126] Ho H, Ganesan S. Does knowledge base compatibility help or hurt knowledge sharing between suppliers in coopetition? The role of customer participation[J]. Journal of Marketing, 2013, 77(6): 91-107.

[127] Hoecht A, Trott P. Innovation risks of strategic outsourcing[J]. Technovation, 2006, 26(5): 672-681.

[128] Hofer C W. Toward a contingency theory of business strategy[J]. Academy of Management journal, 1975, 18(4): 784-810.

[129] Hoopes D G, Postrel S. Shared knowledge, "glitches," and product development performance[J]. Strategic Management Journal, 1999, 20(9): 837-865.

[130] Howard M, Withers M, Tihanyi L. Knowledge Dependence and the Formation of Director Interlocks[J]. Academy of Management Journal, 2016: Published online before print September 12.

[131] Huppertz J W, Arenson S J, Evans R H. An application of equity theory to

buyer-seller exchange situations[J]. Journal of marketing research, 1978: 250-260.

[132] Hurmelinna-Laukkanen P. Enabling collaborative innovation—knowledge protection for knowledge sharing[J]. European Journal of Innovation Management, 2011, 14(3): 303-321.

[133] Husted K, Michailova S, Olander H. Dual Allegiance, Knowledge Sharing, And Knowledge Protection: An Empirical Examination[J]. International Journal of Innovation Management, 2013, 17(06): 1340022-1-1340022-33.

[134] Ilvonen I, Vuori V. Risks and benefits of knowledge sharing in co-opetitive knowledge networks[J]. International Journal of Networking and Virtual Organisations, 2013, 13(3): 209-223.

[135] Imsland V, Sahay S. "Negotiating Knowledge": The Case of a Russian-Norwegian Software Outsourcing Project[J]. Scandinavian Journal of Information Systems, 2005, 17(1): 101-130.

[136] Ingram P, Yue L Q. Structure, Affect and Identity as Bases of Organizational Competition and Cooperation[J]. Academy of Management Annals, 2008, 2(1):275-303.

[137] Inkpen A C, Beamish P W. Knowledge, bargaining power, and the instability of international joint ventures[J]. Academy of management review, 1997, 22(1): 177-202.

[138] Inkpen A C. Learning through joint ventures: a framework of knowledge acquisition[J]. Journal of management studies, 2000, 37(7): 1019-1044.

[139] Jain A, Thietart R A. Knowledge based transactions and decision framing in Information Technology Outsourcing[J]. The Journal of Strategic Information Systems, 2013, 22(4): 315-327.

[140] Jain R P, Simon J C, Poston R S. Mitigating vendor silence in offshore outsourcing: an empirical investigation[J]. Journal of Management Information Systems, 2011, 27(4): 261-298.

[141] Jean R J, Sinkovics R R, Hiebaum T P. The effects of supplier involvement and knowledge protection on product innovation in customer—supplier relationships: a study of global automotive suppliers in China[J]. Journal of Product Innovation Management, 2014, 31(1): 98-113.

[142] Jennings N R. Specification and implementation of a belief-desire-joint-intention architecture for collaborative problem solving[J]. International Journal of Intelligent and Cooperative Information Systems, 1993, 2(03): 289-318.

[143] Jiang X, Bao Y, Xie Y, et al. Partner trustworthiness, knowledge flow in strategic alliances, and firm competitiveness: A contingency perspective[J]. Journal of Business Research, 2016, 69(2): 804-814.

[144] Jiang X, Li M, Gao S, et al. Managing knowledge leakage in strategic alli-

ances: The effects of trust and formal contracts[J]. Industrial Marketing Management, 2013, 42(6): 983-991.

[145] Johnson J S, Sohi R S. Understanding and resolving major contractual breaches in buyer—seller relationships: a grounded theory approach[J]. Journal of the Academy of Marketing Science, 2016, 44(2): 185-205.

[146] Jordan J, Lowe J. Protecting strategic knowledge: insights from collaborative agreements in the aerospace sector[J]. Technology Analysis and Strategic Management, 2004, 16(2): 241-259.

[147] Kale P, Singh H, Perlmutter H. Learning and protection of proprietary assets in strategic alliances: Building relational capital[J]. Strategic management journal, 2000: 217-237.

[148] Kappelman L, McLean E, Johnson V, etal. The 2015 SIM IT Issues and Trends[J]. MISQE, 2016, 15(1): 55-83.

[149] Karim S, Carroll T N, Long C P. Delaying change: examining how industry and managerial turbulence impact structural realignment[J]. Academy of Management Journal, 2016, 59(3): 791-817.

[150] Kern T, Willcocks L P, Van Heck E. The winner's curse in IT outsourcing: Strategies for avoiding relational trauma[J]. California Management Review, 2002, 44 (2): 47-69.

[151] Kern T, Willcocks L. Exploring information technology outsourcing relationships: theory and practice[J]. The Journal of Strategic Information Systems, 2000, 9(4): 321-350.

[152] Khanna T, Gulati R, Nohria N. The dynamics of learning alliances: Competition, cooperation, and relative scope[J]. Strategic management journal, 1998: 193-210.

[153] Kim K K, Shin H K, Lee M H. The influence of partner knowledge complementarities on the effectiveness of IT outsourcing[J]. Journal of Organizational Computing and Electronic Commerce, 2010, 20: 213-233.

[154] Kim S, Zhao Z J, Anand J. Knowledge Complexity and the Performance of Inter-unit Knowledge Transfer Structures[C]. Academy of Management Proceedings. Academy of Management, 2014, 2014(1): 14269.

[155] Kim Y, Krishnan R, Argote L. The Learning Curve of IT Knowledge Workers in a Computing Call Center[J]. Information Systems Research, 2012, 23 (3): 887-902.

[156] King W R, Torkzadeh G. Information systems offshoring: Research status and issues[J]. MIS quarterly, 2008, 32(2): 205-225.

[157] Kingshott R P J. The impact of psychological contracts upon trust and commitment within supplier—buyer relationships: A social exchange view[J]. Industrial Marketing Management, 2006, 35(6): 724-739.

[158] Klaus T, Blanton J E. User resistance determinants and the psychological contract in enterprise system implementations[J]. European Journal of Information Systems, 2010, 19(6): 625-636.

[159] Ko D G, Kirsch L J, King W R. Antecedents of knowledge transfer from consultants to clients in enterprise system implementations[J]. Mis Quarterly, 2005: 59-85.

[160] Kogut B, Zander U. Knowledge of the firm, combinative capabilities, and the replication of technology[J]. Organization science, 1992, 3(3): 383-397.

[161] Kogut B. Joint ventures: Theoretical and empirical perspectives[J]. Strategic management journal, 1988, 9(4): 319-332.

[162] Koh C, Ang S, Straub D W. IT outsourcing success: A psychological contract perspective[J]. Information Systems Research, 2004, 15(4): 356-373.

[163] Kotlarsky J, Oshri I. Social ties, knowledge sharing and successful collaboration in globally distributed system development projects[J]. European Journal of Information Systems, 2005, 14(1): 37-48.

[164] Kotlarsky J, Scarbrough H, Oshri I. Coordinating expertise across knowledge boundaries in offshore-outsourcing projects: The role of codification[J]. Management Information Systems Quarterly, 2014, 38(2): 607-627.

[165] Krishnan R, Geyskens I, Steenkamp J B E M. The effectiveness of contractual and trust-based governance in strategic alliances under behavioral and environmental uncertainty[J]. Strategic Management Journal, 2016, 37(12): 2521-2542.

[166] Kudaravalli S, Faraj S, Johnson S L A Configural Approach to Coordinating Expertise in Software Development Teams[J]. Management Information Systems Quarterly, 2017, 41(1): 43-64.

[167] Lacity M C, Hirschheim R. The information systems outsourcing bandwagon[J]. Sloan management review, 1993, 35(1): 73.

[168] Lacity M C, Khan S A, Willcocks L P A review of the IT outsourcing literature: Insights for practice[J]. The Journal of Strategic Information Systems, 2009, 18(3): 130-146.

[169] Lacity M C, Khan S A, Yan A. Review of the empirical business services sourcing literature: an update and future directions[J]. Journal of Information Technology, 2016, 31(3): 269-328.

[170] Lacity M C, Khan S A. Transaction Cost Economics on trial again: A commentary on "The Role of Transaction Cost Economics in Information Technology Outsourcing Research: A Meta-Analysis of the Choice of Contract Type"[J]. Journal of Strategic Information Systems, 2016, 1(25): 49-56.

[171] Lacity M C, Khan S, Yan A, et al. A review of the IT outsourcing empirical literature and future research directions[J]. Journal of Information technology, 2010, 25

（4）：395-433.

[172] Lacity M C, Willcocks L P, Khan S. Beyond transaction cost economics: towards an endogenous theory of information technology outsourcing[J]. The Journal of Strategic Information Systems, 2011, 20(2): 139-157.

[173] Lacity M C, Willcocks L P. An empirical investigation of information technology sourcing practices: lessons from experience[J]. MIS quarterly, 1998: 363-408.

[174] Lacity M C, Willcocks L P. Information systems and outsourcing: studies in theory and practice [M]. Basingstoke: Palgrave Macmillan, 2008.

[175] Lacity M C, Willcocks L P. Interpreting information technology sourcing decisions from a transaction cost perspective: findings and critique[J]. Accounting, Management and Information Technologies, 1995, 5(3): 203-244.

[176] Lacity M C, Willcocks L P. Nine Practices for Best-in-Class BPO Performance[J]. MIS Quarterly Executive, 2014, 13(3):131-146.

[177] Lacity M, Willcocks L. Conflict resolution in business services outsourcing relationships[J]. The Journal of Strategic Information Systems, 2017 in press.

[178] Lacity M, Willcocks L. Outsourcing business and IT services: the evidence of success, robust practices and contractual challenges[J]. Legal Information Management, 2012, 12(01): 2-8.

[179] Lacity M, Yan A, Khan S. Review of 23 Years of Empirical Research on Information Technology Outsourcing Decisions and Outcomes[C]. Proceedings of the 50th Hawaii International Conference on System Sciences. 2017.

[180] Lado A A, Boyd N G, Hanlon S C. Competition, cooperation, and the search for economic rents: a syncretic model[J]. Academy of Management Review, 1997, 22(1): 110-141.

[181] Lado A A, Dant R R, Tekleab A G. Trust-opportunism paradox, relationalism, and performance in interfirm relationships: evidence from the retail industry[J]. Strategic Management Journal, 2008, 29(4): 401-423.

[182] Lahiri S, Kedia B L. The effects of internal resources and partnership quality on firm performance: An examination of Indian B P O providers[J]. Journal of International Management, 2009, 15(2): 209-224.

[183] Lane M, Van Der Vyver G. Partnership Quality in IT Outsourcing-A mixed methods review of its measurement[J]. ACIS 2005 Proceedings, 2005: 68.

[184] Lane P J, Koka B R, Pathak S. The Reification Of Absorptive Capacity: A Critical Review And Rejuvenation Of The Construct[J]. Academy of management review, 2006, 31(4): 833-863.

[185] Lane P J, Salk J E, Lyles M. A. Absorptive capacity, learning, and performance in international joint ventures[J]. Strategic management journal, 2001, 22(12): 1139-1161.

[186] Langer N, Slaughter S A, Mukhopadhyay T. Project managers' practical intelligence and project performance in software offshore outsourcing: A field study [J]. Information Systems Research, 2014, 25(2): 364-384.

[187] Langfred C W. Too much of a good thing? Negative effects of high trust and individual autonomy in self-managing teams[J]. Academy of management journal, 2004, 47(3): 385-399.

[188] Larsson R, Bengtsson L, Henriksson K, et al. The interorganizational learning dilemma: Collective knowledge development in strategic alliances[J]. Organization science, 1998, 9(3): 285-305.

[189] LaValle S, Lesser E, Shockley R, et al. Big data, analytics and the path from insights to value[J]. MIT sloan management review, 2011, 52(2): 21-31.

[190] Lavie D, Haunschild P R, Khanna P. Organizational differences, relational mechanisms, and alliance performance[J]. Strategic Management Journal, 2012, 33 (13): 1453-1479.

[191] Le N H, Evangelista F. Acquiring tacit and explicit marketing knowledge from foreign partners in IJVs[J]. Journal of Business Research, 2007, 60 (11): 1152-1165.

[192] Lee C, Lee K, Pennings J M. Internal capabilities, external networks, and performance: a study on technology-based ventures[J]. Strategic management journal, 2001, 22(6-7): 615-640.

[193] Lee J N, Choi B. Effects of initial and ongoing trust in IT outsourcing: A bilateral perspective[J]. Information & Management, 2011, 48(2): 96-105.

[194] Lee J N, Huynh M Q, Kwok R C W, et al. IT outsourcing evolution—: past, present, and future[J]. Communications of the ACM, 2003, 46(5): 84-89.

[195] Lee J N, Kim Y G. Effect of partnership quality on IS outsourcing success: conceptual framework and empirical validation[J]. Journal of Management information systems, 1999, 15(4): 29-61.

[196] Lee J N. The impact of knowledge sharing, organizational capability and partnership quality on IS outsourcing success[J]. Information & Management, 2001, 38 (5): 323-335.

[197] Lee J, Miller D. Strategy, environment and performance in two technological contexts: contingency theory in Korea [J]. Organization Studies, 1996, 17 (5): 729-750.

[198] Lee J. The alignment of contract terms for knowledge-creating and knowledge-appropriating relationship portfolios [J]. Journal of Marketing, 2011, 75 (4): 110-127.

[199] Lee M K O. IT outsourcing contracts: practical issues for management[J]. Industrial Management & Data Systems, 1996, 96(1): 15-20.

[200] Lengel R H, Daft R L. The selection of communication media as an executive skill[J]. The Academy of Management Executive, 1988, 2(3): 225-232.

[201] Levina N, Ross J W. From the vendor's perspective: Exploring the value proposition in information technology outsourcing. MIS Quarterly, 2003, 27 (3): 331-364.

[202] Levina N, Vaast E. Innovating or doing as told? Status differences and overlapping boundaries in offshore collaboration[J]. MIS quarterly, 2008,32(2): 307-332.

[203] Levy M. SMEs, Co-opetition and Knowledge Sharing: The IS Role[J]. European Journal of Information Systems, 2003, 12(1):3-17.

[204] Lewin A Y, Massini S, Peeters C. Why are companies offshoring innovation? The emerging global race for talent[J]. Journal of International Business Studies, 2009, 40(6): 901-925.

[205] Li J J, Poppo L, Zhou K Z. Relational mechanisms, formal contracts, and local knowledge acquisition by international subsidiaries[J]. Strategic Management Journal, 2010, 31(4): 349-370.

[206] Li L, Liu M, Shen W, et al. A discrete stress—strength interference theory-based dynamic supplier selection model for maintenance service outsourcing[J]. IEEE Transactions on Engineering Management, 2016, 63(2): 189-200.

[207] Li Y, Liu Y, Liu H. Co-opetition, distributor's entrepreneurial orientation and manufacturer's knowledge acquisition: Evidence from China[J]. Journal of Operations Management, 2011, 29(1): 128-142.

[208] Li Y, Wei Z, Liu Y. Strategic Orientations, Knowledge Acquisition, and Firm Performance: The Perspective of the Vendor in Cross-Border Outsourcing[J]. Journal of Management Studies, 2010, 47(8): 1457-1482.

[209] Liang H, Wang J J, Xue Y, et al. IT outsourcing research from 1992 to 2013: A literature review based on main path analysis[J]. Information & Management, 2016, 53(2): 227-251.

[210] Liao T J. Cluster and performance in foreign firms: The role of resources, knowledge, and trust[J]. Industrial Marketing Management, 2010, 39(1): 161-169.

[211] Liebeskind J P. Knowledge, strategy, and the theory of the firm[J]. Strategic management journal, 1996, 17(S2): 93-107.

[212] Lin T, Vaia G. The Concept of Governance in IT Outsourcing: A Literature Review[J]. ECIS 2015 Proceedings.

[213] Lioliou E, Zimmermann A, Willcocks L, et al. Formal and relational governance in IT outsourcing: substitution, complementarity and the role of the psychological contract[J]. Information Systems Journal, 2014, 24(6): 503-535.

[214] Liu C L. Knowledge mobility in cross-border buyer-supplier relationships [J]. Management International Review, 2012, 52: 275-291.

[215] Liu X, Yeung A C L, Lo C K Y, et al. The moderating effects of knowledge characteristics of firms on the financial value of innovative technology products[J]. Journal of Operations Management, 2014, 32(3): 79-87.

[216] Liu Y, Aron R. Organizational Control, Incentive Contracts, and Knowledge Transfer in Offshore Business Process Outsourcing[J]. Information Systems Research, 2015, 26(1): 81-99.

[217] Liu Y, Luo Y, Liu T. Governing buyer—supplier relationships through transactional and relational mechanisms: Evidence from China[J]. Journal of Operations Management, 2009, 27(4): 294-309.

[218] Liu Y, Luo Y, Yang P, et al. Typology and Effects of Co-opetition in Buyer—Supplier Relationships: Evidence from the Chinese Home Appliance Industry[J]. Management and Organization Review, 2014, 10(3): 439-465.

[219] Loebbecke C, van Fenema P. C, Powell P. Managing inter-organizational knowledge sharing[J]. The Journal of Strategic Information Systems, 2016, 25(1): 4-14.

[220] Luo Y, Liu Y, Yang Q, et al. Improving performance and reducing cost in buyer—supplier relationships: The role of justice in curtailing opportunism[J]. Journal of Business Research, 2015, 68(3): 607-615.

[221] Luo Y, Rui H. An ambidexterity perspective toward multinational enterprises from emerging economies[J]. The Academy of Management Perspectives, 2009, 23(4): 49-70.

[222] Luo Y, Shenkar O, Gurnani H. Control—cooperation interfaces in global strategic alliances: a situational typology and strategic responses[J]. Journal of International Business Studies, 2008, 39(3): 428-453.

[223] Luo Y A coopetition perspective of global competition[J]. Journal of World Business, 2007, 42(2): 129-144.

[224] Luo Y A coopetition perspective of MNC—host government relations[J]. Journal of International Management, 2004, 10(4): 431-451.

[225] Luo Y. Contract, cooperation, and performance in international joint ventures[J]. Strategic management journal, 2002, 23(10): 903-919.

[226] Luo, Y. From foreign investors to strategic insiders: Shifting parameters, prescriptions and paradigms for MNCs in China[J]. Journal of World Business, 2007, 42(1): 14-34.

[227] Luo, Y. Toward coopetition within a multinational enterprise: A perspective from foreign subsidiaries[J]. Journal of World Business, 2005, 40(1): 71-90.

[228] Mani D, Barua A, Whinston A B. An empirical analysis of the contractual and information structures of business process outsourcing relationships[J]. Information Systems Research, 2012, 23(3-part-1): 618-634.

[229] Mani D, Barua A. The impact of firm learning on value creation in strategic outsourcing relationships[J]. Journal of Management Information Systems, 2015, 32 (1): 9-38.

[230] Mao J Y, Lee J N, Deng C. P. Vendors' perspectives on trust and control in offshore information systems outsourcing[J]. Information & Management, 2008, 45(7): 482-492.

[231] Margolis, H. Selfishness, altruism, and rationality: A theory of social choice. Chicago: University of Chicago Press, 1984.

[232] Martinez-Noya A, Garcia-Canal E, Guillen M F. R&D outsourcing and the effectiveness of intangible investments: is proprietary core knowledge walking out of the door? [J]. Journal of Management Studies, 2013, 50(1): 67-91.

[233] Mathew S K, Chen Y. Achieving offshore software development success: An empirical analysis of risk mitigation through relational norms[J]. The Journal of Strategic Information Systems, 2013, 22(4): 298-314.

[234] Mattsson L G, Tidström A. Applying the principles of Yin—Yang to market dynamics: On the duality of cooperation and competition[J]. Marketing Theory, 2015, 15(3): 347-364.

[235] Mayer K J. Spillovers and governance: An analysis of knowledge and reputational spillovers in information technology[J]. Academy of Management Journal, 2006, 49(1): 69-84.

[236] McAfee A, Brynjolfsson E. Big data: the management revolution[J]. Harvard business review, 2012, 90(10): 61-67.

[237] McDonald D J, Makin P J. The psychological contract, organisational commitment and job satisfaction of temporary staff[J]. Leadership & Organization Development Journal, 2000, 21(2): 84-91.

[238] McEvily B, Marcus A. Embedded ties and the acquisition of competitive capabilities[J]. Strategic management journal, 2005, 26(11): 1033-1055.

[239] McEvily S K, Chakravarthy B. The persistence of knowledge-based advantage: an empirical test for product performance and technological knowledge[J]. Strategic Management Journal, 2002, 23(4): 285-305.

[240] Mehta N, Bharadwaj A. Knowledge Integration in Outsourced Software Development: The Role of Sentry and Guard Processes[J]. Journal of Management Information Systems, 2015, 32(1): 82-115.

[241] Miller D. Stale in the saddle: CEO tenure and the match between organization and environment[J]. Management science, 1991, 37(1): 34-52.

[242] Millward . L J, Hopkins L J. Psychological contracts, organizational and job commitment[J]. Journal of Applied Social Psychology, 1998, 28(16): 1530-1556.

[243] Miranda S M, Kavan C B. Moments of governance in IS outsourcing: con-

ceptualizing effects of contracts on value capture and creation[J]. Journal of Information Technology, 2005, 20(3):152-169.

[244] Mohr J J, Sengupta S. Managing the paradox of inter-firm learning: the role of governance mechanisms[J]. Journal of Business & Industrial Marketing, 2002, 17 (4): 282-301.

[245] Morandin G, Bergami M. Schema-Based Sensemaking of the Decision to Participate and its Effects on Job Performance[J]. European Management Review, 2014, 11(1): 5-20.

[246] Morgan L, Finnegan P. Beyond free software: An exploration of the business value of strategic open source[J]. The Journal of Strategic Information Systems, 2014, 23(3): 226-238.

[247] Morgan R M, Hunt S D. The commitment-trust theory of relationship marketing[J]. The journal of marketing, 1994: 20-38.

[248] Morrison E W, Robinson S L. When employees feel betrayed: A model of how psychological contract violation develops[J]. Academy of management Review, 1997, 22(1): 226-256.

[249] Mumford M D, Costanza D P, Connelly MS, et al. Item generation procedures and background data scales: Implications for construct and criterion-related validity[J]. Personnel Psychology, 1996, 49(2): 361-398.

[250] Narayanan S, Balasubramanian S, Swaminathan JM. Managing outsourced software projects: An analysis of project performance and customer satisfaction[J]. Production and Operations Management, 2011, 20(4): 508-521.

[251] Nicholson B, Sahay S. Embedded knowledge and offshore software development[J]. Information and organization, 2004, 14(4): 329-365.

[252] Nidhra S, Yanamadala M, Afzal W, et al. Knowledge transfer challenges and mitigation strategies in global software development—A systematic literature review and industrial validation[J]. International journal of information management, 2013, 33 (2): 333-355.

[253] Nielsen B B. The role of knowledge embeddedness in the creation of synergies in strategic alliances[J]. Journal of Business Research, 2005, 58(9): 1194-1204.

[254] Nonaka I, and Takeuchi H. The Knowledge-Creating Company: How Japanese Companies Create the Dynamics of Innovation, Oxford University Press, New York, 1995.

[255] Nonaka I, Takeuchi H. The knowledge-creating company: How Japanese companies create the dynamics of innovation[M]. Oxford university press, 1995.

[256] Nonaka I. A dynamic theory of organizational knowledge creation[J]. Organization science, 1994, 5(1): 14-37.

[257] Nonaka, Takeuchi H, Umemoto K. A theory of organizational knowledge

creation[J]. International Journal of Technology Management, 1996, 11 (7-8): 833-845.

[258] Norman P M. Are Your Secrets Safe? Knowledge Protection in Strategic Alliances[J]. Business Horizons, 2001, 44:51-60.

[259] Norman P M. Protecting knowledge in strategic alliances: Resource and relational characteristics[J]. The Journal of High Technology Management Research, 2002, 13(2): 177-202.

[260] Nunnally J C. Psychometric theory[J]. New York, N. Y, U. S. A: McGraw-Hill, 1978.

[261] Olander H, Hurmelinna-Laukkanen P, Vanhala M. Mission: Possible But Sensitive—Knowledge Protection Mechanisms Serving Different Purposes[J]. International Journal of Innovation Management, 2014, 18(06): 1440012.

[262] Oshri I, Kotlarsky J, Gerbasi A. Strategic innovation through outsourcing: the role of relational and contractual governance[J]. The Journal of Strategic Information Systems, 2015, 24(3): 203-216.

[263] Ostrom E A General Framework for Analyzing Sustainability of Social-Ecological Systems[J]. Science, 2009, 325(5939):419-22.

[264] Padula G, Dagnino G B. Untangling the Rise of Coopetition: The Intrusion of Competition in a Cooperative Game Structure[J]. International Studies of Management & Organization, 2007, 37(2):32-52.

[265] Park B J R, Srivastava M K, Gnyawali D R. Walking the tight rope of coopetition: Impact of competition and cooperation intensities and balance on firm innovation performance[J]. Industrial Marketing Management, 2014, 43(2): 210-221.

[266] Park C W, Im G, Keil M. Overcoming the mum effect in IT project reporting: Impacts of fault responsibility and time urgency[J]. Journal of the Association for Information Systems, 2008, 9(7): 409.

[267] Park J G, Lee J. Knowledge sharing in information systems development projects: Explicating the role of dependence and trust[J]. International Journal of Project Management, 2014, 32(1): 153-165.

[268] Parzy M, Bogucka H. Coopetition methodology for resource sharing in distributed OFDM-based cognitive radio networks[J]. IEEE Transactions on Communications, 2014, 62(5): 1518-1529.

[269] Pathak S D, Wu Z, Johnston D. Toward a structural view of co-opetition in supply networks[J]. Journal of Operations Management, 2014, 32(5): 254-267.

[270] Peng J C, Peng J C, Jien J J, et al. Antecedents and consequences of psychological contract breach [J]. Journal of Managerial Psychology, 2016, 31 (8): 1312-1326.

[271] Peng M W. Institutional transitions and strategic choices[J]. Academy of

management review, 2003, 28(2): 275-296.

[272] Pfeffer J, Salancik G R. The External Control of Organizations: A Resource Dependence Perspective[M]. New York: Harper and Row Publishers, 1978.

[273] Pfeffer J. Power in organizations, Pitman. 1981.

[274] Poppo L, Zenger T. Do formal contracts and relational governance function as substitutes or complements? [J]. Strategic management journal, 2002, 23 (8): 707-725.

[275] Poppo L, Zhou K Z, Li J J. When can you trust "trust"? Calculative trust, relational trust, and supplier performance[J]. Strategic Management Journal, 2016, 4 (37): 724-741.

[276] Poppo L, Zhou K Z. Managing contracts for fairness in buyer—supplier exchanges[J]. Strategic Management Journal, 2014, 35(10): 1508-1527.

[277] Porter, M E. Competitive advantage. New York: Free Press, 1985.

[278] Porter, M E. Competitive strategy. New York: Free Press, 1980.

[279] Powell W W, Koput KW, Smith-Doerr L. Interorganizational collaboration and the locus of innovation: Networks of learning in biotechnology[J]. Administrative science quarterly, 1996: 116-145.

[280] Preacher K J, Hayes A F. Asymptotic and resampling strategies for assessing and comparing indirect effects in multiple mediator models. [J]. Behavior Research Methods, 2008, 40(3):879-891.

[281] Prifling M, Gregory R, Beck R. Changing psychological contracts and their effect on control modes in IT offshore outsourcing projects-A case from the financial services industry[C]. System Sciences, 2009. HICSS'09. 42nd Hawaii International Conference on. IEEE, 2009: 1-10.

[282] Qi C, Chau P Y K. Relationship or contract? Exploring the key factor leading to IT outsourcing success in China[J]. Information Technology and People, 2015, 28(3): 466-499.

[283] Qian C, Cao Q, Takeuchi R. Top management team functional diversity and organizational innovation in China: The moderating effects of environment[J]. Strategic Management Journal, 2013, 34(1): 110-120.

[284] Qian J, Guo-Jie H. The Impact of Knowledge Acquisition and Knowledge Integration of IT Outsourcing Supplier on Outsourcing Success—Knowledge Sticky's Moderating Effect[C]. Service Science(ICSS), 2015 International Conference on. IEEE, 2015: 57-62.

[285] Qu W G, Oh W, Pinsonneault A. The strategic value of IT insourcing: an IT-enabled business process perspective[J]. The Journal of Strategic Information Systems, 2010, 19(2): 96-108.

[286] Qu W G, Pinsoneault A, Oh W. Influence of industry characteristics on in-

formation technology outsourcing[J]. Journal of management information systems, 2011, 27(4): 99-128.

[287] Quinn J B. Strategic outsourcing: leveraging knowledge capabilities[J]. Sloan management review, 1999, 40(4): 9-21.

[288] Quintana-Garcia C, Benavides-Velasco C A. Cooperation, competition, and innovative capability: a panel data of European dedicated biotechnology firms[J]. Technovation, 2004, 24(12): 927-938.

[289] Rai A, Keil M, Hornyak R, et al. Hybrid relational-contractual governance for business process outsourcing[J]. Journal of Management Information Systems, 2012, 29(2): 213-256.

[290] Rai A, Pavlou P A, Im G, et al. Interfirm IT capability profiles and communications for cocreating relational value: evidence from the logistics industry[J]. MIS quarterly, 2012, 36(1): 233-262.

[291] Ravald A, Gr? nroos C. The value concept and relationship marketing[J]. European journal of marketing, 1996, 30(2): 19-30.

[292] Raza-Ullah T, Bengtsson M, Kock S. The coopetition paradox and tension in coopetition at multiple levels[J]. Industrial Marketing Management, 2014, 43(2): 189-198.

[293] Reitzig M, Wagner S. The hidden costs of outsourcing: Evidence from patent data[J]. Strategic Management Journal, 2010, 31(11): 1183-1201.

[294] Ren S J F, Ngai E W T, Cho V. Examining the determinants of outsourcing partnership quality in Chinese small-and medium-sized enterprises[J]. International Journal of Production Research, 2010, 48(2): 453-475.

[295] Restubog S L D, Zagenczyk T J, Bordia P, et al. When employees behave badly: The roles of contract importance and workplace familism in predicting negative reactions to psychological contract breach[J]. Journal of Applied Social Psychology, 2013, 43(3): 673-686.

[296] Reuer J J, Ariño A. Strategic alliance contracts: Dimensions and determinants of contractual complexity[J]. Strategic Management Journal, 2007, 28(3): 313-330.

[297] Reuer J J, Koza M P. On lemons and indigestibility: Resource assembly through joint ventures[J]. Strategic Management Journal, 2000: 195-197.

[298] Ring P S, Van de Ven A H. Developmental processes of cooperative interorganizational relationships[J]. Academy of management review, 1994, 19(1): 90-118.

[299] Ritala P, Golnam A, Wegmann A. Coopetition-based business models: The case of Amazon. com[J]. Industrial Marketing Management, 2014, 43(2): 236-249.

[300] Ritala P, Hurmelinna-Laukkanen P. Incremental and radical innovation in coopetition—The role of absorptive capacity and appropriability[J]. Journal of Product Innovation Management, 2013, 30(1): 154-169.

[301] Ritala P, Olander H, Michailova S, et al. Knowledge sharing, knowledge leaking and relative innovation performance: An empirical study[J]. Technovation, 2014, 35:22-31.

[302] Ritala P, Sainio L M. Coopetition for radical innovation: technology, market and business-model perspectives[J]. Technology Analysis and Strategic Management, 2014, 26(2): 155-169.

[303] Ritala P. Coopetition strategy—when is it successful? Empirical evidence on innovation and market performance[J]. British Journal of Management, 2012, 23(3): 307-324.

[304] Robinson S L, Kraatz M S, Rousseau D M. Changing obligations and the psychological contract: A longitudinal study[J]. Academy of management Journal, 1994, 37(1): 137-152.

[305] Robinson S L, Morrison E W. Psychological contracts and OCB: The effect of unfulfilled obligations on civic virtue behavior[J]. Journal of organizational behavior, 1995, 16(3): 289-298.

[306] Robinson S L, Morrison E W. The development of psychological contract breach and violation: A longitudinal study[J]. Journal of organizational Behavior, 2000, 21(5): 525-546.

[307] Robinson S L, Rousseau D M. Violating the psychological contract: Not the exception but the norm[J]. Journal of organizational behavior, 1994, 15(3): 245-259.

[308] Robinson S L. Trust and breach of the psychological contract[J]. Administrative Science Quarterly, 1996: 574-599.

[309] Rottman J W. Successful knowledge transfer within offshore supplier networks: a case study exploring social capital in strategic alliances[J]. Journal of Information Technology, 2008, 23(1): 31-43.

[310] Rousseau D M, Sitkin S B, Burt R S, et al. Not so different after all: A cross-discipline view of trust[J]. Academy of management review, 1998, 23(3): 393-404.

[311] Rousseau D M. New hire perceptions of their own and their employer's obligations: A study of psychological contracts[J]. Journal of organizational behavior, 1990, 11(5): 389-400.

[312] Rousseau D M. Psychological and implied contracts in organizations[J]. Employee responsibilities and rights journal, 1989, 2(2): 121-139.

[313] Rousseau D M. Schema, promise and mutuality: The building blocks of the psychological contract[J]. Journal of occupational and organizational psychology, 2001, 74(4): 511-541.

[314] Rustagi S, King W R, Kirsch L J. Predictors of formal control usage in IT outsourcing partnerships[J]. Information Systems Research, 2008, 19(2): 126-143.

[315] Saraf N, Langdon C S, Gosain S. IS application capabilities and relational value in interfirm partnerships[J]. Information systems research, 2007, 18(3): 320-339.

[316] Sarker S, Sarker S, Sahaym A, et al. Exploring value cocreation in relationships between an E. R. P vendor and its partners: a revelatory case study[J]. MIS quarterly, 2012, 36(1): 317-338.

[317] Schein E H, Schein E. Career dynamics: Matching individual and organizational needs[M]. MA: Addison-Wesley, 1978.

[318] Schepker D J, Oh W Y, Martynov A, et al. The many futures of contracts: Moving beyond structure and safeguarding to coordination and adaptation[J]. Journal of Management, 2014, 40(1): 193-225.

[319] Schermann M, Dongus K, Yetton P, et al. The role of transaction cost economics in information technology outsourcing research: a meta-analysis of the choice of contract type[J]. The Journal of Strategic Information Systems, 2016, 25(1): 32-48.

[320] Schilke O. On the contingent value of dynamic capabilities for competitive advantage: The nonlinear moderating effect of environmental dynamism[J]. Strategic Management Journal, 2014, 35(2): 179-203.

[321] Schwarz C. Toward an understanding of the nature and conceptualization of outsourcing success[J]. Information & Management, 2014, 51(1): 152-164.

[322] Segars A H. Assessing the unidimensionality of measurement: A paradigm and illustration within the context of information systems research[J]. Omega, 1997, 25(1): 107-121.

[323] Shepherd N G, Rudd J M. The influence of context on the strategic decision-making process: A review of the literature[J]. International Journal of Management Reviews, 2014, 16(3): 340-364.

[324] Sherman U P, Morley M J. On the formation of the psychological contract: A schema theory perspective[J]. Group & Organization Management, 2015, 40(2): 160-192.

[325] Shi Z, Kunnathur A S, Ragu-Nathan T S. IS outsourcing management competence dimensions: instrument development and relationship exploration[J]. Information & Management, 2005, 42(6): 901-919.

[326] Shirokova G, Bogatyreva K, Beliaeva T, et al. Entrepreneurial orientation and firm performance in different environmental settings: Contingency and configurational approaches[J]. Journal of Small Business and Enterprise Development, 2016, 23(3): 703-727.

[327] Si S X, Bruton G D. Knowledge transfer in international joint ventures in transitional economies: The China experience[J]. The Academy of Management Executive, 1999, 13(1): 83-90.

[328] Smith W K, Lewis M W. Toward a theory of paradox: A dynamic equilibri-

um model of organizing[J]. Academy of Management Review, 2011, 36(2): 381-403.

[329] Solitander M. When sharing becomes a liability: An intellectual capital approach to describing the dichotomy of knowledge protection versus sharing in intra-and interorganizational relationships[M]. Edita Prima Ltd, Helsinki 2011.

[330] Song D W, Lee E S. Coopetitive networks, knowledge acquisition and maritime logistics value[J]. International Journal of Logistics Research and Applications, 2012, 15(1): 15-35.

[331] Spender J C. Making knowledge the basis of a dynamic theory of the firm [J]. Strategic management journal, 1996, 17(S2): 45-62.

[332] Srikanth K, Nandkumar A, Kale P, et al. The Role Of Organizational Mechanisms In Preventing Leakage Of Unpatented Knowledge[C]. Academy of Management Proceedings. Academy of Management, 2015, 2015(1): 12076.

[333] Srivastava S, Teo T. Contract Performance in Offshore Systems Development: Role of Control Mechanisms[J]. Journal of Management Information Systems, 2012, 29(1):115-158.

[334] Su N, Levina N, Ross J W. The long-tail strategy of IT outsourcing[J]. MIT Sloan Management Review, 2016, 57(2): 81-89.

[335] Su N. Internationalization Strategies of Chinese IT Service Suppliers[J]. MIS Quarterly,2013,37(1):175-200.

[336] Su N. Cultural Sensemaking in Offshore Information Technology Service Suppliers: A Cultural Frame Perspective[J]. MIS Quarterly, 2015, 39(4): 959-983.

[337] Susarla A, Subramanyam R, Karhade P. Contractual Provisions to Mitigate Holdup: Evidence from Information Technology Outsourcing[J]. Information Systems Research, 2010, 21(1):37-55.

[338] Susarla A. Contractual Flexibility, Rent Seeking, and Renegotiation Design: An Empirical Analysis of Information Technology Outsourcing Contracts[J]. Social Science Electronic Publishing, 2012, 58(7):1388-1407.

[339] Tarakci H, Tang K, Teyarachakul S. Learning effects on maintenance outsourcing[J]. European Journal of Operational Research, 2009, 192(1): 138-150.

[340] Teece D J. Profiting from technological innovation: Implications for integration, collaboration, licensing and public policy[J]. Research policy, 1986, 15(6): 285-305.

[341] Teo T S H, Bhattacherjee A. Knowledge transfer and utilization in IT outsourcing partnerships: A preliminary model of antecedents and outcomes[J]. Information & Management, 2014, 51(2): 177-186.

[342] Thalmann S, Manhart M, Ceravolo P, et al. An integrated risk management framework: measuring the success of organizational knowledge protection[J]. International Journal of Knowledge Management, 2014, 10(2): 28-42.

[343] Thomas D C, Ravlin E C, Liao Y, et al. Collectivist values, exchange ideology and psychological contract preference[J]. Management International Review, 2016, 56(2): 255-281.

[344] Tidström A. Managing tensions in coopetition[J]. Industrial Marketing Management, 2014, 43(2): 261-271.

[345] Tiwana A, Bush A A A comparison of transaction cost, agency, and knowledge-based predictors of IT outsourcing decisions: A U. S-Japan cross-cultural field study[J]. Journal of Management Information Systems, 2007, 24(1): 259-300.

[346] Tiwana A, Keil M. Does peripheral knowledge complement control? An empirical test in technology outsourcing alliances[J]. Strategic Management Journal, 2007, 28(6): 623-634.

[347] Tiwana A. Systems development ambidexterity: explaining the complementary and substitutive roles of formal and informal controls[J]. Journal of Management Information Systems, 2010, 27(2): 87-126.

[348] Tortoriello M, McEvily B, Krackhardt D. Being a catalyst of innovation: The role of knowledge diversity and network closure[J]. Organization Science, 2014, 26(2): 423-438.

[349] Tortoriello M, Perrone V, McEvily B. Cooperation among competitors as status-seeking behavior: Network ties and status differentiation[J]. European Management Journal, 2011, 29(5): 335-346.

[350] Tortoriello M, Reagans R, McEvily B. Bridging the knowledge gap: The influence of strong ties, network cohesion, and network range on the transfer of knowledge between organizational units[J]. Organization Science, 2012, 23(4): 1024-1039.

[351] Tsai K H, Hsu T T. Cross-Functional collaboration, competitive intensity, knowledge integration mechanisms, and new product performance: A mediated moderation model[J]. Industrial Marketing Management, 2014, 43(2): 293-303.

[352] Tsai W. Social structure of "coopetition" within a multiunit organization: Coordination, competition, and intraorganizational knowledge sharing[J]. Organization science, 2002, 13(2): 179-190.

[353] Van den Heuvel S, Schalk R, Freese C, et al. What's in it for me? A managerial perspective on the influence of the psychological contract on attitude towards change[J]. Journal of organizational change management, 2016, 29(2): 263-292.

[354] Van Eerde W, Thierry H. Vroom's expectancy models and work-related criteria: A meta-analysis[J]. Journal of applied psychology, 1996, 81(5): 575.

[355] van Fenema P C, Loebbecke C. Towards a framework for managing strategic tensions in dyadic interorganizational relationships[J]. Scandinavian Journal of Management, 2014, 30(4): 516-524.

[356] Vapola T J, Tossavainen P, Gabrielsson M. The battleship strategy: The

complementing role of born globals in MNC's new opportunity creation[J]. Journal of International Entrepreneurship, 2008, 6(1): 1-21.

[357] Verner J M, Abdullah L M. Exploratory case study research: Outsourced project failure[J]. Information and Software Technology, 2012, 54(8):866-886.

[358] Vroom, V H. Work and motivation[M]. New York: Wiley, 1964.

[359] Wamba S F, Akter S, Edwards A, et al. How "big data" can make big impact: Findings from a systematic review and a longitudinal case study[J]. International Journal of Production Economics, 2015, 165: 234-246.

[360] Whitley E A, Willcocks L P. Achieving step-change in outsourcing maturity: toward collaborative innovation[J]. MIS Quarterly Executive, 2011, 10(3): 95-109.

[361] Whitten D, Chakrabarty S, Wakefield R. The strategic choice to continue outsourcing, switch vendors, or backsource: Do switching costs matter? [J]. Information & Management, 2010, 47(3): 167-175.

[362] Wiener M, Saunders C. Forced coopetition in IT multi-sourcing[J]. The Journal of Strategic Information Systems, 2014, 23(3): 210-225.

[363] Willcocks L, Choi C J. Co-operative partnership and "total"IT outsourcing: From contractual obligation to strategic alliance? [J]. European management journal, 1995, 13(1): 67-78.

[364] Willcocks L, Hindle J, Feeny D, et al. IT and business process outsourcing: The knowledge potential[J]. Information systems management, 2004, 21(3): 7-15.

[365] Williams C. Client—vendor knowledge transfer in IS offshore outsourcing: insights from a survey of Indian software engineers[J]. Information Systems Journal, 2011, 21(4): 335-356.

[366] Williams L. What agile teams think of agile principles[J]. Communications of the Acm, 2012, 55(4):71-76.

[367] Williamson O E. The economic institutions of capitalism: Firms, markets, relational contracting[M]. New York: Free Press, 1985.

[368] Williamson O E. The theory of the firm as governance structure: from choice to contract[J]. The Journal of Economic Perspectives, 2002, 16(3): 171-195.

[369] Williamson O E. Comparative economic organization: the analysis of discrete structural alternatives [J]. Administrative Science Quarterly, 1991, 36: 269-296.

[370] Williamson P J, De Meyer A. Ecosystem advantage[J]. California Management Review, 2012, 55(1): 24-46.

[371] Winkler M A E, Brown C, Huber TL. Recurrent Knowledge Boundaries in Outsourced Software Projects: A Longitudinal Study[C]. ECIS. 2015.

[372] Wu F, Li H Z, Chu L K, et al. Supplier selection for outsourcing from the perspective of protecting crucial product knowledge[J]. International Journal of Production Research, 2013, 51(5): 1508-1519.

[373] Wu Z, Choi T Y, Rungtusanatham M J. Supplier—supplier relationships in buyer—supplier—supplier triads: Implications for supplier performance[J]. Journal of Operations Management, 2010, 28(2): 115-123.

[374] Xu P, Yao Y. knowledge sharing in offshore software development: A vendor perspective[J]. Journal of Global Information Technology Management, 2013, 16 (1): 58-84.

[375] Xu Q, Ma Q. Determinants of E R P implementation knowledge transfer[J]. Information & Management, 2008, 45(8): 528-539.

[376] Yang S M, Fang S C, Fang S R, et al. Knowledge exchange and knowledge protection in interorganizational learning: The ambidexterity perspective[J]. Industrial Marketing Management, 2014, 43(2):346-358.

[377] Zahedi M, Shahin M, Babar M A A systematic review of knowledge sharing challenges and practices in global software development[J]. International Journal of Information Management, 2016, 36(6): 995-1019.

[378] Zahra S A, George G. Absorptive capacity: A review, reconceptualization, and extension[J]. Academy of management review, 2002, 27(2): 185-203.

[379] Zhang Q, Zhou K Z, Wang Y, et al. Untangling the safeguarding and coordinating functions of contracts: Direct and contingent value in China[J]. Journal of Business Research, 2017,78:184-192.

[380] Zhang Q, Zhou K. Z. Governing interfirm knowledge transfer in the Chinese market: The interplay of formal and informal mechanisms[J]. Industrial Marketing Management, 2013, 42(5): 783-791.

[381] Zhong F, Myers M D. Client-Vendor Relationships in Cloud Computing: Lessons from It Outsourcing[C]. PACIS 2016 Proceedings. 138.

[382] 陈国青. 大数据的管理喻意[J]. 管理学家：实践版,2014(2): 36-41.

[383] 陈果,齐二石. 风险情境下的 IT 外包知识转移效果改进决策[J]. 运筹与管理, 2017, 26(1): 156-165.

[384] 邓春平,毛基业. 控制,吸收能力与知识转移——基于离岸 IT 服务外包业的实证研究[J]. 管理评论,2012,24(2):131-139.

[385] 杜占河,魏泽龙,谷盟. 离岸 IT 外包中如何降低发包方的知识保护：基于社会交换理论的观点[J]. 中国科技论坛, 2016(12): 110-115.

[386] 杜占河,魏泽龙,谷盟. 大数据环境特征对 IT 外包项目绩效的影响——基于资源编排理论的视角[J]. 科技进步与对策,2017, 34(4): 23-30.

[387] 何平,闵庆飞,王建军. IT 服务外包承接商能力识别与评价研究[J]. 信息系统学报,2011.2,32-44.

[388] 李晓燕,毛基业. 动态能力构建——基于离岸软件外包供应商的多案例研究[J]. 管理科学学报, 2010, 13(11): 55-64.

[389] 刘衡,王龙伟,李垣. 竞合理论研究前沿探析[J]. 外国经济与管理, 2009,

31(9):1-8.

[390] 刘伟,邱支艳.关系质量,知识缄默性与 IT 外包知识转移——基于接包方视角的实证研究[J].科学学研究,2016,34(12):1865-1874.

[391] 钱诗金.竞合:企业合作伙伴抉择宝典[M].北京:中国经济出版社,2010.

[392] 秦仪. IT 外包关系质量研究[J].管理学报,2006,3(6):669-672.

[393] 曲刚,李伯森.团队社会资本与知识转移关系的实证研究:交互记忆系统的中介作用[J].管理评论,2011,23(9):109-118.

[394] 宋喜凤,杜荣,艾时钟. IT 外包中关系质量,知识共享与外包绩效关系研究[J].管理评论,2013,25(1):52-62.

[395] 王建军,陈思羽.创新,组织学习能力与 IT 外包绩效关系研究:关系质量的中介作用[J].管理工程学报,2016(2):28-37.

[396] 王建军,赵金辉.关系与 IT 外包绩效:服务质量调节的中介作用[J].科研管理,2015,36(8):104-111.

[397] 王众托.关于知识管理若干问题的探讨[J].管理学报,2004,1(1):18-24.

[398] 维克托·迈尔-舍恩伯格,肯尼思·库克耶.大数据时代:生活、工作与思维的大变革[M].盛杨燕,周涛,译.杭州:浙江人民出版社,2013.

[399] 肖志雄,秦远建.知识冗余对外包服务企业知识吸收能力的影响[J].图书情报工作,2011,55(10):108-111.

[400] 杨波,殷国鹏.中国 IT 服务外包企业能力研究[J].管理学报,2010,7(2):199-203.

[401] 杨波.IT 服务外包:基于客户和供应商的双重视角[M].北京:电子工业出版社,2009.

[402] 杨舒蜜,周家慧.组织间统治之双面兼具:价值创造与价质保护[J].台大管理论丛,2013,23(1):83-110.

[403] 张文彤.SPSS 统计分析高级教程[M].北京:高等教育出版社,2004.

附　录

调查问卷 1——（成员版）

保密声明：调研信息将仅为研究之用，我们郑重承诺对本问卷所涉及的公司信息严格保密。

共享承诺：调研统计报告与参与企业和人员共享，请留下您的 E-mail：＿＿＿＿＿＿＿＿＿＿。

填写方法：除个别问题外，只需要您根据公司的实际情况在对应条目后面按照 1 到 5 打√即可。

需要时间：完成本问卷大概需要占用您 5 分钟。

衷心感谢贵公司的帮助！

一、基本信息

01 您已在**本公司**工作：＿＿＿＿＿＿年；　02 您已在**本行业**工作：＿＿＿＿＿＿年
03 您的年龄：＿＿＿＿＿＿岁；　04 文化程度：①大专及以下；②本科；③硕士；④博士

二、外包项目的基本信息（针对最近完成的某一个接包项目，完成以下部分）

201. 项目名称为：＿＿＿＿＿＿＿＿＿＿＿＿。注：请与项目经理所填名称保持一致。
202. 该项目发包方要求＿＿＿＿＿＿月完成？实际＿＿＿＿＿＿月完成？

203. **该项目完成情况**：请按实际情况，从 1 到 5 进行评价，1＝很低；2＝低；3＝中等；4＝高；5＝很高

1）我们交付的服务非常符合发包方的期望	1	2	3	4	5
2）我们按合同规定进度及时交付	1	2	3	4	5
3）本项目成本控制在预算范围内	1	2	3	4	5
4）我们及时响应发包方提出的问题或者需求	1	2	3	4	5
5）我们提供的服务的质量很高	1	2	3	4	5
6）总体上看，客户对本项目非常满意	1	2	3	4	5

调查问卷2——（项目经理版）

尊敬的公司领导，您好：

由于**国家自然科学基金项目**需要，对服务外包状况进行调研，旨在总结服务接包企业的成长经验，为提高企业国际竞争力提供建议，为政府相关部门提供决策依据。

保密声明：调研信息将仅为研究之用，我们郑重承诺对本问卷所涉及的公司信息严格保密！

共享承诺：调研统计报告与参与企业和人员共享，请留下您的 E-mail：_____。

填写方法：除个别问题外，只需要您根据公司的实际情况在对应条目后面按照 1 到 5 打√即可。

需要时间：完成本问卷大概需要占用您 20 分钟。

衷心感谢贵公司的帮助！

一、您本人和您所在企业的基本信息

101.您已在**本公司**工作：_____年；102.您已在**本行业**工作：_____年
103.您的年龄：_____岁；104.文化程度：①大专及以下；②本科；③硕士；④博士
105.公司创建于 _____年，现有员工 _____人。公司是否是高新技术公司：①是；②否
106.公司在行业中属于：①小公司；②中等公司；③大公司；④ 特大型公司
107.公司是否设立独立的研发机构：①是；②否，共有研发人员 _____人。
108.公司类型：①国有或国有控股；②民营或个体；③外商合资；④外商独资

请针对您最近完成的某一个外包项目，完成本问卷的二、三、四部分。

二、项目的基本信息（请针对您最近完成的某一个外包项目，完成本问卷。）

201.项目名称（或代号）为：_____；202.项目组人数：_____人
203.该项目为软件：①定制开发；②系统设计；③模块开发；④Coding；⑤测试；⑥维护/托管；⑦其他_____。
204.该发包方来源于：①美国；②日本；③欧盟；④中国；⑤其他_____。
205.该发包方所处行业：①软件开发；② 其他：_____。
206.该发包方的规模在其所在行业中属于：①小公司；②中等公司；③大公司；④ 特大型公司

207. 本公司已经与发包方合作＿＿＿＿＿＿年,这是您与该发包方的第＿＿＿＿＿＿次合作?

208. 该项目发包方要求＿＿＿＿＿＿月完成? 实际＿＿＿＿＿＿月完成?

209. 该项目实际成本比计划①减少　②增加了＿＿＿＿＿＿%;实际工作量比计划①减少　②增加了＿＿＿＿＿＿%。

210. 与发包方以下方面的差距: 　1＝很小;2＝不大;3＝一般;4＝很大;5＝非常大

1)软件设计技术水平	1　2　3　4　5	6)软件文档管理	1　2　3　4　5
2)软件开发技术水平	1　2　3　4　5	7)开发流程管理水平	1　2　3　4　5
3)软件测试能力水平	1　2　3　4　5	8)思维和行为方式	1　2　3　4　5
4)软件开发流程	1　2　3　4　5	9)沟通语言	1　2　3　4　5
5)项目管理能力	1　2　3　4　5	10)企业文化	1　2　3　4　5

211. 该项目的任务特征:请判断下列陈述与实际的符合程度
1＝很不符合;2＝不符合;3＝一般;4＝很符合;5＝非常符合

1)系统的要求很难一次性明确而需要反复定义	1　2　3　4　5
2)项目完成过程中需要与发包方频繁交流	1　2　3　4　5

212. 该项目完成情况:　1＝很不符合;2＝不符合;3＝一般;4＝很符合;5＝非常符合

1)我们交付的服务非常符合发包方的期望	1　2　3　4　5
2)我们按合同规定进度及时交付	1　2　3　4　5
3)本项目成本控制在预算范围内	1　2　3　4　5
4)我们及时响应发包方提出的问题或者需求	1　2　3　4　5
5)我们提供的服务的质量很高	1　2　3　4　5
6)总体上看,客户对本项目非常满意	1　2　3　4　5

三、合作过程的特征:请判断下列陈述与实际的符合程度

301. 在项目合作过程中,1＝很不符合;2＝不符合;3＝一般;4＝很符合;5＝非常符合	
1)发包方向我们提供了很多业务方面的报告	1　2　3　4　5
2)发包方向我们提供了业务手册	1　2　3　4　5
3)发包方向我们提供了很多有用的文档资料	1　2　3　4　5
4)发包方向我们提供了较多数字、信息	1　2　3　4　5
302. 在项目合作过程中,1＝很不符合;2＝不符合;3＝一般;4＝很符合;5＝非常符合	
1)发包方与我们共享了软件开发的经验、诀窍	1　2　3　4　5

2）发包方帮我们改进了软件开发的方法和流程	1 2 3 4 5
3）发包方与我们共享了开发软件专业知识	1 2 3 4 5
4）发包方与我们共享了较难获得的技巧	1 2 3 4 5

303.在项目合作过程中，1＝很不符合；2＝不符合；3＝一般；4＝很符合；5＝非常符合	
1）发包方通过采取各种措施防止核心技术外泄	1 2 3 4 5
2）发包方通过采取各种措施防止我们获取他们的重要知识	1 2 3 4 5
3）发包方通过分解任务包来降低知识外溢	1 2 3 4 5
4）发包方采取各种措施避免我们与核心技术人员接触	1 2 3 4 5
5）发包方尽可能少的向我们转移知识	1 2 3 4 5

304.项目合作过程中，1＝很不符合；2＝不符合；3＝一般；4＝很符合；5＝非常符合	
1）我们总是共同应对项目进行中产生的问题	1 2 3 4 5
2）在共同解决问题时我们不会介意谁收益谁吃亏	1 2 3 4 5
3）我们致力于提高整个合作过程（合作关系）的收益	1 2 3 4 5
4）我们为解决问题共同承担责任	1 2 3 4 5
5）我们之间经常联合进行持续性的改善	1 2 3 4 5

305.项目的执行过程中，1＝很不符合；2＝不符合；3＝一般；4＝很符合；5＝非常符合	
1）发包方在任何情况下都将做出对我们有益的决策	1 2 3 4 5
2）发包方愿意毫无例外地给我们提供帮助	1 2 3 4 5
3）发包方能够可靠地提供对于合同中规定条款的支持	1 2 3 4 5
4）发包方在与我们打交道时总是诚恳的	1 2 3 4 5
5）发包方在化解与我们的分歧时是真诚的	1 2 3 4 5
6）我们和发包方间有着朋友般的关系	1 2 3 4 5
7）发包方很在意我们	1 2 3 4 5

四、项目合作过程中合同作用

401.合作过程中，我们公司认为： 　　　　　1＝很不符合；2＝不符合；3＝一般；4＝很符合；5＝非常符合	
1）沟通和协调比合同更重要	1 2 3 4 5
2）签订合同只是标志着达成合作的仪式	1 2 3 4 5
3）签订合同只是履行必要的法律程序	1 2 3 4 5

4）没有必要过度关注合同条款	1　2　3　4　5
5）合同的作用只是帮我们确立合作关系	1　2　3　4　5
6）总体来看,合同只是形式而已	1　2　3　4　5

402.合作过程中,我们公司认为: 　　　　　　1＝很不符合;2＝不符合;3＝一般;4＝很符合;5＝非常符合	
1）合同是协调双方合作过程的最有力的工具	1　2　3　4　5
2）签订合同需要谨慎的考虑各种可能	1　2　3　4　5
3）签订合同需要专门聘请律师作为顾问	1　2　3　4　5
4）很有必要认真分析合同条款	1　2　3　4　5
5）总体来看,合同对项目合作是非常重要的	1　2　3　4　5

五、企业所处的外部环境:请判断下列陈述与实际的符合程度

501.与业务相关的信息和知识环境, 　　　　　　1＝很不符合;2＝不符合;3＝一般;4＝很符合;5＝非常符合	
1）很容易获取来源于不同公司、地区和国家的知识和信息	1　2　3　4　5
2）数据和知识有文字、语音、图表、图片、视频等多种形式	1　2　3　4　5
3）数据和知识内容涉及心理、企业、社会、自然等多个方面	1　2　3　4　5
4）可以从媒体、报道、网络、广播、社交软件获取信息和知识	1　2　3　4　5
5）外部环境中的可获取的数据和信息越来越多	1　2　3　4　5
6）数据和信息数量增加越来越快	1　2　3　4　5
7）数据和信息量的单位存储量越来越大	1　2　3　4　5
8）与任何事物相关的信息传播速度很快	1　2　3　4　5
9）很容易获取实时知识和信息	1　2　3　4　5
10）知识和信息更新速度加快	1　2　3　4　5

衷心感谢您的帮助!